맥을 잡아주는 세계사 10

러시아사

改革与扩张 俄罗斯
编者 :《图说天下. 世界历史系列》编委员

맥을 잡아주는
세계사
10

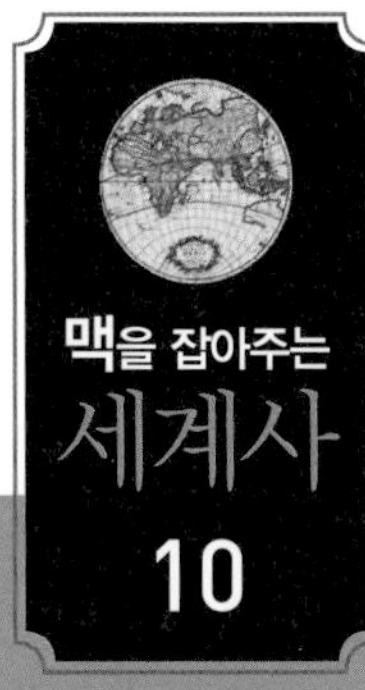

러시아사

맥세계사편찬위원회 지음
송준서 교수 감수(한국외대 러시아연구소)
강치원 교수 추천(강원대 사학과)

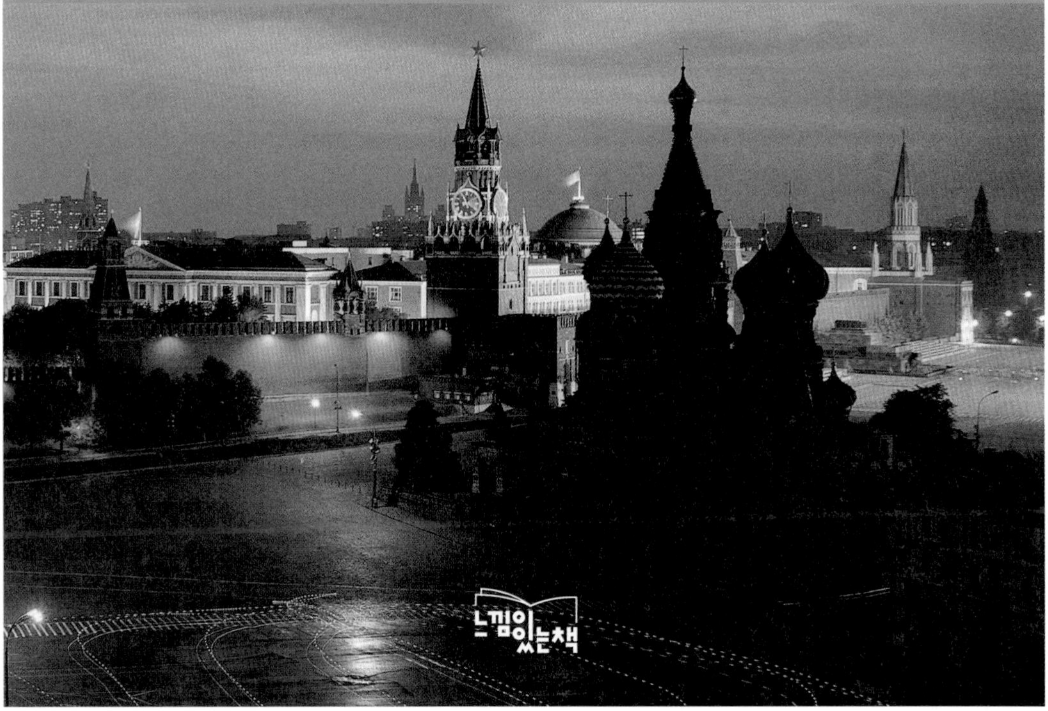

느낌있는책

일러두기

1. 지명, 인명 등은 국립국어원의 외래어 표기 용례를 따르되, 원어 발음에 가깝게 표기하였다.
2. 외래어 표기는 국립국어원의 표기법을 기준으로 하되, 원어 발음에 가깝게 표기하였다.
3. 역사적 사실이나 사건 등은 브리태니커, 두산백과사전을 순차적으로 참고하였다.
4. 17세기 후반 표트르 1세가 율리우스력(구력)을 사용하기로 결정한 후 이후부터 1918년 1월 볼셰비키 정부가 그레고리력(신력)을 수용할 때까지의 날짜는 별도의 표기가 없는 한 구력으로 표기함.

러시아 민족의 투쟁 역사는 고통과 영광으로 가득 차 있다.

소리 없이 흐르는 볼가 강도

그들의 분노를 막을 수 없었다.

5000년 인류 역사를 담은 장쾌한 대하드라마

역사는 장대한 대하드라마이다. 그것도 아주 잘 짜인. 사건이 일어나게 된, 일어날 수밖에 없는 명확한 이유가 있고, 그로 인해 전개될 이야기는 전후 관계가 딱딱 들어맞는다. 각각의 시대를 살아 낸 사람들의 이야기는 너 나 할 것 없이 드라마보다 더 드라마틱하다. 그야말로 파란만장하다.

역사란 드라마틱한 시대를 살아 온 사람들의 파란만장한 삶에 관한 이야기이다. 그 속에 생존을 위한 몸부림이 있고, 종족과 전쟁이 있으며, 문화와 예술이 있고 국가와 민족이 있다. 권력을 향한 암투와 뜨거운 인류애가 함께 숨 쉬는가 하면, 이념과 창조, 파괴, 희망이 춤춘다.

인류의 역사는 희망적인가. 우리가 역사를 통해 배우고 이를 삶에 적용하는 한 인류의 역사는 희망적이다. 이것이 우리가 역사를 알아야 하고 이 시대의 문제에 대한 해답을 역사에서 찾아야 하는 이유이다.

역사는 읽는 것이 아니라 보는 것이라 했던가. '맥을 잡아주는 세계사'는 마치 대하드라마를 보는 듯 한 권, 한 권이 잘 짜인 책이다. 인과 관계가 명확하니 행간과 맥락이 머릿속에 쏙쏙 들어온다. 600여 개의 에피소드는 드라마를 흥미진진하게 이끌고 가는 매개체이며, 2,000여 장에 이르는 시각 자료는 세트, 정지 컷, 의상, 소품 구실을 한다. 에피소드는 어느 한 곳에 치우치지 않도록 다양한 시각을 담은, 다양한 사료를 바탕으로 꾸몄다.

각 권은 50여 개의 장으로 이루어진다. 각 장이 시작될 때마다 해당 시기와 등장인물이 어김없이 소개된다. 또한 그때 다른 곳에서는 어떤 일들이 벌어지고 있었는가를 별도의 연표로 제시한다. 그렇다. 드라마이므로 배경이 되는 시기가 있어야 하고, 주인공이 있어야 하며, 전후좌우의 맥락을 살피기 위해서는 주인공을 둘러싼 시대의 흐름도 아울러야 한다. 이러한 플롯으로 그리스와 로마, 이집트 역사를 통해 고대 문명의 원형을 찾아보고, 중·근세 유럽의 강국 영국, 프랑스, 독일을 거쳐 근세 일본과 중국, 미국, 러시아까지, 한 편, 한 편 완성도 높은 드라마로 빚어내어 역사의 거대한 흐름 속으로 독자들을 끌어들이려 한다.

과거에 대한 올바른 인식 없이, 올바른 현재적 삶도 없다. '맥을 잡아주는 세계사'는 독자들에게 한 걸음 더 가까이 다가가 말을 건네는 책이다. 우리 삶을 더 인간답게 가꾸어 가기 위해 우리는 무엇을 고민해야 하고, 어떻게 해야 할지를 묻는다. 물론 그에 대한 답은 독자 스스로 찾아야 한다. 이 책 안에서 펄펄 살아 움직이는 역사를 통해.

자, 이제 모든 준비가 끝났다. 독자들이여! 5000년 인류 역사의 거대한 물줄기! 그 장쾌한 대하드라마 속으로 함께 빠져들어 보자. 그것도 아주 열렬히.

– 맥세계사편찬위원회

추천사

역사 속에서 거침없이 튀어나온 인물들과의 조우

역사는 과거와 현재와 미래의 대화라고 합니다. 현재의 가치가 과거의 사실을 만납니다. 현재는 과거와 미래에게 자신의 삶에 대해 묻습니다. 어디서 왔는지, 제대로 살고 있는지, 어떻게 살아야 하는지……. 현재가 치열하게 고민한 것일수록 과거가 들려주는 답은 명확합니다. 과거의 이야기는 여기에서 머물지 않습니다. 미래까지 적나라하게 제시합니다. 고대 로마의 정치·사회사에서 한국의 현재를 읽어 내는 일이 가능할까요? 물론입니다. 어디 현재뿐이겠습니까? 미래를 예측할 수도 있습니다. 왜냐하면 미래는 실천과 의지의 소산이기 때문입니다. 그것은 바로 과거를 아는 자들의 몫입니다. 이것이 바로 역사를 알아야 하는 이유입니다. 그래서 역사는 과거의 사실과 현재의 가치와 미래의 의지의 대화입니다.

이런 점에서 볼 때 최근 일어난 교학사의 한국사 교과서 역사 왜곡 논란은 참으로 안타까운 일이 아닐 수 없습니다. 편향된 시각으로 집필된 역사 교과서가 자라나는 세대들에게 우리 역사를 바로 알고 현실을 직시하며 미래를 준비하는 토대를 제공할 수 있을까요? 역사를 잊은 민족에게 미래란 없다고 했습니다. 이념 논쟁을 떠나 역사 교육에 대한 사회적 합의가 절실합니다.

느낌이 있는 책에서 의욕적으로 출간한 '맥을 잡아주는 세계사' 시리즈를 보고 세 번 놀랐습니다. 가장 먼저 본문 구성이 매우 독특하다는 데 놀랐습니다. 마치 독자들이 날개를 달고 그 지역 상공을 날면서 여행을 하듯 쓰인 서술 방식은 그간의 역사서에서는 찾아보기 어려운 점입니다. 시간의 흐름에 따라 역사적 사건의 현장이 펼쳐지면서 그 시기에 가장 중요했던 인물이 등장하여 종횡무진 맹활약을 합니다. 이러하니 마치 다큐멘터리나 한 편의 영화를 보는 듯 지면이 살아 움직입니다. 두 번째로 놀란 것은 시간의 흐름에 따른 종적 편성 외에 신화, 축제, 교육, 건축, 예술, 여성 등 다양한 테마를 다룬 횡적 편성을 통해 생활사까지 아울렀다는 점입니다. 정치·사회사 중심의 역사서에서 놓치기 쉬운 생활사를 단원 말미에서 종합적으로 서술함으로써 두 마리 토끼를 모두 잡는 데 성공하였습니다. 마지막으로 놀란 것은 꼼꼼한 구성입니다. 각 단원이 시작될 때마다 시기와 주요 인물 혹은 사건이 제시되고 그 아래 총체적인 세계사의 흐름을 알 수 있는 비교 연표를 제시하여 독자들의 머릿속을 깔끔하게 정리해 주고 있다는 점입니다. 필요한 자리에 적절하게 들어간 사진 자료들은 한눈에 보아도 귀한 자료임을 알 수 있습니다.

이 책은 중국 최고의 인재들로 구성된 중국사회과학원과 베이징대학 등 중국 유수 대학 사학과 교수진이 기획과 집필을 담당하였습니다. 우리로서는 그간에 주로 접해 왔던 서양이나 일본 학자들의 시각에서 벗어나 중국 역사가들의 새롭고 참신한 사관을 접할 수 있다는 점에서 흥미로운 일이 아닐 수 없습니다. 고대 그리스에서 시작되는 여행은 전 세계 곳곳의 상공을 날며 생생한 역사의 현장을 돌아봅니다. 그 현장에서 만나는 주인공들은 더 이상 박물관에 놓인 초상화 혹은 조형물이 아닌, 따스한 피를 가진 한 인간입니다. 그들과의 만남, 생각만으로 벌써 가슴이 뜁니다.

– 강치원, 강원대 사학과 교수, 경기도율곡교육연수원장

다가오는 러시아, 아시아에서 바라본 러시아

이 책은 중국 학자가 집필한 러시아 역사서이다. 이제까지 우리나라에 러시아는 물론 미국, 영국, 독일, 프랑스 등 서방 학자들이 집필한 러시아 역사서가 주로 출간되었는데 중국 학자가 집필한 러시아 역사서는 처음으로 소개된다는 점에서 이 책의 참신성을 찾을 수 있다. 이 책의 출간 시점을 고려한다면 본 역사서는 더 뜻 깊은 의미를 지니고 있다. 최근 러시아는 그동안 유럽 중심의 정책에서 선회해 아시아 지역에 많은 관심을 보이면서 중국은 물론 우리나라와 경제협력 강화를 모색하고 있다. 그 대표적인 예로 러시아 정부는 2012년 '신동방정책'이라는 기치 아래 극동개발부를 신설하여 극동·시베리아 지역 개발을 위해 이 지역 국가들과 협력 프로그램 및 플랫폼 구축을 모색하고 있다. 이 시점에서 한국도 최근 국가 차원에서 '유라시아 이니셔티브,' '유라시아 특급열차,' '북극 항로 개발' 등 러시아와 직접 연관된 프로그램 구상과 실천을 위해 노력을 하고 있다. 이렇게 러시아는 동쪽으로, 아시아는 서쪽으로 다가가면서 양 지역 간 심리적, 정서적 거리는 더욱 좁혀지고 있다. 바로 이 시점에서 중국 학자가 집필한 러시아사를 소개하는 것은 무척 뜻 깊은 일이다.

본 역사서는 러시아 인이 속한 슬라브 족이 역사 기록에 처음으로 등장하는 1세기경부터 1999년 옐친 대통령 통치 시기까지 장장 2000년에 걸친 역사를 기술하고 있다. 이 책은 초·중·고 학생들과 일반 독자들도 쉽게 이해할 수 있도록 평이한 문체로 쓰였지만, 그 내용은 전문가들이 읽어도 도움이 될 정도의 깊이를 지니고 있다. 이 책의 특징 중 하나는 중국 학자의 저술답게 중국과 러시아의 관계에 대해 여타 역사서보다 상세히 묘사되어 있다는 점이다. 그 외에도 13세기 초 몽골의 러시아 침략과 정복, 그리고 19세기 초 나폴레옹과 20세기 중반 히틀러의 침략 등 러시아가 치른 주요 전쟁의 발발, 전개에 대한 인과 관계가 잘 설명되어 있다는 점이다. 저자는 특히 2차 세계대전 승리로 소련이 초강대국으로 부상한 것에 주목하면서 소련이 치른 주요 전투와 군 지휘관에 대한 상세한 설명을 곁들이고 있다.

이 책의 서술을 통해 공산당 중심의 사회주의 정치 체제를 유지하고 있는 중국이 러시아 역사를 바라보는 관점도 엿볼 수 있다. 볼셰비키 혁명을 통해 세계 최초로 사회주의 체제를 건설한 레닌에 대해서는 주로 긍정적 측면만을 부각하고 있으며, 스탈린 시기에 대해서는 산업화의 성과는 언급하면서도 1930년대 말 무고한 시민 수백만 명을 투옥하고 처형하였던 정권의 폭력성에 대한 설명은 없다. 또한 1960년대 중·소 이념 논쟁 및 국경 분쟁은 물론 사회주의 체제의 문제점이 나타나기 시작한 1970년대 브레즈네프 시기에 대해서도 언급이 없고 1980년대 나타난 사회·경제·정치적 문제에 대해서는 아주 간략하게 설명하고 있을 뿐이다. 이는 아마도 소비에트 체제의 문제점에 대한 서술은 아직 사회주의 체제를 표방하고 있는 중국의 문제점을 연상시킬 수 있음을 우려한 중국 저자의 의도적 침묵으로 볼 수 있다. 이러한 점은 한편으로는 이 책의 단점이 될 수 있지만, 다른 한편으로는 이를 통해 러시아 역사에 대한 중국 나름의 관점을 엿볼 수 있는 값진 자료가 되기도 한다.

자, 이제 이런 점을 염두에 두고 과연 중국이 바라본 러시아는 어떠한지 들여다보자!

– 송준서, 한국외대 러시아연구소 HK교수

CONTENTS

1 키예프 루시부터 모스크바 공국까지

1. 키예프 루시 공국의 건립 · 18
2. 전쟁의 왕, 스뱌토슬라프 · 25
3. 루시의 세례 · 29
4. 지혜로운 대공 야로슬라프 · 33
5. 킵차크한국 · 39
6. 모스크바 공국의 발전 · 45
7. 이반 뇌제 · 50

2 로마노프 왕조와 제정 러시아

1. 로마노프 왕조의 탄생 · 58
2. 농노 폭동과 교회 분열 · 62
3. 표트르 1세의 개혁 · 66
4. 예카테리나 2세 · 80
5. 푸가초프의 반란 · 89

〈테마로 읽는 러시아사〉 러시아의 계급 제도

6. 천재적인 명장, 수보로프 · 99
7. 알렉산드르 1세 · 106
8. 1812년의 조국 전쟁 · 113
9. 데카브리스트의 난 · 119
10. 유럽의 헌병, 니콜라이 1세 · 124

3 러시아를 빛낸 학문과 예술

1. 러시아 근대 문학의 시조, 푸시킨 · 130

2. 크림 전쟁 · 135

〈테마로 읽는 러시아사〉 러시아의 농노 제도

3. 알렉산드르 2세의 개혁 · 146

4. 나로드니키 운동 · 150

5. 러시아 문학의 거장, 레프 톨스토이 · 154

〈테마로 읽는 러시아사〉 러시아 미술

6. 교향악의 대가, 차이콥스키 · 168

7. 드미트리 멘델레예프와 주기율표 · 174

8. 파블로프의 개 · 180

〈테마로 읽는 러시아사〉 마르크스주의는 어떻게 전해졌을까?

9. 러일 전쟁 · 189

4 사회주의 혁명과 소련의 성립

1. 제1차 러시아 혁명 · 198
2. 2월 혁명 · 204
3. 10월 혁명 · 210
4. 전시공산주의 · 216
5. 붉은 군대의 프룬제 · 222
6. 소련의 신경제 정책 · 227
7. 레닌, 세상을 떠나다 · 234
8. 사회주의 소유제의 확립 · 241
9. 독학으로 이룬 꿈, 막심 고리키 · 247

5 제2차 세계대전과 부상하는 소련

1. 20세기 소련의 외교 정책 · 254
2. 모스크바 공방전 · 260
3. 레닌그라드의 영광 · 266
4. 스탈린그라드 전투 · 274
5. 쿠르스크 전투 · 283
6. '소련의 영웅' 주코프 · 289
7. 바실렙스키 · 296
8. 추이코프의 빛나는 인생 · 303
〈테마로 읽는 러시아사〉 소련과 제2차 세계대전 이후의 새로운 세계 경제 질서

6 동·서 냉전과 소련의 해체

1. 바르샤바 조약 기구 · 318

2. 1958년부터 1961년까지의 베를린 위기 · 324

3. 쿠바 미사일 위기 · 329

4. 인류 최초의 우주비행사, 유리 가가린 · 335

5. 흐루쇼프의 개혁 · 340

6. 소련의 해체 · 346

〈테마로 읽는 러시아사〉 러시아의 올림픽 영웅들

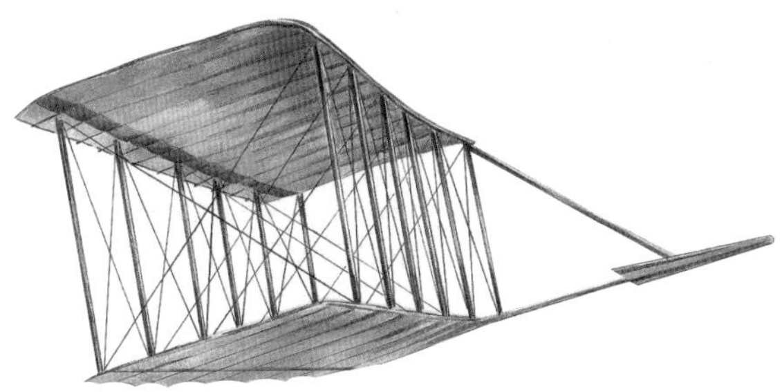

Russia

맥을 잡아주는 세계사

The flow of The World History

제1장 | 키예프 루시부터 모스크바 공국까지

1. 키예프 루시 공국의 건립
2. 전쟁의 왕, 스뱌토슬라프
3. 루시의 세례
4. 지혜로운 대공 야로슬라프
5. 킵차크한국
6. 모스크바 공국의 발전
7. 이반 뇌제

Russia

1 키예프 루시 공국의 건립

240년간 몽골의 통치를 받은 것을 제외하면 고대 러시아 역사에 등장하는 왕조는 로마노프Romanov 왕조와 바이킹의 후예인 류리크 왕조 둘뿐이다. 류리크 왕조는 러시아 최초의 국가인 키예프 루시 공국Kievskaya Rus을 세웠다. 당시 유럽 지역에서 대국으로 통하던 키예프 루시 공국은 동서방의 여러 나라와 우호적인 관계를 맺었으며 특히 유럽 각국 왕실과 혼인을 통해 정치적 관계를 수립하고자 애썼다. 이런 과정을 통해서 키예프는 루시 공국의 행정 및 종교의 중심지가 되었다.

시기 : 9세기~10세기
인물 : 류리크Ryurik, 올레크Oleg, 이고리Igor

민족의 융합

로마 제정 시대의 역사가 타키투스가 기록한 바로는 동유럽 평원에 처음으로 등장한 민족은 사르마트Sarmat 족이다. 그들은 수천 년 동안 에덴동산 같은 이 평원에서 평화롭게 살았다. 그러나 하와가 뱀의 꾐에 빠져 선악과를 훔쳐 먹고 에덴동산에서 쫓겨난 것처럼 그들의 행복한 나날은 '하루아침에' 산산조각이 나버리고 말았다. 지략이 뛰어나고 영리한 고트Goth 족이 온순하고 성실한 사르마트 족을 잡아서 로마에 노예로 팔아 버린 것이다. 이때부터 사르마트라는 이름은 사라지고 슬라브Slav라는 이름이 그 자

한눈에 보는 세계사

870년 : 프랑크 왕국 분열
918년 : 왕건, 고려 건국
926년 : 발해 멸망
936년 : 고려, 후삼국 통일

리를 대신했다. 슬라브 족의 새로운 이름은 '노예'를 뜻하는 고대 라틴 어에서 유래한 것이다.

노예라고 불리던 이 민족은 1세기부터 서서히 동슬라브 족과 서슬라브 족으로 나뉘었다. 게르만 계통의 여러 부족이 대규모로 로마 제국 영토로 이동한 사건인 '민족 대이동' 시기에 많은 슬라브 인이 남쪽으로 옮겨가 도나우Donau 강 유역과 발칸 반도에 자리를 잡았다. 그 후 그곳에 살던 토착 민족과 동화되어 6, 7세기경에는 남슬라브 족을 형성했다. 이렇게 해서 슬라브 족은 러시아, 우크라이나, 벨라루스 등에 자리 잡은 동슬라브 족과 폴란드, 체코, 슬로바키아의 서슬라브 족, 그리고 세르비아, 크로아티아, 슬로베니아, 몬테네그로와 불가리아에 정착한 남슬라브 족으로 세 갈래로 나뉘었다. 그 후 서쪽으로 세력을 확장하려는 마자르Magyar 족이 헝가리 평원으로 들어오면서 남슬라브 족과 북부의 동, 서슬라브 족을 갈라놓았다. 이때부터 삼 형제는 각자의 길을 걷기 시작했다.

러시아는 여러 민족으로 구성된 다민족 국가로, 민족마다 독특한 고유의 전통 의상이 있다.

동슬라브 족은 마자르 족에게 밀려나 두 번째 대이동을 하게 되었다. 그들은 카르파티아 산맥을 넘어 드넓은 러시아 평원에 자리를 잡았다. 이후 사회가 발전하면서 자연스럽게 사유제도가 생겨났다.

8세기 후반에서 9세기 초반, 동슬라브 족의 각 부락은 점차 합쳐지면서 마침내 북쪽의 노브고로드Novgorod와 남쪽의 키예프Kiev를 중심으로 두 개의 부락 연맹을 형성했다.

류리크와 형제들의 건국

9세기 중엽, 동유럽 평원의 노브고로드 부락에서는 원로들이 끊임없이 내분을 일으켰다. 이에 따라 같은 민족끼리 서로 죽고 죽이는 전쟁이 계속되고 있었다. 내부 질서가 어지러워져서 더 이상 부락 자체의 힘으로는 통제할 수 없는 상황이었다. 서로 사이가 좋지 않은 슬라브계의 각 부족은 급기야 바랴크Varyagi 인들에게 내란을 진압해 달라고 요청했다. 그러자 스칸디나비아 반도의 북유럽 바이킹 지도자였던 류리크가 나서서 슬라브 부족 간의 질서를 바로잡게 되었다. 바랴크 인은 이렇게 해서 동슬라브 족의 영토로 손쉽게 들어올 수 있었다.

862년, 근위대와 형제들을 이끌고 스웨덴에서 건너온 류리크가 동슬라브 부족 간의 전쟁을 진압하고 노브고로드 최초의 공후Prince가 되었다. 동유럽 지역에 들어온 바랴크 인과 류리크는 당시 한창 형성되고 있던 동슬라브 국가에 큰 영향을 끼쳤고, 바로 이 시기에 류리크 왕조가 탄생했다.

류리크 왕조 초기에 공후는 각 부족으로부터 세금을 거두어들이며 전제 군주제를 시행했다. 공후들이 매년 초겨울에 병사들과 함께 영토를 돌며 주민들에게서 식량, 모피, 벌꿀, 밀랍 등의 물품을 거둬들이고 이듬해 봄이 되면 비잔티움 제국의 콘스탄티노플에 내다 팔아 방직물, 술, 과일 등으로 바꾸었다. 류리크 왕조는 이렇게 발전하기 시작했다.

이후 류리크 왕조의 후계자들은 여러 가지 방법을 통해 왕조의 통치력을 키워 나갔다. 12세기에 이르러 봉건 제도가 생기자 세력을 키운 대귀족,

맥을 잡아 주는 **러시아사 중요 키워드**

'루시'라는 명칭의 유래

바랴크 족의 지도자인 류리크는 원래 샤를마뉴 제국의 제후로, 덴마크에 영지가 있었다. 862년에 그는 직접 군대를 이끌고 노브고로드를 점령한 후 스스로 공후의 자리에 올라 류리크 왕조를 세웠다. 이 시기에 러시아 토착 민족 중 바랴크 족과 가장 먼저 접촉한 것은 동슬라브 인이었다. 그들은 자신의 땅에 들어온 이 낯선 이민족을 가리켜 '항해술이 뛰어난 사람'을 뜻하는 '루시'라고 부르게 되었다. 바랴크 족은 러시아에 들어와 점차 슬라브 인과 동화되었고, 동슬라브 인들도 서서히 '루시'라는 이름을 받아들였다.

즉 귀족 중에서도 최상위 귀족인 보야르Boyar들이 키예프 대공의 통제에서 벗어나려고 애썼다. 그러나 류리크 왕조는 여러 명의 왕족이 각 지역을 나누어 통치하는 방식으로 700년 동안 나라를 다스렸다.

키예프의 첫 번째 대공 올레크

올레크는 노브고로드의 두 번째 공후이자 키예프 최초의 대공이다. 그는 선대 공후인 류리크와 직접적인 혈연관계는 아니었으나 류리크만큼이나 뛰어난 인물이었다. 류리크는 군사적인 면에서 지략이 뛰어났으며, 빛나는 업적을 세워 자신의 가치와 능력을 세상에 증명해 보인 인물이다. 그는 리더십을 발휘하여 유럽 지역에서 류리크 왕국의 세력을 크게 떨쳤다.

류리크가 세상을 뜬 후, 그의 아들인 이고리의 나이가 너무 어렸던 탓에 같은 민족인 올레크가 노브고로드 공후의 자리를 이어받았다. 새롭게 들어선 정권이 안정되려면 어느 정도의 정치적 성과를 백성에게 증명해 보여야만 한다. 그래서 현명한 올레크는 먼저 가까이에 있는 슬라브 부락의 병사와 바랴크 인 호위대를 이끌고 노브고로드 부근의 부락과 성읍을 공격했다. 그는 스몰렌스크Smolensk 등 여러 도시를 점령하며 도나우 강 연안에서의 세력을 넓혀 갔다. 그렇게 어느 정도 백성의 지지를 얻은 다음, 동슬라브 족의 또 다른 부락인 남쪽의 키예프 부락 연맹을 완전히 손에 넣었다. 당시 키예프는 러시아 북부와 비잔티움 제국을 연결하는 곳으로 루시 공국에 매우 중요한 지역이었다. 882년, 용감하고 지혜로운 올레크는 직접 군대를 이끌고 강을 따라 남쪽으로 내려가서 키예프를 점령했다. 이는 뛰어난 군사 지휘 능력과 투지로 수많은 어려움을 극복한 결과였다. 그 후 올레크는 정치적 중심지를 노브고로드에서 키예프로 옮기고 키예프 루시 공국을 세웠다. 이렇게 올레크가 러시아 역사에 남긴 첫 번째 업적으로 키예프 루시 공국은 국가의 기틀을 갖추었다.

그 후에도 올레크는 키예프 공국에서 정치적 기반을 다지기 위해 숨 돌릴 틈도 없이 주변 부락들을 점령해 나갔다. 나라를 위해 끊임없이 공을 세워야만 계속해서 사람들의 지지를 받을 수 있기 때문이었다. 폴란Polyane 인, 일멘 호수 지역의 슬라브 인, 라디미치Radimichi 인, 크리비치 인 등을 정복함으로써 국가 정권을 확립한 그는 러시아 봉건 국가 역사상 유명한 대공으로 이름을 남겼다. 정권을 확립하고 세력 기반을 다진 것 외에 또 한 가지 인상 깊은 부분은 올레크가 동슬라브 인의 땅을 정복한 이후 그들 고유의 생산 및 생활 방식을 바꾸지 않고 오히려 그들에게 서서히 동화되었다는 사실이다. 동슬라브 인과 혈연관계를 맺고 그들의 언어와 문화, 생활 풍습을 받아들이며 긴 시간에 걸쳐 점차 슬라브 족에 동화되었다. 이로써 류리크 왕조는 통치를 강화하고 백성의 마음을 얻을 수 있었다. 11세기부터 키예프의 통치자는 '류리크'나 '올레크'와 같은 북유럽인의 이름 대신 '블라디미르', '야로슬라프'와 같은 슬라브 어 이름을 사용하기 시작했다. 이 시기에 이미 새로운 러시아 민족이 형성되었다는 것을 보여 주는 대목이다.

타고난 장사 수완과 오랜 바이킹 생활에서 비롯한 모험적 성향으로 바랴크 인은 안정적인 시기에도 항상 전쟁을 생각했다. 훗날 벌어질지 모르는 전투에 대비하기 위해 그들은 장삿길을 따라 군영을 배치하고, 방어 기능을 갖춘 역참을 지었다. 잘 알려진 불가리아 역참은 볼가Volga 강과 카마Kama 강이 합류하는 지점에 자리하여 라도가 호수와 스몰렌스크의 길목을 지켰다.

키예프 루시 공국을 건립한 이후, 올레크는 영토를 확장하고 노브고로드에서 도나우 강을 따라 흑해로 들어가는 장삿길을 확보하기 위해 끊임없이 전쟁을 했다. 그는 볼가 강 유역과 북캅카스, 우랄, 시베리아 등지의 유목 민족을 잇달아 정복하며 마침내는 동유럽과 아시아 서북부에 이르는 넓은 영토를 다스렸다.

올레크는 두 차례에 걸쳐 비잔티움 제국의 수도 콘스탄티노플을 공격했다.

당시 바랴크 인은 비잔티움 제국의 수도 콘스탄티노플을 '위대한 도시'라고 불렀다. 루시가 바다 남쪽으로 나가려면 반드시 콘스탄티노플을 거쳐야 했기 때문이다. 이 무역로를 얻고 싶었던 올레크는 두 차례에 걸쳐 비잔티움 제국을 공격했다. 러시아 역사서와 비잔티움 문헌에 기록된 바로는 907년에 올레크가 배 2,000척과 병사 8만 명을 이끌고 콘스탄티노플을 공격했으나 날씨와 지형 등의 이유로 승리를 거두지 못했다. 911년에 그는 여러 슬라브 부족 사람들로 구성한 군대와 함께 다시 비잔티움으로 향했다. 그들은 배를 타고 도나우 강을 따라 이동해 비잔티움 제국에 도착했다. 그리고 육지에 오르기가 무섭게 교회를 불태우고 수많은 그리스 인을 죽이거나 포로로 붙잡았다. 그 후 범선에 바퀴를 달고 돛을 올린 다음 단숨에 콘스탄티노플의 굳게 닫힌 성문으로 달려갔다. 이 모습에 놀란 그리스 인들은 하늘의 신이 올레크의 군대를 돕는다고 생각했다. 그래서 바로 항복하고, 공물을 바치기로 했다. 키예프 루시는 큰 승리를 거두었고 경제적 이익까지 얻었다. 우선 포로들을 풀어 주는 대가로 4만 8,000그리브나를 받았고 루시 상인들이 세금 없이 무역할 수 있다는 내용의 무역 조약도 체결했다. 1그리브나는 우리 돈으로 약 230원 정도인데, 당시의 화폐 가치를 생각하면 엄청난 돈이었다. 이로써 올레크와 그의 군대는 비잔티움 원정을 완벽하게 마무리했다.

비잔티움 원정은 올레크가 죽기 전에 마지막으로 치른 큰 전쟁이었다. 그 덕분에 루시 공국은 당시 세계에서 가장 발달한 문명 중 하나였던 비잔티움 문명과 교류를 맺을 수 있었다. 이는 고대 루시 공국의 사회 발전을 이끌었을 뿐만 아니라 이후 러시아의 정치 및 문화에까지 깊은 영향을 미쳤다.

912년에 루시 공국의 위대한 지도자 올레크가 세상을 떠나면서 류리크의 아들인 이고리에게 대공의 자리를 돌려주었다. 이고리는 프스코프의 공주 올가를 아내로 맞아들였고, 류리크 왕조는 이후 700년 동안 나라를 다스렸다. 945년에 이고리가 살해당하자 그의 아내인 올가가 아들을 도와서 964년까지 섭정했다. 러시아는 위대한 개척자인 올레크의 노력으로 발전의 기반을 마련했다. 또한 올레크는 루시의 미래 지도자들이 나아갈 방향을 제시해 주었다.

류리크 왕조는 올레크의 통치 기간에 영토를 드넓게 확장했을 뿐만 아니라 고대 러시아 역사에 찬란하게 빛나는 키예프 루시 정권을 확립했다. 키예프 루시가 건국된 10세기부터 오늘날의 21세기에 이르기까지 러시아가 1200여 년간의 역사를 시작할 수 있었던 것은 모두 류리크 형제와 올레크의 노력 덕분이었다. 올레크는 고대 루시 공국의 경제와 무역 방면에서도 큰 공을 세웠다. 그 덕분에 키예프는 도나우 강 유역에 자리한 루시 부족 연맹의 중심지이자 유럽 주요 도시의 하나로 발돋움했고 상업, 문화, 예술 등의 분야에서 다른 도시들을 앞서 나갔다.

2 전쟁의 왕, 스뱌토슬라프

Russia

스뱌토슬라프는 루시 공국 초기의 대공으로 유난히 전쟁을 좋아해서 정복 전쟁을 일으켜 영토 확장에 앞장섰다. 그는 류리크 왕조의 창시자인 류리크의 손자이자 이고리의 아들이다. 평생 궁궐에서 조용히 머무른 적이 거의 없는 그의 호전적인 성격은 유년 시절의 경험에서 비롯되었다.

시기 : 962년~972년
인물 : 스뱌토슬라프Svyatoslav, 올가Olga

유년의 기억

스뱌토슬라프의 아버지 이고리는 동슬라브는 물론이고 동유럽 평원 전체에서 이름을 날리던 유명한 대공이었다. 어느 날, 포악하고 욕심이 많은 이고리가 백성에게서 밀랍과 모피 등을 무리하게 징수하려고 하자 사람들이 더는 참지 못하고 달려들어 그를 무참하게 죽였다. 온몸이 피투성이가 되어 형체조차 알아보기 어려운 이고리의 시신이 궁으로 돌아왔다. 그 모습을 보고 어린 스뱌토슬라프는 큰 충격을 받았다. 아침까지만 해도 자신과 함께 놀아 주던 아버지가 처참한 시신으로 누워 있다는 사실을 믿을 수 없

한눈에 보는 세계사
962년 : 오토 1세의 대관식

스뱌토슬파프는 967년, 도나우 강 하류의 불가리아 영토를 점령했다.

었던 것이다. 그러나 아버지를 잃은 슬픔에서 미처 헤어 나오기도 전에 자신의 목숨을 노리는 세력과 마주쳐야 했다. 성난 군중이 폭동을 일으키려는 기세에 당황한 귀족들이 나이 어린 스뱌토슬라프에게 화살을 돌린 것이다. 왕가의 고질병인 왕위 다툼의 시작이었다. 그나마 다행이었던 것은 그에게는 지혜롭고 강인한 어머니 올가가 있었다는 사실이다. 올가는 믿을 수 있는 신하들을 모아서 호시탐탐 왕위를 노리는 귀족들을 꺾었다. 그리고 어린 스뱌토슬라프를 후계자로 세운 다음 스스로 여왕이 되어 섭정에 나섰다. 정권을 잡은 올가는 먼저 군대를 보내 자꾸만 폭동을 일으키는 '골칫거리 백성'부터 소탕하려고 했다. 명령을 받고 출동한 대공의 군대는 목적지로 향하던 중에 드레블랴네Drevlyane 인들과 마주쳤다. 곧 양측 사이에 인정사정없는 전투가 벌어졌고, 그들이 서 있던 땅은 온통 드레블랴네 인의 피로 붉게 물들었다.

이 사건은 스뱌토슬라프에게 커다란 자극이 되어 훗날 직접 정권을 잡았을 때 그는 더욱 무력을 신봉하게 되었다. 스뱌토슬라프는 평소 늘 간편한 옷을 입고 머리는 앞쪽의 한 줌만 남겨 둔 채 빡빡 깎았으며 왼쪽 귀에 귀걸이 한쪽을 걸고 허리에는 검을 찼다. 전쟁에 나설 때에는 짐을 가볍게 해서 배가 고프면 말을 잡아 배를 채우고, 밤에는 천막도 없이 말안장을 베고 잠을 청했다. 빠른 걸음으로 행군하고 전투에 임할 때에는 직접 앞장서며 죽음을 두려워하지 않던 그는 병사들에게 깊은 존경을 받았다. 스뱌토슬라프는 큰 전쟁이었던 불가르 전쟁, 북캅카스 전쟁, 불가리아 전쟁을 통해 키예프 루시 공국 역사에 전쟁왕으로 자리매김했다.

정복 전쟁의 반복

루시 사람들은 962년부터 유라시아 북쪽의 장삿길을 두고 동남쪽의 하자르 족과 끊임없이 마찰을 빚었지만 내내 이렇다 할 해결을 보지 못하고 있었다. 965년에 성인이 되어 직접 정권을 잡은 전쟁왕 스뱌토슬라프는 항상 전쟁에 목말라하고 있었다. 그러던 어느 날, 스뱌토슬라프는 돈 강 하류에 자리한 하자르국의 수도 이틸을 공격해 단숨에 점령했다. 그러고는 정복한 도시의 이름까지 바꿨다. 이때부터 그는 본격적으로 전쟁에 뛰어들었다.

키예프 루시의 동쪽에 있는 볼가 강 유역에는 동슬라브 인의 후손인 불가르 인이 살았다. 혈통에서 타고난 상인 기질과 바이킹의 성격 때문인지 그들은 안정적인 삶에 만족하지 못했다. 게다가 볼가 강을 끼고 있어 여러모로 유리한 지형은 스뱌토슬라프가 군침을 흘릴 만한 조건을 골고루 갖추고 있었다. 966년에 하자르 족과 막 전쟁을 끝낸 스뱌토슬라프는 다시 군대를 이끌고 불가르 성을 침략해 항복을 받아냈다. 967년에도 쉬지 않고 서쪽으로 달려가서 도나우 강 하류의 불가리아 영토를 점령하고, 볼가 강 삼각주를 통치하기 위한 사령부를 설치했다. 이렇게 해서 스뱌토슬라프는 드넓은 제국의 주인이 되었다. 동쪽으로는 볼가 강 입구에서 서쪽의 크림 반도를 지나 도나우 강 입구까지 이르는 넓은 땅이었다. 그러나 한 번의 실수로 몇 차례의 승리가 수포로 돌아가 버렸다. 군대를 과도하게 분산시킨 것이 화근이었다. 얼마 지나지 않아 스뱌토슬라프는 불같이 일어나는 동쪽의 반란 세력과 서쪽의 비잔티움 제국을 상대하느라 진땀을 흘려야 했다.

971년, 불가리아의 수도를 정복한 스뱌토슬라프는 승리에 크게 도취했다. 그러나 바로 그해에 그는 일생에 가장 큰 군사적 손실을 입었다. 루시 공국이 정복 전쟁과 영토 확장을 계속하자 당시 강대국이던 비잔티움 제국의 왕이 크게 분노한 것이다. 한때 노예였던 민족이 이곳저곳을 정복하면서 산더미처럼 쌓인 식량과 금을 차지했으니, 그 모습을 가만히 앉아서 지켜볼 비잔티움 제국이 아니었다.

"스뱌토슬라프 때문에 우리 비잔티움 제국이 피해를 입고 있다. 놈은 그에 대한 대가를 치러야 할 것이다!"

비잔티움 국왕의 분노를 신호탄으로 키예프 루시와 비잔티움 사이의 전쟁이 시작되었다. 그러나 어쩔 수 없는 군사력의 차이로 스뱌토슬라프는 전쟁에서 패했고 그 대가로 불가리아와 크림 반도의 주권을 포기해야 했다. 972년, 스뱌토슬라프가 군대를 이끌고 도나우 강 유역에서 물러나려고 할 때였다. 그의 군대는 드네프르 강의 급류 부근에 숨어서 기다리고 있던 페체네그 Pecheneg 족의 기습을 받았다. 바로 이 전투에서 스뱌토슬라프는 죽음을 맞았다. 의식을 잃기 직전, 그는 어린 시절에 자신의 눈앞에 누워 있던 아버지의 시신을 떠올렸다. 그의 마지막 순간을 지켜본 이들은 그의 얼굴에 편안한 미소가 떠올랐다고 전했다. 스뱌토슬라프가 역사적 운명을 타고났음을 다시 한 번 보여 주는 장면이다.

스뱌토슬라프는 일생에 걸쳐 정복 전쟁을 벌이며 류리크 왕조의 정권을 확립하고 강화하는 데 크게 공헌했다. 비록 말년에 전쟁에서 패하며 그동안 그가 확장한 영토 대부분을 잃었지만, 972년 루시 공국의 영토는 60년 전에 올레크가 남긴 영토보다 훨씬 넓었다. 강대국이던 하자르국을 멸망시키고 그 땅을 차지하면서 루시 공국의 동남쪽 국경이 열렸다. 이로써 동쪽 초원의 유목 민족이 침입해 오는 문제가 생기기도 했으나 또 한편으로는 동슬라브 인의 무역 활동 범위를 넓히는 결과를 가져다주었다. 특히 그의 전성기에 치렀던 불가르 전쟁 이후에 이러한 장점이 더욱 부각되었다. 불가르 전쟁에서 승리한 러시아는 동쪽 세계로 통하는 문을 활짝 열게 되었고, 이는 훗날 러시아 경제의 번영과 문화의 발전에 굉장히 중요한 역할을 했다.

3 루시의 세례

Russia

스뱌토슬라프가 죽은 이후 왕위 계승권을 둘러싼 다툼으로 온 나라가 혼란에 빠졌다. 980년, 스뱌토슬라프의 아들인 블라디미르는 형제인 야로폴크 1세를 물리치고 대공의 자리에 올라 루시 공국 역사상 또 한 명의 강력한 통치자가 되었다. 그는 루시 공국에 정신적 신앙으로서 그리스도교를 도입했다. 역사에서는 이 사건을 '루시의 세례'라고 부른다.

시기 : 980년~996년
인물 : 블라디미르Vladimir

다신교 숭배

여러 신을 숭배하던 고대 루시 사람들에게는 통일된 종교가 없었다. 당시 루시 사람들은 울창한 숲이나 끝없는 초원을 떠돌아다니며 가축을 기르는 유목 생활을 했다. 원시적인 도구로 짐승이나 물고기를 잡으며 살던 그들은 비가 제때 내려 주어야 좋은 수확을 얻을 수 있었다. 다시 말해, 이들의 삶은 모든 부분에서 대자연에 달려 있었다. 강한 지진, 홍수, 맹수의 습격 등도 빈번하게 일어나는 일이었다. 언제나 주위에 도사리고 있는 굶주림과 추위, 질병, 죽음 앞에서 사람들이 할 수 있는 일은 아무것도 없었다.

한눈에 보는 세계사

962년 : 오토 1세의 대관식　　1019년 : 귀주대첩 그렇게 하루하루 자연과 싸우며 살아가던 그들은 이 모든 것을 초월하는 강력한 존재가 자신들을 보호해 주기를 바랐다. 두려움에서 비롯된 대자연에 대한 존경심이 자연 숭배를 만들어 낸 것이다. 루시 사람들은 숲의 신이 사냥꾼들을 보호해 주고 강에서는 강의 신이 어부들의 안녕을 돌봐준다고 믿었다. 또 초원에는 선한 신과 악한 신이 있어서 악한 신이 온갖 방법으로 말썽을 일으키거나 사람들을 괴롭힐 때면 선한 신이 그를 잡아 혼을 내준다고 믿었다. 그리고 여러 신의 위에 있는 주신은 자연의 모든 부분을 주관한다. 가장 유명한 주신은 태양의 신 '다즈보크'와 '호르스', 바람의 신 '스트리보크', 번식의 신 '시마리글', 대지의 신 '모코시' 등이 있다.

루시 공국의 지도자였던 블라디미르 대공 역시 뚜렷한 다신 숭배의 모습을 보였다. 수많은 처첩을 거느렸다는 것이 그중 한 예로, 다신교는 일부다처제를 허용했다. 그러나 그는 또한 국가 지도자로서 백성이 정신적인 신앙을 가지게 하고 공국이 더욱 번성하도록 할 방법의 하나로 종교를 놓고 고민하기 시작했다. 그런 끝에 각 부락을 한데 모으는 정신적 기둥으로서 신앙을 이용하기로 결심했다. 초기에 그는 다신교의 개혁을 추진하며 지나치게 많은 신을 없애고 여덟 명의 신만을 남겨두었다. 그리고 번개의 신 페룬을 주신으로 세워 모든 백성이 그를 숭배하도록 했다. 그러나 이 개혁은 성공을 거두지 못했다.

러시아 교회의 크리스마스 의식_루시 공국의 블라디미르 대공은 비잔티움 제국으로부터 그리스도교를 받아들였다.

그래서 블라디미르는 통일된 신앙을 찾기 시작했다. 또 한편으로는 여전히 강대한 비잔티움 제국에 대해 군사적 경계를

늦출 수 없는 형편이었다. 그러던 987년, 비잔티움 제국에서 폭동이 일어났고 황제 바실리우스 2세는 블라디미르 1세에게 폭동을 진압해 달라고 부탁했다. 블라디미르에게는 양국 간의 국경 문제를 해결할 좋은 기회였다. 그는 바실리우스의 여동생인 안나 공주를 아내로 준다면 폭동을 진압해 주겠다고 했다. 그러자 비잔티움 제국은 키예프 루시가 그리스도교를 받아들이는 것을 조건으로 걸었다. 블라디미르는 사람을 보내어 그리스도교회와 교리 등을 알아본 후 그 조건을 받아들이기로 하고 비잔티움 제국과 협정을 맺었다. 그 후 블라디미르와 안나 공주가 혼인했고 키예프와 노브고로드의 백성은 그리스도교를 받아들였다. 키예프 루시 교회의 통제권을 가진 비잔티움은 그리스 인을 주교로 임명하여 비잔티움 총대주교와 황제를 대신하게 했다. 왕의 권한이 교회의 힘을 넘어서는 정교회의 구조 때문에 비잔티움과 키예프 루시는 로마 교회의 영향에서 벗어날 수 있었다. 러시아 교회가 자체적으로 발전해 나갈 수 있었던 것은 바로 이런 이유에서였다.

최초로 그리스도교를 받아들인 대공

전쟁이 끝난 후 블라디미르는 약속대로 스스로 그리스도교 신자가 되었을 뿐만 아니라 그리스도교를 국교로 선포했다. 그는 또한 키예프의 주민들을 드네프르 강변에 모아서 동방 정교회의 대주교가 주는 집단 세례를 받게 했다. 이것이 역사에 기록된 '루시의 세례'이다.

그리스도교의 도입은 루시 공국의 역사에 큰 획을 그은 사건이었다. 통일된 종교가 지역마다 제각각이던 다신교 숭배를 밀어내면서 통일된 고대 루시 민족과 국가의 형성을 촉진했을 뿐 아니라 슬라브 문화와 교육의 발전을 이끌었다. 그리스도교가 들어오기 전까지 이렇다 할 체계적인 문자가 없던 루시 사람들은 그리스 문자나 라틴 문자를 들여와 사용하고 있었다. 하지만 그리스도교가 들어오면서 그들은 자신의 문자를 갖게 되었다. 또 한편으로 루시와 비잔티움 사이의 경제 문화 교류 역시 나날이 활발해져 키예프 공국이 발전하는 데 튼튼한 기반이 되었다.

성격이 다혈질이던 블라디미르 1세 또한 그리스도교에 대한 믿음으로 나라의 교육을 강화하고 사법 제도를 확립하는 데 적극적으로 나서기 시작하면서 루시 최초의 법전까지 편찬했다. 그리고 그는 유언을 통해 가난한 농민과 불쌍한 과부를 억압하지 말 것을 당부하기도 했다. 루시 공국의 첫 번째 그리스도교인 대공으로서 블라디미르는 훗날 러시아 교회에서 성인의 칭호를 받았다.

키예프 루시가 정교회를 선택한 까닭

키예프 루시가 정교회를 선택한 데에는 그만의 이유가 있다. 루시 공국과 비잔티움 제국은 정치, 경제 및 문화 면에서 밀접한 관계를 맺고 있었다. 그러므로 신앙도 같다면 양국 사이의 교류가 한층 쉽고 빠르게 발전할 수 있을 것이었다. 또한 정교회는 신이 왕을 선택한다고 생각했다. 즉 블라디미르 대공은 백성이 정교를 믿게 함으로써 이 점을 이용하여 자신의 통치를 더욱 안정시킬 수 있었다. 정교회가 신도들이 자신의 언어로 기도할 수 있게 한 점 역시 루시의 언어와 문화를 더욱 발전시키는 계기가 되었다. 그 밖에도 술을 삶의 큰 즐거움으로 여기는 루시 사람들에게 음주를 엄격히 금하는 이슬람교는 받아들이기 어려운 종교였다. 루시 공국은 이런 이유로 이슬람교를 수용하지 않았다.

4 지혜로운 대공 야로슬라프

Russia

야로슬라프 1세는 블라디미르의 아들로 학식이 높은 인물이었다. 수많은 그리스 서적을 독파하여 '현공'으로 불린 그의 통치 기간에 키예프 루시는 전성기를 맞았다. 러시아에는 커다란 책 한 권을 품에 안은 채 먼 곳을 바라보는 야로슬라프 1세의 동상이 있다. 마치 무언가를 깊이 생각하는 듯한 모습이다. 이 동상을 통해서 그가 지혜롭고 어진 대공이었다는 사실을 엿볼 수 있다.

시기 : 1014년~1054년
인물 : 야로슬라프Yaroslav

왕위의 확립

야로슬라프의 아버지는 블라디미르 대공이다. 고대 루시 공국의 번영을 위해 훌륭한 업적을 세운 블라디미르 대공은 여러 번 혼인하여 수많은 자녀를 두었다. 그중 열두 명이 아들인데 어머니는 제각기 달랐다.

블라디미르는 아들들이 성인이 되면 일정한 토지를 주고 공후로 임명하여 영지를 다스리게 했다. 이는 아들들의 왕위 쟁탈전을 막아 통일 국가를 유지하기 위해서였다.

야로슬라프는 블라디미르의 여섯 번째 아들로 태어난 지 얼마 되지 않

한눈에 보는 세계사

1019년 : 귀주대첩　　　1077년 : 카노사의 굴욕

아 로스토프Rostov의 공후가 되었다. 이후 아버지에게서 노브고로드 땅을 영지로 받았을 때, 그는 자신의 이름을 딴 도시 야로슬라블을 건설하여 일찍부터 남다른 통치 능력을 보여 주었다.

그러던 1014년, 야로슬라프와 블라디미르 사이에 전쟁이 벌어질 위기가 닥쳤다. 야로슬라프가 공물 2,000그리브나를 바치지 않았기 때문이다. 그러나 군사를 모아 노브고로드를 공격하려던 블라디미르가 1015년에 갑작스레 세상을 뜨면서 아버지와 아들이 서로 칼을 겨누는 상황은 피하게 되었다. 그런데 또 다른 문제가 생겼다. 블라디미르가 갑자기 죽는 바람에 미처 후계자를 정해 두지 못한 것이다. 그의 열두 아들은 대공 자리를 둘러싸고 피비린내나는 싸움을 벌이기 시작했다.

키예프의 성소피아 성당은 이스탄불의 성소피아 성당과 견줄 만큼 아름답다.

잔혹한 성격의 맏아들 스뱌토폴크는 권력을 손에 넣기 위해 동생 세 명을 죽이고 영지를 빼앗았다. 그리고 다음 상대로 노브고로드의 야로슬라프를 공격하려고 했다. 야로슬라프는 다행히 누이에게서 미리 소식을 전해 듣고 일단 화는 면했다. 그러고는 자신도 급히 군사를 모아 스뱌토폴크와 전쟁을 벌였다.

그렇게 수차례 전쟁이 벌어진 1016년, 야로슬라프는 드디어 스뱌토폴크를 물리치고 키예프 루시의 대공이 되었다. 그러나 전쟁에서 패해 폴란드로 도망간 스뱌토폴크는 끝까지 대공이 되려는 야심을 버리지 않았다. 그는 결국 1018년에 장인인 폴란드 국왕의 도움을 받아 폴란드 군대와 함께 루시로 쳐들어왔다. 그리고 마침내 대공의 자리를 빼앗고 야로슬라프를 노브고로드로 쫓아내 버렸다. 그러자 야로슬라프는 폴란드군이 철수하기를 기다렸다가 다시 스뱌토폴크를 밀어냈다. 1019년, 밀려난 스뱌토폴크가 이번에는 또 페체네크 인에게 도움을 청하려고 했다.

그러나 가는 길에 알타이 강에서 야로슬라프의 공격을 받았다. 야로슬라프가 끈질기게 왕위를 노리는 형에게 또다시 기회를 주어서는 안 되겠다고 생각하고 군대를 보내서 길목을 막은 것이다. 놀란 스뱌토폴크는 서둘러 도망가려고 했지만 오랜 전쟁에 지쳐 허약해질 대로 허약해진 몸은 뜻대로 움직이지 않았다. 그는 결국 보헤미아로 향하던 길에서 죽고 말았고, 야로슬라프는 다시금 키예프 루시 대공의 자리에 앉을 수 있었다. 형제 사이의 오랜 싸움 끝에 얻어 낸 왕위였다.

그러나 그는 대공이 되고 나서도 다른 형제들과 치열한 전쟁을 벌였다. 어렵게 얻은 권력을 지켜 내기 위한 이 싸움도 결코 순탄하지 않았다. 1024년, 야로슬라프는 역시 공후였던 다른 형제와 벌인 전투에서 패해 루시 공국의 영토 절반을 넘겨줘야 했다. 그리고 1036년, 그가 세상을 뜨고 난 후에야 비로소 루시를 완전히 통치할 수 있었다.

지혜로운 통치자

올레크와 블라디미르가 세운 업적을 기반으로 발전하던 고대 루시 공국은 야로슬라프의 통치 기간에 황금기를 맞이했다. 지혜로운 대공 야로슬라프는 키예프 루시의 정권을 확립하는 데 온 힘을 기울였다. 또한 사방으로 영토 확장에 나섰고, 외국 왕실과 혼인을 통해 국경 문제를 해결했다. 농업 및 목축업, 수공업, 상업과 도시 건설 등의 방면에서도 큰 성과를 거두었다. 성당을 짓고 사원을 세우고 법전을 편찬하고 외국 서적을 번역하는 등 문화와 교육을 강화하기 위해 애쓰기도 했다. 이 모든 조치는 백성을 더욱 효과적으로 통치하기 위해서였다. 아울러 비잔티움, 불가리아, 체코, 헝가리 등과도 정치, 통상 및 문화 교류를 밀접하게 유지해 나갔다.

비록 아버지 블라디미르처럼 대단한 군사적 업적을 세우지는 못했지만, 야로슬라프는 조금씩 꾸준히 국가의 영토를 넓혀 갔다. 통치 초기에 서쪽 루시를 다스릴 시기에도 서북쪽으로의 영토 확장에 적극적으로 나섰고 폴란드, 리투아니아 등을 차례로 물리쳤다. 1030년에는 핀란드 만의 동남쪽에 있는 앵글리아 지역을 장악하기 위해 새로운 도시인 유리예프를 세우기도 했다.

1036년, 야로슬라프는 오랫동안 남쪽 초원의 골칫거리였던 페체네크 인을 공격하여 저 멀리 트라키아 지방으로 몰아냈다. 그러나 곧 오구즈 인과 폴로비치 인이 남러시아 초원에 나타나면서 또다시 골칫거리가 되었다. 특히 튀르크계의 페체네크 인을 계승한 폴로비치 인은 루시 공국의 새로운 적수가 되었다. 야로슬라프는 루시 공국 영토의 남쪽에 요새를 지어 침입을 막았다.

그는 동서방과 무역하는 데에도 적극적으로 나서서 각국과 교류를 맺었다. 특히 유럽 국가들과의 관계를 중시하여 유럽 왕실과 혼인을 통해 루시 공국의 국제적 영향력을 확대해 나갔다. 야로슬라프는 스웨덴 국왕의 딸과 혼인했고, 여동생 마리야는 폴란드 국왕과 결혼했다. 아들 프세볼로트 1세 야로슬라비치는 비잔티움 제국의 황제 콘스탄티누스 9세의 딸 아나스타샤와, 그리고 네 명의 딸 중 옐리자베타는 노르웨이 국왕 하랄 3세와, 아나스타샤는 헝가리 국왕 언드라시 1세와, 안나는 프랑스 국왕 앙리 1세와, 아가타는 잉글랜드의 왕위 계승자 에드워드와 각각 혼인했다. 고대 루시 공국은 이러한 군사, 외교 정책을 통해 경제 및 문화의 발전을 위한 환경을 안정적으로 조성할 수 있었다.

야로슬라프는 또한 교육과 문화의 발전을 위해서도 힘을 쏟았다. 그는 집권 기간에 수많은 학교를 세우고 러시아의 첫 번째 도서관을 열었으며,

최초의 편년사《지난 세월의 이야기》의 편찬을 이끌었다.《야로슬라프 법전》이라고도 하는 유명한《루스카야 프라브다》제정 역시 야로슬라프가 주도한 사업이었다. 그 밖에 러시아 정교의 발전도 크게 촉진했다. 그는 그리스 어로 된《성경》을 슬라브 어로 번역할 것을 명령했고 수많은 성당과 수도원을 세웠다. 더불어 교회의 지위를 확립하고 러시아 성직자에게 권한을 주었다. 비잔티움 교회에서 파견된 그리스 인이 교회의 권력을 독점하던 구조를 바꾼 것이다.

야로슬라프의 집권 기간에 루시의 농업이 발전하기 시작했다. 토지 가격이 오르면서 토지사유제가 출현했다. 공후와 그 가족이 많은 토지를 소유했고, 군대와 교회의 원로들도 일부 토지를 소유했다. 땅을 소유한 지주는 직접 농사를 짓지 않고 일반 농민이나 노비들에게 맡긴 다음 추수한 곡식의 일부를 나누어주었다. 이러한 모습에서 루시 공국의 봉건 제도가 한층 발전했다는 것을 알 수 있다.

슬라브 어로 된 미사 경본

당시 키예프 루시는 통일 국가로서의 체제가 굉장히 불안정한 상태였다. 초기 봉건 사회는 왕권 세습을 바탕으로 형성된 것이다. 왕이 살아 있을 때 왕자들은 각 주요 도시의 관리가 되어 왕에게 공물을 바쳤다. 왕이 세상을 떠나면 왕자들은 그가 다스리던 땅을 똑같이 나누어 가졌다. 부왕이 살아 있을 때 관리로 일하던 아들들이 자연스럽게 그 지역의 공후가 되는 것이다.

그러나 실제로 이런 규칙은 잘 지켜지지 않았다. 특히 현공 야로슬라프가 죽은 뒤 루시 공국은 내분이 잦아져서 왕위를 향한 싸움이 수시로

맥을 잡아 주는 러시아사 중요 키워드

러시아 최초의 법전 《루스카야 프라브다》

《야로슬라프 법전》 또는 《고대 루시 법전》이라고도 한다. 이 법전은 당시의 봉건 제도를 확립하고 공후와 귀족의 이익을 보호하기 위해 편찬되었다. 법전은 밭의 경계선을 침범하거나 가축을 훔치거나 또는 농장에 불을 지르는 등의 범죄에 대해 엄격히 처벌하도록 규정했다. 그러나 법전은 슬라브 인 씨족 사회의 흔적도 간직하고 있다. 이를테면 가족을 위한 복수는 허용하되, 먼 친척이 아닌 가까운 가족으로 제한한다는 조항 등이다. 훗날 야로슬라프의 세 아들이 공동 집권하면서 가족을 위한 복수 등의 조항을 수정했다. 그래서 새로운 법전을 가리켜 《야로슬라프의 세 왕자 법전》 또는 《루스카야 프라브다》이라고 부른다. 새로운 법전은 아래와 같은 내용을 담고 있었다.

봉건 지주는 자신의 영지에 거주하는 농민들에 대해 재판할 권리가 있다. 가족을 위한 복수를 허용하지 않는 대신 '보상금'을 지급한다. 다시 말해, 가해자는 피해자의 가족에게 40그리브나를 보상금으로 지급한다는 것이다. 영주 등의 귀족이나 관리를 살해했을 때에는 보상금이 두 배로 늘어난다. 농노가 후계자 없이 죽으면 그의 모든 재산은 주인의 소유가 된다.

벌어졌다. 12세기 중엽, 키예프 루시는 결국 몇 개의 작은 독립국으로 분열했고 13세기 초에 이르러서는 공국의 숫자가 약 50개로 늘어났다. 러시아 역사의 첫 번째 장은 이렇듯 고대 루시 공국의 해체로 끝나고 말았다.

5 킵차크한국

Russia

중세에 들어서 러시아는 특별한 시기를 맞았다. 세계적으로 손꼽힐 만큼 강력했던 두 민족이 드넓은 러시아 평원에서 맞닥뜨린 것이다. 칭기즈 칸이 이끄는 몽골군과 용맹한 슬라브군은 여러 차례 전쟁을 치렀다. 그리고 이 기나긴 싸움은 결국 몽골의 승리로 끝났다. 당시 러시아 인들은 몽골 제국을 '킵차크한국Kipchak Khanate'이라고 불렀다. 창건자인 바투의 장막이 황금빛이었던 이유로 킵차크한국을 가리켜 금장한국金帳汗國이라고도 한다. 동쪽의 이르티시Irtysh 강 유역에서 서쪽의 도나우 강까지, 남쪽의 캅카스에서부터 북쪽의 러시아 북부 지역까지 이르는 넓은 땅을 지배한 킵차크한국은 이후 200년 동안 러시아를 다스렸다.

시기 : 1220년~1502년
인물 : 칭기즈 칸Chingiz Khan

킵차크한국, 루시 공국을 침략하다

12세기와 13세기, 루시 공국이 여러 조각으로 나뉘어서 서로 전쟁하는 데 여념이 없을 때였다. 루시와 국경을 마주하는 북방의 대초원에 낯선 민족이 나타났다. 바로 가는 곳마다 전쟁을 몰고 다니는 정복자 칭기즈 칸과 몽골 인이었다. 그들은 용맹하고 전투에 능한 데다 동에 번쩍 서에 번쩍하는 타고난 싸움꾼이었다. 러시아 역사에서는 이들을 가리켜 '몽골 타타르'라고 불렀다.

한눈에 보는 세계사

1251년 : 고려대장경(팔만대장경) 완성
1299년 : 오스만튀르크 제국 건국
1337년 : 백년 전쟁 시작
1392년 : 조선 건국
1450년 : 구텐베르크 금속활자 인쇄술 발명
1453년 : 동로마 제국 멸망
1492년 : 콜럼버스 신대륙 발견
1498년 : 바스코 다 가마, 인도 항로 발견

말 위에서 천하를 호령한 기마 민족 몽골 인이 처음부터 루시와 직접적으로 부딪힌 것은 아니었다. 어느 날 중앙아시아에 있던 호라즘Khorezm 제국의 한 총독이 사절단으로 방문한 몽골의 상단과 사신을 죽이는 사건이 일어났다. 이에 칭기즈 칸은 몽골 제국을 얕잡아 보았다는 이유로 군대를 이끌고 호라즘을 공격했다. 1220년에 몽골 대군이 크게 힘들이지 않고 호라즘의 수도 우르겐치를 점령하자 호라즘의 술탄 무함마드는 루시 공국으로 도망쳤다. 이어서 칭기즈 칸은 자신의 부하 제베와 수부타이를 보내 서역을 정벌하도록 했다. 제베와 수부타이는 1222년에 캅카스 산을 넘어 오세트Osset 인, 폴로베츠Polovets 인 등이 살던 킵차크Kipchak 평원에 도착했다. 당시 몽골군을 상대하기에 역부족이었던 폴로베츠 족장은 루시의 갈리치Galich 공국 공후에게 지원을 요청할 수밖에 없었다. 그러자 갈리치 공국의 공후는 키예프 등 루시의 몇몇 공국과 함께 루시-킵차크 연합군을 형성해서 몽골군에 맞섰다.

1223년 5월에 칼카Kalka 강에서 연합군과 몽골군이 격렬한 전투를 벌였다. 이를 '칼카 강 전투'라고 한다. 신식 무기와 엄격한 훈련으로 무장된 타타르 인에 비해 급하게 조직된 연합군은 통일된 지휘 체계도 없고 단결력도 약했다. 이런 문제점들은 금방 드러났다. 선봉에 선 갈리치의 공후와 킵차크 인들이 몽골군을 당해 내지 못하고 방향을 돌려 도망치자 후방에서 따르던 루시의 보병 부대는 어지럽게 흩어졌다. 상황은 생각했던 것보다 훨씬 불리하게 돌아갔다. 칼카 강 옆에 있는 산에 진영을 꾸린 키예프 대공은 병력을 보내 지원할 엄두도 내지 못했다. 연합군은 결국 뒤쫓아온 몽골군의 공격을 받아 순식간에 참패하고 말았다.

1225년에 칭기즈 칸은 모든 병력을 모아서 서하西夏를 정벌하러 떠나며 러시아 원정은 잠시 접어 두었다. 그리고 1235년에 금나라를 정복한 후 그는 킵차크, 루시, 폴란드와 헝가리 등 카스피 해 북쪽의 국가들을 손에 넣기로 했다. 칭기즈 칸은 바투를 사령관으로 임명하고 군사 15만 명을 주었다. 여기에 몽골 귀족들의 맏아들이 많이 포함되어서 이를 '장남 부대의 출정'이라고 부른다.

신식 무기와 필승의 정신으로 무장한 몽골군은 블라디미르 공국으로 진격했다. 1238년 2월에 발이 빠른 기마 부대가 가장 먼저 블라디미르 공국에 도착했다. 이에 블라디미르의 공후는 황급히 군대를 소집하여 성 밖에서 적을 맞으려 했다. 그러나 나이 어린 블라디미르 공후는 전쟁 경험이 풍부한 몽골군의 상대가 될 수 없었다. 루시에서 이름을 떨치던 블라디미르 성은 불과 닷새 만에 함락되었다. 공후와 가족, 관리들은 성당으로 도망쳤으나 결국 모두 불에 타 죽고 말았다. 1240년에 바투는 다시 군대를 모아 키예프 공격에 나섰다. 키예프의 장군 드미트리는 밤낮없이 공격해 오는 몽골군에 맞서서 있는 힘껏 성을 방어하고자 애썼다. 그러나 수적인 열세를 이기지 못하고 결국 패하고 말았다.

이 그림은 라시드 웃 딘의 《집사(集史)》에 수록된 것으로 현재 독일 베를린에 보관되어 있다. 몽골군이 서역 원정을 할 때 포로들의 목에 칼을 채워서 압송하는 장면을 묘사했다.

키예프를 점령한 몽골군은 계속 서쪽으로 진격해서 갈리치 공국을 정복하고, 두 갈래로 나뉘어서 폴란드, 체코, 헝가리, 도나우 강 유역의 공국들을 공격했다. 1242년에는 크로아티아와 달마티아Dalmatia, 아드리아 해를 지나서 저 멀리 오스트리아 빈Wien 남쪽의 클로스터노이부르크Klosterneuburg까지 가기도 했다. 그러고 나서 남동쪽으로 돌아가기로 한 몽골군은 소피야 성을 지나서 흑해 북쪽 연안을 거쳐 볼가 강 하류에 도착했다. 그 후 사라이Sarai를 수도로 삼고 킵차크한국을 건립했다.

말을 타고 활을 쏘는 칭기즈 칸

칭기즈 칸(1162~1227)의 본명은 대장장이라는 뜻의 테무친(鐵木眞)으로 몽골 귀족인 보르지긴 씨족의 후손이다. 그는 한평생 끊임없이 벌인 활발한 정복 활동에서 승승장구하며 세계사에 큰 획을 그었다.

킵차크한국의 통치

킵차크한국은 러시아 각 공국과 엄격한 군신 관계를 유지했다. 루시의 공후들은 바투 칸에게 무릎을 꿇고 머리를 조아려야 했다. 또 루시 대공은 몽골의 동의를 얻어야 대공의 지위를 인정받을 수 있었다. 이는 루시의 정치적인 움직임을 확실히 통제하려는 목적이었다. 킵차크한국은 또한 러시아에 대한 통치를 강화할 방법으로 '진수관鎭守官 제도'를 도입했다. 즉 몽골 군관을 십호장十戶長, 백호장百戶長, 천호장千戶長, 만호장萬戶長으로 임명하고 공물 징수와 현지 주민 감독 및 인구 조사를 맡겨서 해당 지역이 몽골에 바쳐야 할 공물의 수량을 책정하는 것이다. 또 모든 루시 인은 공납 외에도 마차와 사료를 바치고 부역, 군역 등의 의무를 져야 했다. 단, 성직자에 한해서 공납과 노역을 면제해 주었다.

종교와 신앙 면에서 킵

차크한국은 루시 백성이 자유롭게 이슬람교나 그리스도교를 믿도록 하고 종교에 대해서는 관여하지 않았다. 또 대주교에게 특권을 주고 교회를 통치 도구로 활용했다. 킵차크한국의 통치자 중 베르케 칸은 심지어 이슬람교로 개종하기도 했다.

이슬람교도가 된 베르케는 도시 건설에 힘을 쏟아 몽골 인들이 정착 생활을 하도록 했다. 그의 뒤를 이은 여러 칸도 기본적으로 베르케의 정책을 유지하면서 계속 루시를 지배했다. 우즈베크 칸이 국가를 통치한 시기에 루시의 각 공국은 인구가 늘고 무역이 활발해지는 등 여러 방면에서 크게 발전했다.

킵차크한국의 멸망

1342년에 아시아에서 원나라의 세력이 약해지며 루시에 대한 킵차크한국의 지배력도 흔들리기 시작했다. 그리고 1357년에 우즈베크 칸의 아들 자니베크 칸이 암살당하면서 킵차크한국은 전란에 휩싸였다. 몽골 귀족들이 계승권에 대한 욕심과 불공평한 대우에 불만을 품고 다툼을 벌인 것이다. 호장戶長들까지 제각기 자신의 몫을 주장하며 나서면서 킵차크한국의 지배력은 크게 약화되었다. 결국 1371년 이후 각 루시 공국은 원나라에 공납을 중단했다. 그리고 1380년에 마마이 칸이 루시와의 전투에서 패했다. 같은 해에 토크타미시가 마마이 칸을 물리치고 킵차크 칸이 되면서 칸의 자리는 백장한국白帳汗國 일족에 넘어갔다. 토크타미시는 동쪽의 청장한국靑帳汗國과 백장한국을 킵차크한국으로 통합하기도 했다.

그 후 1382년에 바투의 형인 오르다가 모스크바를 점령하고 루시의 공후들에게 다시 공물을 바치라며 압박하기 시작했다. 한편, 세력을 얻은 토크타미시는 중앙아시아의 강국인 티무르Timur 제국과 충돌하여 1389년부터 1395년까지 세 차례에 걸쳐 대규모 전쟁을 벌였다. 그 결과 킵차크한국은 티무르 제국에 볼가 강 유역과 크림 반도의 여러 지역을 빼앗기고 밀려나 경제적으로 커다란 타격을 입었다.

1420년대부터 킵차크한국은 시베리아, 크림, 카잔, 아스트라한Astrakhan 한국 등 여러 작은 나라로 분리되었다. 1480년에 아흐마드 칸이 다시 루시를 공격했으나 모스크바 대공 이반 3세의 용맹한 군대에 패하고 말았다. 그 후 킵차크한국은 1502년에 멸망했다.

킵차크한국의 통치는 한편으로 루시가 발전하는 데 중요한 역할을 했다. 여러 다양한 민족과 융합하면서 러시아 민족의 풍습과 성격이 그 영향을 받았기 때문이다. 당시 보편적으로 행해진 다른 민족 간의 혼인 풍습으로 러시아와 몽골 사이에는 혈연관계가 맺어졌다. 이로 말미암아 러시아 문화에는 몽골 문화의 흔적이 깊게 스며들었다.

6 모스크바 공국의 발전

Russia

'모스크바'라는 명칭은 핀란드어로 '습기가 많은 곳'이라는 뜻이며, 1147년에 처음으로 러시아 역사서에 기록되었다. 당시 '긴 손'이라는 뜻의 이름을 가진 공후 유리 '돌고루키'가 루시의 다른 공후들을 모스크바로 초청했다. 유리는 모스크바에서 연회를 베풀고 동맹국들과 선물을 교환하기도 했다. 모스크바의 이름은 바로 이 해에 탄생한 것으로 보인다. 지리적 요충지에 자리한 모스크바는 당시의 역사적 배경과 정책을 바탕으로 번영하기 시작해 러시아의 또 다른 경제의 중심으로 성장했다.

시기 : 1328년~1480년
인물 : 이반 칼리타Ivan Kalita, 드미트리 이바노비치 돈스코이Dmitrii Ivanovich Donskoi, 이반 3세

모스크바의 부상

15세기 후반에 루시는 몽골 인의 지배를 받으며 약 200년 동안 약탈당했다. 그러면서 생산 기반이 거의 황폐해진 데다 독립된 여러 공국으로 분열되었다. 각 공국의 대공들은 서로 전쟁을 벌이는 데 여념이 없었고, 형편이 어려워진 농민들 또한 이런저런 방식으로 투쟁을 계속했다. 이렇게 루시는 전체가 짙은 암흑에 휩싸여 있었다.

모스크바는 원래 블라디미르 수즈달 공국의 남쪽 끝에 세워진 방어 기

한눈에 보는 세계사

1337년 : 백년 전쟁 시작
1347년 : 흑사병, 유럽을 휩쓸다
1392년 : 조선 건국
1450년 : 구텐베르크 금속활자 인쇄술 발명
1453년 : 동로마 제국 멸망

지였다. 대륙 깊숙한 곳에 자리한 지리적 특성 덕분에 40년 동안 타타르인의 공세를 피할 수 있었다. 모스크바는 또한 교통의 요지이기도 했다. 모스크바 대공 이반 칼리타는 몽골의 칸을 대신해 모스크바와 다른 루시 공국들에서 공물을 징수할 권리를 부여받았다. 그는 군대를 이용해 킵차크한국과 우호적인 관계를 유지했다. 그리고 징수한 공물들을 전부 킵차크한국에 보내지 않고 일부는 모스크바에 남겨서 주변의 도시와 농장, 토지를 사들이는 데 사용했다. 그렇게 14세기 초가 되자 이 크지 않은 도시에 수천 가구와 주민 수만 명이 거주하게 되었다.

모스크바 공국은 14세기에 이반 칼리타 대공이 집권하면서 본격적으로 발전하기 시작했다. 그는 백성의 재물을 긁어모아 엄청난 부를 축적하고 몽골의 칸과 그 처첩, 측근들에게 뇌물을 주어 1328년에 '블라디미르 대공' 및 '루시 공국들의 수장'에 봉해졌다. 또 몽골 인을 대신해 루시 전 지역에서 공물을 거두어 들이는 권한까지 얻었다. 이반은 몽골 인에게서 받은 권력으로 다른 공후들 위에 군림하며 백성을 더욱 가혹하게 착취했다. 또 뇌물을 주어 사들이거나 무력을 써서 강제로 점령하는 등의 방법으로 영토를 확장하고, 역시 뇌물로 루시 주교의 지지를 얻어내 교회와 동맹을 맺었다. 게다가 블라디미르에 있던 대주교가 모스크바로 옮겨 오면서 모스크바 공국의 종교, 정치적 지위는 크게 향상되었다.

이반 칼리타의 자손들도 계속해서 이러한 방식으로 공국을 다스렸다. 1340년 겨울에 이반의 아들 세묜은 모스크바에서 대공 회의를 열고 동북 지역 루시 공후들의 우두머리가 되었다. 그는 각지의 대공이 자신에게 형이나 아버지를 대하듯이 존대하라고 요구하기도 했다. 이에 공후들이 그 대신 자신들 외의 다른 누구와도 중요한 결정을 내리지 말라고 요구하자 세묜은 그것을 받아들였다. 모스크바는 점차 루시의 새로운 경제 중심지가 되었다.

독립의 길

1359년, 드미트리 이바노비치 돈스코이가 집권하면서 모스크바 공국의 국력은 한층 더 강해졌다. 그는 모스크바의 방어력을 강화하고 러시아 전체에 통일된 정책을 시행하며 차츰 다른 공국들을 정복해 나갔다. 1368년부터 1375년까지 가까이 있는 트베리Tver, 랴잔, 니즈니노브고로드, 리투아니아 등의 공국과 오랜 기간 전쟁을 벌였고, 그중에 트베리는 독립적인 외교 활동을 포기하는 것을 조건으로 모스크바와 동맹을 맺었다. 드미트리 이바노비치는 또한 이민족 거주 지역으로 세력 범위를 넓혀 나갔다. 이렇게 모스크바 공국이 나날이 강해지자 루시 백성은 몽골 타타르의 통치에서 벗어나 독립하기를 바라기 시작했다.

아무리 강한 통치자라도 백성이 한꺼번에 들고일어나면 당해 내지 못한다. 더군다나 루시는 그동안 킵차크한국을 상대로 오랜 기간 투쟁을 벌여 왔다. 긴 세월에 걸쳐 쌓여 온 두 민족 사이의 감정은 1378년에 드디어 폭발했다. 1378년에 킵차크한국의 마마이 칸이 루시에 복종을 요구하며 모스크바에 군대를 보냈다. 이에 모스크바 대공 드미트리가 칸의 군대를 맞아 전쟁을 결심하면서 양측은 돈Don 강 근처에서 싸움을 벌였다. 그런데 이 전투에서 뜻밖에도 몽골군이 참패했다. 아무도 예상하지 못한 결과였다. 그러자 무적의 몽골군도 패할 수 있다는 사실을 알게 된 루시 인은 사기가 크게 오른 한편, 크게 패한 마마이 칸은 매우 분노했다. 이후 양측은 서로 다른 이유에서였지만 다시 한 번 제대로 붙어 보자는 같은 생각을 했다. 그래서 불과 몇 개월 후 돈 강 유역의 쿨리코보Kulikovo 평원에서 모스크바군과 몽골군은 다시 한 번 결전을 벌였다. 이를 '쿨리코보 전투'라고 한다. 이 전투에서 드미트리 이바노비치는 가장 앞장서서 투구가 찌그러지도록 용감하게 싸우며 온몸에 상처를 입었다. 이처럼 대장이 적을 두려워하지 않자 뒤따르는 병사들도 몸을 사리지 않고 싸웠다. 그 결과 드미트리의 군대가 승리를 거두었고 크게 패한 몽골군은 후퇴했다.

몽골 타타르를 물리친 후 주변에 미치는 모스크바 공국의 위엄과 신뢰도는 한층 높아졌다. 1476년에 이반 3세가 킵차크한국에 대한 공납을 중단하기로 했다. 그러자 킵차크의 아흐메트 칸은 군대를 이끌고 모스크바로 진격했다. 이반 3세가 직접 선봉에서 군대를 이끌자 모스크바군은 사기가 크게 올랐다. 1480년에 모스크바군과 몽골군은 돈 강을 사이에 두고 겨울까지 일곱 달 동안 대치했다. 지원군도 도착하지 않고 군량미도 부족했던 몽골군은 날씨가 추워지자 물러갈 수밖에 없었다. 그로부터 얼마 후, 킵차크한국에 내분이 일어나 아흐메트 칸이 돈 강에서 살해되었다. 이로써 뜻밖의 승리를 거둔 모스크바 공국은 이때부터 몽골 타타르의 통치에서 완전히 벗어났다.

이반 3세는 강한 군대로 루시를 통일한 후 '루시의 군주'로 불리며, '차르' 칭호를 얻었다.

러시아의 통일

그 후 이반 3세는 강한 군대를 앞세워 빠르게 루시를 통일했다. 대권을 손에 넣은 그는 '루시의 군주'로 불리며 황제라는 뜻의 '차르Tsar'라는 칭호를 얻었다. 비잔티움 제국의 휘장을 본떠 쌍두 독수리 국장國章을 만들고, 스스로 자신을 가리켜 '진정한 그리스 정교'의 수장이라고 칭했다. 또 이반 3세는 '법전'이라는 의미의 통일된 법전《수데브니크》혹은《1497년 법전》을 통해 중앙 집권 통치를 하며 국가의 권력을 강화했다. 이 법전은 '루시의 법전'이라는 뜻의《루스카야 프라브다Russkaya Pravda》,《프스코프 수데브니크》,《법정 문서》,《대공 법령》등의 법률들을 참조해 기존의 복잡한 사법 체계를 통일시켜 정리했다. 이어서 이반 3세는 강력한 중앙 정부 기구를 마련하고 봉건 귀족들로 구성된 제정 러시아 의회 '두마duma'를 중요한 정책 결정 기관으로 삼아서 통치에 관한 중요한 문제는 항상 두마와 의논했다. 그 밖에도 귀족 영지의 세습을 제한하는 '포메스티예Pomeste 제도'를 만들었고, 지방 행정은 각기 총독이 관리하도록 했다.

독립과 통일을 거치면서 러시아 민족은 더욱 성장하고 발전해 나갔고, 러시아 어가 민족 전체의 공용어로 공인되었다. 이반 3세가 세상을 떠난 후 왕위를 이은 그의 아들 바실리 3세는 프스코프Pskov와 랴잔 공국을 차례로 합병하고 리투아니아에 빼앗겼던 스몰렌스크도 되찾았다. 이렇게 모스크바를 중심으로 통일된 러시아 국가가 형성되었다.

Russia

7 이반 뇌제

이반 4세 바실리예비치는 러시아 역사에서 특이하기로 유명한 인물이다. 바실리 3세와 옐레나 글린스카야 사이에서 태어난 그는 세 살에 왕위를 이어받아 이반 4세가 되었다. 이후 이반 4세는 고통스럽고 광적인 일생을 보냈다. 어린 나이에 대공이 된 그는 귀족들에게서 심한 모욕과 압박을 받았다. 이러한 어린 시절의 기억 때문에 그는 역사적으로 유명한 폭군이 되었다. 이반 4세는 강력한 개혁으로 공포 정치를 시행해 러시아 역사 최초로 중앙 집권 국가를 세웠다. 그리고 처음으로 차르라는 호칭을 공식적으로 사용했다.

시기 : 1514년~1558년
인물 : 바실리 3세Vasily III, 이반 4세Ivan IV

이반 뇌제의 성장

이반 3세가 세상을 뜬 후 그의 아들 바실리 3세가 대공의 자리를 이어받았다. 바실리 3세는 아버지 이반 3세의 정책을 따라 군사적으로 많은 공을 세웠다. 그는 러시아 통일이라는 대업을 평생 과제로 삼고 프스코프, 랴잔, 노브고로드 등의 공국을 차례로 합병했다. 1514년에는 리투아니아에서 스몰렌스크를 되찾아 오기도 했다.

바실리 3세는 부인을 두 명 두었다. 소녀 1,500명 중에서 선발된 첫 번째 부인은 자식을 낳지 못해서 결혼 20년 만에 그와 이혼했다. 그 후 마마이

한눈에 보는 세계사

1517년 : 루터의 종교 개혁
1519년 : 에스파냐, 아스텍 제국 공격
1522년 : 마젤란 세계 일주
1534년 : 영국 국교회 성립
1536년 : 칼뱅의 종교 개혁

칸의 후손인 두 번째 부인 옐레나 글린스카야Elena Glinskaya는 결혼 5년 만에 아들을 낳았다. 이 아이가 바로 유명한 이반 뇌제이다. 전설에 따르면 이반 뇌제가 태어났을 때 마치 그의 일생을 예언하듯 천둥이 치고 땅이 흔들렸다고 한다.

세월이 흘러 이반이 세 살 때 아버지는 평소처럼 사냥하러 나서면서 이반에게 예쁜 꿩과 산비둘기를 잡아오겠다고 약속했다. 그러나 해가 지고 이튿날이 밝을 때까지 아버지는 돌아오지 않았다. 이반은 시간이 흐른 다음에야 그것이 아버지의 마지막 인사였다는 사실을 깨달았다. 바실리 3세가 죽은 지 며칠 후, 그의 유언에 따라 세 살의 이반이 모스크바 대공이 되었다. 그리고 그의 어머니 옐레나 글린스카야와 대신 일곱 명이 섭정단이 되어 어린 이반이 성인이 될 때까지 그를 도와서 국정을 살피기로 했다.

강력한 개혁 추진은 물론 폭정으로 공포 정치를 시행한 이반 뇌제

이반 4세의 어머니 옐레나는 능력이 있고 야심이 큰 여인이었다. 1534년에 그녀는 섭정단 회의를 폐지하고 자신이 모든 권력을 차지했다. 그리고 먼저 바실리 3세의 동생인 유리를 없애 위협이 될 수 있는 요소를 제거했다. 1537년에 옐레나는 바실리 3세의 또 다른 동생인 안드레이가 일으킨 난을 진압했다. 그러던 그녀는 1538년에 갑자기 세상을 떴는데, 전해지는 이야기로는 누군가에게 독살당한 것이라고 한다. 이때 이반의 나이는 일곱 살이었다. 태어날 때부터 총명했던 이반은 기억력이 남다른 데다 책을 많이 읽어서 글쓰기와 말솜씨가 뛰어난 아이였다. 그러나 부모를 모두 잃고 섭정 회의 결과에 따라 귀족들에게 정권을 빼앗기면서 상황이 달라졌다. 귀족들

은 영주의 권익을 주장하는 슈이스키파와 중앙 집권을 지지하는 벨스키파로 나뉘었다. 그리고 두 파 모두 나이 어린 이반 4세를 마음대로 휘두르려고 했다. 음모와 폭력이 끊이지 않았고, 어린 이반은 수시로 무시와 모욕을 당했다. 이 시기의 경험은 훗날 이반의 성격에 지울 수 없는 상처를 남겼다. 이것은 그가 신경질적이고 의심 많은 성격으로 자란 결정적인 원인이기도 하다. 주위에 온통 적뿐이라는 사실에 익숙했으니 권력을 지키기 위해 끊임없이 싸울 수밖에 없었던 것이다.

1543년에 열두 살이 된 이반은 외삼촌 글린스키의 도움으로 사나운 개를 풀어서 대귀족 보야르Boyar 인 슈이스키를 물어 죽이게 했다. 그리고 시신을 모든 이가 볼 수 있게 궁궐 문에 걸었다. 이 사건으로 이반을 두려워하기 시작한 귀족들은 차츰 그의 명령을 받들게 되었다. 그리고 1547년 1월 16일에 열여섯 살의 이반은 크렘린 궁에서 화려한 대관식을 치르고 러시아 최초의 황제가 되었다. 수많은 모욕과 고통 앞에서 아무것도 할 수 없던 어린 이반. 그는 이때부터 기침 소리만으로 모든 이를 떨게 하는 강력한 군주가 되었다.

이반 뇌제, 그만의 독특한 통치 방법

1543년에 슈이스키가 죽은 후 정권은 이반의 외삼촌인 글린스키에게 넘어갔다. 이반은 1547년에 정식으로 차르가 될 때까지 실권을 잡지 못했다. 그러나 그는 태어나던 순간부터 러시아의 차르가 될 운명을 타고난 모양이었다. 이반 4세가 즉위한 해의 6월에 공교롭게도 모스크바에 전에 없던 큰 화재가 발생한 것이다. 건물 2만 채가 불에 타고 1,700명이 목숨을 잃었다. 재해를 겪은 백성은 귀족들의 통치를 견디지 못했고 그 모든 분노는 당시 최고의 세도가였던 글린스키 가문에 돌아갔다. 성난 군중이 습격해 이반의 외삼촌 글린스키와 그 가족을 죽이자 이반은 기회를 틈타 두마에서 글린스키의 권리를 박탈했다. 그리고 귀족들이 장악한 두마를 무시하고 자신이 신뢰하는 사람들을 모아 만든 '선발회의'를 통해 모든 권력을 손에 넣었다. 이때부터 그는 국가의 개혁을 구상하기 시작했다.

1550년대 초에 이반 4세는 중앙 집권을 강화하기 위해 개혁을 추진했다. 그는 먼저 귀족 군인들의 힘을 이용해 영주의 특권을 제한했다. 구체적인 방법의 하나로, 자신에게 충성하는 신하들만 모아서 새로운 정부를 구성하고 군사 총독을 뽑아서 각 도시와 공국에 보내 영주들을 탄압했다. 세금과 사법에 관해서는 봉건 귀족 중에서 전문 관리를 뽑아 책임지게 했다. 이반 4세는 집권 후 새로운 법전을 편찬하고 새로운 법률을 제정했다. 또 군대를 개혁해 러시아 정규군을 구성할 기반을 다지고 그해에 총기를 다루는 병사를 상당수 포함하는 정규군, 즉 상비군을 조직했다. 이렇게 해

이반 4세는 '잔혹한 이반'이라고도 불렸다. 그림 속의 이반은 목이 잘린 사람의 머리를 휘두르며 자신의 부하들이 사람들을 죽이고 마을에 불을 지르며 약탈하는 모습을 무심하게 지켜보고 있다.

러시아의 리얼리즘 화가 일리야 레핀의 작품 〈공포에 질린 이반과 아들 이반〉.

이반 뇌제는 제정신이 아닌 상태에서 아들을 지팡이로 때려 숨지게 했다.

서 러시아의 국방 체계가 갖춰졌다.

이반 4세의 국내 정책은 귀족 탄압 정책에 가까웠다. 그는 중앙 집권을 강화하기 위해 군주 직할령 제도인 '오프리치니나oprichnina'를 마련했다. 오프리치니나는 차르가 직접 관할하는 지역을 가리켰다. 그리고 차르는 '오프리치니크'라고 하는 6천 명의 특별 무사단과 호위병을 보내 군주 직할령 내의 모든 사람을 엄격하게 감시했다. 이들을 통해서 오프리치니나 지역의 모든 정보가 빠짐없이 차르에게 보고되었다. 이 무사들은 검은색 옷차림에 개를 데리고 전국 구석구석을 순찰했다. 이로써 봉건 귀족들이 권력에 큰 타격을 받아 차르는 더 이상 영주들의 압력을 받지 않게 되었다. 그리고 이반 4세는 전제 정치를 통해 러시아를 통일하고 중앙 집권을 했다.

국내에서 전면적으로 개혁을 시행한 이반 4세는 대외 확장에 적극적으로 나섰다. 1551년에 이반 4세는 카잔한국과 전쟁을 벌였다. 몽골 인의 완강한 저항을 물리치고 이듬해인 1552년에 카잔을 점령했다. 1556년에는 아스트라한한국을 합병하고 잇따라 노가이한국의 땅도 넘겨받았다. 그리고 1557년에 시비리한국에서도 항복을 받아 내며 1579년에 완전히 점령했다. 그리고 1558년에 이반은 영국 선박이 북방 항로를 개척한 것을 계기로 서유럽으로 통하는 가까운 길을 모색하기 시작했다. 그리고 리보니아Livonia 전쟁을 일으켜 발트 해로 세력을 확장하려고 했다. 그러나 국내 귀족들이 더 이상의 확장을 반대하고 폴란드, 리투아니아, 덴마크, 스웨덴 등 인접국들이 끼어드는 바람에 전쟁은 길게 늘어지며 25년 동안이나 계속되었다. 그래서 원래의 목표는 달성하지 못했지만 어쨌든 이 전쟁은 유럽에 러시아의 국력을 과시하는 계기가 되었다.

이반 4세가 카잔한국을 멸망시킨 것은 러시아 역사에 가장 큰 전환점이었다. 러시아의 힘이 몽골 타타르보다 강해졌다는 것을 상징하는 사건이기 때문이다. 또 러시아는 카잔한국을 흡수하며 우랄 산맥을 넘어 광활한 시베리아 땅을 손에 넣었다. 러시아 역사에 큰 영향을 미친 이반 4세는 멀리 내다보는 안목과 굳은 목표 의식을 갖춘 강한 군주였다. 그가 시행한 군사, 정치 개혁은 러시아를 강대국으로 거듭나게 했다. 훗날 제정 러시아의 파벨 1세와 표트르 1세, 그리고 소비에트 사회주의 공화국 연방, 즉 소련의 지도자인 스탈린 등 유명한 러시아 지도자들은 모두 그의 신봉자였다.

Russia

맥을 잡아주는 세계사

The flow of The World History

제 2 장 | 로마노프 왕조와 제정 러시아

1. 로마노프 왕조의 탄생
2. 농노 폭동과 교회 분열
3. 표트르 1세의 개혁
4. 예카테리나 2세
5. 푸가초프의 반란
〈테마로 읽는 러시아사〉 러시아의 계급 제도
6. 천재적인 명장, 수보로프
7. 알렉산드르 1세
8. 1812년의 조국 전쟁
9. 데카브리스트의 난
10. 유럽의 헌병, 니콜라이 1세

Russia

1 로마노프 왕조의 탄생

로마노프 왕조의 시조는 모스크바 공국의 귀족 언드라시이 이바노비치 코빌라의 자손이다. 당시 보야르였던 로마노프 유리예프의 이름을 따서 로마노프가(家)라고 불렸다. 로마노프 왕조는 러시아의 두 번째이자 마지막 왕조이고 러시아 역사상 가장 강성한 왕조이기도 했다. 동유럽의 작은 나라였던 러시아는 로마노프 왕조 시대에 세계적인 강국으로 부상했다.

시기 : 1603년~1667년
인물 : 보리스 고두노프**Boris Godunov**, 미하일 로마노프**Mikhail Romanov**

예상치 못한 시작

이반 4세가 세상을 떠난 후 왕위를 이은 표도르는 후손이 없었다. 그의 형제들도 모두 어린 나이에 죽었다. 그래서 표도르가 죽자 강대했던 류리크 왕조는 순식간에 뒤를 이을 사람이 없는 상황이 되어 버렸다. 이에 귀족들이 외척인 보리스 고두노프를 차르로 추천했지만 보야르들은 그를 곱게 보지 않았다. 그러면서 원래부터 존재하던 귀족들 사이의 갈등이 더욱 깊어졌다. 수시로 대립과 무력 다툼이 되풀이되면서 정치는 혼란스러운 국면에

한눈에 보는 세계사

1602년 : 네덜란드, 동인도회사 설립
1618년 : 독일, 30년 전쟁 발발
1620년 : 영국 청교도들, 북아메리카로 가다
1627년 : 정묘호란 발발
1636년 : 병자호란 발발
1642년 : 영국, 청교도 혁명

빠졌다. 이런 상황에서 큰 부담을 느낀 당시의 차르는 갈등을 해결할 방편으로 전제 정치를 더욱 강화해 나갔다. 그러나 예상치 못한 문제점이 생겼다. 강력한 정책으로 더욱 가혹하게 착취당하게 된 백성이 봉건 체제에 반기를 들고 일어난 것이다. 1603년부터 1607년의 4년 동안 비교적 큰 난이 두 차례 일어났다.

그런 가운데 1605년에 보리스 고두노프가 갑작스럽게 죽자 러시아는 한순간에 큰 혼란에 빠졌다. 게다가 더 골치 아픈 일이 생겼다. 차르가 죽자마자 자신이 이반 4세의 아들 드미트리라고 주장하는 사람이 두 명이나 나타난 것이다. 그들은 정부에 대한 백성의 불만을 이용해 군대를 이끌고 모스크바를 공격해서 정권을 빼앗으려고 했다. 인접한 국가인 폴란드의 왕 역시 이 기회를 틈타 그들을 지지하며 모스크바에 군대를 보냈다. 그러나 러시아 백성은 폴란드의 침략을 막고자 뛰어난 장군 포자르스키의 지휘 아래 의용군을 조직하고 적에 맞서서 모스크바에서 폴란드군을 몰아냈다. 차르의 자리를 노린 동란은 이렇게 끝이 났다.

러시아 귀족들에 의해 차르로 선출된 열여섯 살의 미하일 로마노프

폴란드 침략군을 맞아 치른 전쟁에서 승리한 후, 러시아 귀족들에게는 새로운 차르를 선출하는 것이 급선무가 되었다. 1613년 1

월에 갓 해방된 모스크바에서 러시아 귀족들로 구성된 '젬스키 소보르'가 열렸다. 회의의 주목적은 바로 차르를 뽑는 것이었다. 그러나 한층 강화된 차르의 전제 권력이 문제가 되었다. 차르를 배출하는 파벌이 엄청난 이익과 권력을 쥘 수 있었기 때문이다. 권력에 욕심이 생긴 각 귀족 파벌은 차르 선출을 놓고 다툼을 멈추지 않았다.

그러다 결국 여러 가지 이유로 이반 뇌제의 친척인 열여섯 살의 미하일 로마노프가 2월 21일에 차르로 선출되었다. 그리고 7월 11일에 미하일 로마노프가 정식으로 즉위하여 이후 300여 년 동안 러시아를 통치한 로마노프 왕조를 열었다. 그러나 사실상 미하일의 집권은 교회의 총대주교였던 그의 아버지 필라레트에 의해 좌지우지되었다. 그런 한편, 이 시기에 러시아의 농노제가 발전을 거듭하면서 국가는 점차 안정을 되찾았다.

번영하기 시작하는 왕국

1613년에 즉위한 로마노프가의 첫 번째 차르는 곧 모스크바의 심각한 정치, 경제 문제들과 마주해야 했다. 동란이 낳은 비극적인 결과를 바로잡고 국가를 위기 상황에서 벗어나게 하려면 이반 뇌제가 만든 제도를 통째로 바꿔야 했다. 대외 정책에서 그는 이반 뇌제처럼 강제로 차르의 전제 권력을 확립하려고 하지 않았다. 또 방어 위주였던 대외 정책을 침략과 확장으로 전환했다.

17세기 전반에 러시아는 동쪽으로 크게 영토를 확장했다. 러시아의 카자크Kazak 기병대는 예니세이Enisei 강과 레나Lena 강기슭에 많은 요새를 지었다. '아름다운 바다'로 불리는 바이칼 호수도 발견했다. 러시아 남방 변경 지대로 이주해 자체적인 군사 공동체를 형성한 농민 집단인 카자크는 시베리아 전체를 차지했다. 1639년에는 시베리아 동쪽의 오호츠크 해안과 중국 헤이룽장黑龍江 유역까지 진입했다. 그리고 1648년에 세묜 데즈뇨프

Semyon Dezhnyov 탐험대가 아시아 대륙과 아메리카 대륙을 가르는 베링 해협을 건넜다. 이와 더불어 서쪽 영토에 대한 탐사 활동도 활발하게 진행했다. 러시아는 1654년부터 1667년까지 무려 13년 동안 폴란드와 전쟁을 벌였는데 당시 국내 및 국제 여건 때문에 결국 정전 협정을 맺었다. 이 협정에 따라 러시아는 스몰렌스크, 체르니고프 등의 서부 지역을 되찾고 드네프르Dnepr 강 왼쪽의 우크라이나를 점령했다. 그리고 협정에서는 드네프르 강 오른쪽의 키예프와 부근의 땅을 러시아 군대가 2년 동안 점령한다고 정했지만, 사실상 영원히 러시아의 땅이 되었다.

맥을 잡아 주는 **러시아사 중요 키워드**

로마노프 왕조의 유래

이반 4세의 첫 번째 부인 아나스타샤 로마노브나는 로마노프 유리예프의 딸이었다. 그녀가 황후의 자리에 있는 동안 남동생 니키타가 권력을 잡으면서 이들의 가문은 러시아에 큰 영향을 미치는 유력 가문으로 성장했다. 그 후 혼란한 시기를 거쳐 니키타의 아들인 미하일 로마노프가 차르에 즉위했다. 그는 조부의 공을 기리기 위해 그의 이름을 왕조의 이름으로 삼아 로마노프 왕조를 세웠다.

Russia

2 농노 폭동과 교회 분열

로마노프 왕조를 시작한 미하일은 귀족들과의 마찰을 해결하기 위해 그들에게 많은 토지를 봉지(封地)로 나누어 주었다. 그런 한편 농노에 대한 압박과 착취는 갈수록 심해졌다. 귀족들은 사정없이 토지를 차지하고 마음대로 소작료를 올려서 농노들의 생활을 더욱 어렵게 했다. 게다가 불공평한 생활은 농노와 귀족 사이의 갈등을 더욱 심각해지게 했다. 17세기에 이르러 계층 간의 갈등이 최고조에 올라 민중 폭동이 끊임없이 일어났고 교회가 붕괴했다.

시기 : 1649년~1671년
인물 : 스테판 라진Stepan Razin, 알렉세이 미하일로비치Aleksei Mikhailovich, 니콘Nikon

탄압받는 백성의 분노

17세기에 러시아에서는 농노제가 발달했다. 그러나 인구의 절대다수를 차지하는 농노들의 사회적 지위는 굉장히 낮았다. 그들은 자유가 없었고 그 자식들도 자연히 농장에 소속되었다. 지주는 농노에 대한 모든 권한이 있을 뿐만 아니라 농노를 사고팔거나 서로 주고받을 수도 있었다. 다시 말해 귀족 지주들에게 농노는 많은 재산 중 하나일 뿐이었다. 그렇게 러시아의 농노들은 여러 세대를 거치며 비참한 생활을 이어 왔다.

17세기 중엽에 들어서면서 폴란드, 스웨덴과 전쟁을 벌인 러시아는 재정

한눈에 보는 세계사
1642년 : 영국, 청교도 혁명　　　1688년 : 영국, 명예 혁명

상태가 악화되었다. 그러자 정부는 백성에게 재정적 부담을 떠넘겼고, 그렇지 않아도 생활이 어려운 농노들을 더욱 심하게 착취했다. 지주에게 현물, 현금, 노역 등으로 소작료를 바쳐야 하는 농노들은 정부에 세금까지 내야 했고, 지주가 운영하는 공예품 제작소에서도 일해야 했다. 이렇게 부담이 엄청나게 늘어나자 그렇지 않아도 힘들게 살아가던 농노들은 더는 참을 수 없는 지경이 되었다. 막다른 골목에 몰린 그들은 폭동을 일으키거나 도망쳐서 힘겨운 생활에서 벗어나려고 했다. 그러나 1649년에 차르인 알렉세이 미하일로비치가 새로운 법전인 《회의 법전》을 공표했다. 여기에는 농노가 도망치다가 잡히면 그 식솔과 모든 재산을 예전 주인에게 귀속시킨다는 내용이 포함되어 있었다. 농노제에 합법적인 근거를 마련해서 농민 전체를 농노로 만들려는 목적이 깔려 있는 이런 법령 때문에 농노들의 어려움은 한층 가중되었다. 그들의 삶을 변화시킬 유일한 길은 폭동뿐이었다. 이는 차르 정부에 피할 수 없는 현실이었다.

사실 드네프르 강과 돈 강, 볼가 강 일대의 농노들은 15세기 초부터 이미 지주의 착취를 견디지 못하고 돈 강 유역으로 도망쳐서 그곳에 정착해 살았다. 그들은 스스로 자신들을 '자유인'이라는 뜻의 '카자크'라고 칭했다. 그러나 농노제가 더욱 확대되면서 귀족과 왕실, 교회가 돈 강 일대의 비옥한 토지를 앞다투어 차지하기 시작했다. 게다가 17세기에 러시아 봉건제가 발전하면서 압박은 더욱 심해졌다. 이 모든 상황 앞에서 농노들은 더는 참을 수 없는 상태가 되었다. 반항과 폭동은 이들의 마지막 선택이었다.

17세기 중엽에 러시아의 대도시에는 잇따라 농노 봉기가 일어났다. 모스크바에서는 동전銅錢 봉기와 소금 봉기 등의 소요 사태가 이어졌다. 그래서 러시아의 17세기는 '폭동'의 시대로 불린다. 그중에서 가장 유명한 사건은 1667년에 벌어진 스테판 라진의 돈 강 카자크 농민 봉기이다.

라진의 군대는 주로 탈출한 농노, 노비, 노동자, 유랑민 및 탄압을 견디

러시아 귀족이 소유한 농장에서 모든 노동은 농노가 담당했다. 위의 그림은 농노 한 명이 복잡한 기계를 수리하는 장면이다.

지 못한 백성으로 구성되었다. 귀족 지주들에게 원망을 품은 그들은 라진의 지휘 아래 러시아의 대도시로 몰려갔다. 1670년 6월, 라진의 농민군은 아스트라한Astrakhan을 점령하고 볼가 강을 거슬러 올라가 사라토프와 사마라를 손에 넣었다. 그리고 9월에 그들은 심비르스크Simbirsk를 포위하고 농민군을 둘로 나누어 볼가 강 서쪽으로 모스크바에 바짝 다가갔다. 농민군은 러시아 볼가 강 서쪽부터 오카Oka 강 유역의 대부분 지역을 점령했다.

농노 전쟁이 빠르게 확산되자 귀족들은 엄청난 공포감에 휩싸였다. 차르는 러시아의 모든 군대를 동원해서 라진을 잡아들이도록 했다. 라진의 군대는 결국 차르의 훈련된 러시아 군대에 패하고 말았다. 라진도 카자크 귀족에게 배반당해 1671년 6월 6일에 모스크바에서 처형당했다. 라진을 중심으로 한 17세기 러시아의 농민 폭동은 비록 실패로 끝났지만, 하층 계급인 농노들의 자유를 향한 열망에 불을 지핀 계기가 되었다. 스테판 라진은 국민 영웅이 되어 사람들의 기억 속에 영원히 자리했다.

교회의 하늘이 둘로 갈라지다

17세기에 들어 차르의 전제 정치가 강화되자 통치 계급인 상류층은 서방의 선진 문명을 도입하는 것이 절실하다고 판단했다. 한편 왕권이 더욱 강화되기를 바란 차르는 전제 정치를 더욱 강화했다. 알렉세이 미하일로비치가 1649년에 공표한 《회의 법전》은 차르를 절대 권력의 위치에 올려놓았다.

이에 따르면 차르의 뜻이 곧 법이며 모든 귀족은 차르의 종이라고 했다. 이러한 법전 내용은 줄곧 교권이 왕권보다 높다고 생각하던 정교회의 대주교 니콘의 신경을 불편하게 긁었다.

당시 러시아와 서유럽의 교류가 점차 밀접해지면서 모스크바 대공과 차르는 새로운 사실에 눈을 뜨기 시작했다. 러시아가 군사, 경제 면에서 강국으로 거듭나려면 서방의 선진 과학 기술과 사상을 배워야 한다는 점이었다. 러시아의 군사 정비, 정복 전쟁, 산업 육성에는 모두 수학, 물리학, 화학, 지리학 등의 지식과 그 밖의 각 분야 전문 기술의 도입이 필요했다. 그러나 전통적인 러시아 정교를 보호하려는 교회는 서양 사상의 유입을 막으려고 안간힘을 썼다. 차르 알렉세이 미하일로비치가 통치하던 시기에 총대주교 니콘이 바로 새로운 문물이 러시아에 도입되는 것을 막고자 한 세력 중 한 명이었다. 니콘은 서양 과학과 서양 사상에 큰 적의를 품었다. 심지어는 누군가가 이야기 중에 물리학에 관한 내용을 언급하기만 해도 크게 화를 냈다고 한다.

서방 문화를 배척하는 총대주교 니콘의 행동은 그 문화의 도입을 바라는 지배 계층의 반감을 샀다. 그리고 그리스식 미사 전통을 좇아 교회를 개혁하려는 그의 시도는 교회 내부는 물론 백성의 불만을 샀다. 모두 이미 러시아 교회의 방식에 익숙했기 때문이었다. 여러 갈등과 논쟁으로 러시아 정교회는 분열되었다. 그리고 니콘은 차르의 권위에 도전하고 황제의 위엄을 훼손했다는 이유로 총대주교의 신분을 박탈당하고 유배되었다. 이렇게 러시아 정교회와 정권의 대결에서 정권이 교회를 누르고 우위에 섰다.

18세기에 이르러 정부는 니콘의 개혁파를 인정했다. 이에 따라 교회가 '니콘파'로 불리는 개혁파와 분리파로 분열되면서 러시아 교회의 하느님도 둘로 갈라지게 되었다. 니콘의 개혁에 반대하며 러시아 교회의 전통을 지켜나가야 한다고 주장한 분리파는 '구교도'라고도 불린다.

Russia

3 표트르 1세의 개혁

표트르는 알렉세이와 두 번째 부인 나리시키나의 사이에서 태어났으며, 어린 시절에 모스크바 근처에 있는 한 농장에서 자유롭고 즐거운 유년기를 보냈다. 자연과 마주하며 많은 것을 배웠고, 외국 문물에도 관심을 느꼈다. 성장하여 즉위한 이후 표트르 1세는 개혁을 통해 러시아 역사에 새로운 장을 열었다. 그동안 폐쇄적이고 보수적이던 러시아는 유럽으로 나아가 짧은 시간에 산업을 일으키고 강력한 육군과 해군 함대를 육성했다. 이렇게 그는 러시아의 발전에 새로운 방향을 제시했다.

시기 : 1676년~1721년
인물 : 표트르 1세Pyotr I, 알렉세예브나 소피야 Alekseevna Sophia

표트르의 즉위

표트르 1세의 아버지인 알렉세이 미하일로비치는 로마노프 왕조의 기반을 다지는 데 뛰어난 업적을 세운 차르 중 한 명이다. 그의 재위 기간에 러시아 사회와 사람들의 생활에는 적지 않은 변화가 일어났다. 외국에 대한 러시아의 영향도 지속적으로 확대되었다. 알렉세이는 첫 번째 부인으로부터 13명의 자녀를 두었으나 그들 중 많은 이들이 일찍 죽었고, 남은 두 아들 표도르와 이반은 병약하여 차르가 만족할 만한 후계자가 될 수 없었다. 그런 가운데 알렉세이의 두 번째 부인인 나탈리야 키릴로브나 나리시키나에게서

한눈에 보는 세계사

1688년 : 영국, 명예 혁명
1701년 : 에스파냐 왕위 계승 전쟁
1725년 : 조선, 탕평책 실시

1672년 5월 30일에 건강하게 태어난 표트르는 차르의 유일한 희망이었다. 표트르가 차르의 총애를 한몸에 받자 나리슈킨가家도 신임을 얻어 자주 차르의 상을 받았다. 그런 한편 첫 번째 부인의 가문인 밀로슬랍스키가家는 힘을 잃게 되었다. 모든 상황은 권력을 둘러싼 훗날의 다툼을 예고했다.

1676년 1월, 차르 알렉세이 미하일로비치가 병으로 세상을 뜨자 병색이 짙은 장남 표도르가 왕위를 계승했다. 그와 함께 당시 네 살에 불과하던 표트르와 그의 어머니는 모스크바에서 쫓겨나 어느 시골 마을에서 살았다. 어린 표트르는 차르가 받는 교육을 단 한 번도 받지 못했고 열여섯 살이 되어서야 글을 읽고 쓸 수 있었다. 그러나 궁궐 밖의 자유로운 환경은 그의 성장에 예상치 못한 영향을 미쳤다. 시골에서는 자신이 하고 싶은 것은 무엇이든 자유롭게 할 수 있었다. 그는 또래 친구들과 함께 전쟁놀이를 하며 스스로 두 소년 부대를 조직했다. 훗날 러시아 군대의 핵심이 된 프레오브라젠스키Preobrazhensky 연대와 세묘놉스키Semyonovsky 연대는 바로 여기에서 탄생했다. 궁궐 밖에서 보낸 표트르의 유년기는 더없이 행복했다. 그는 또한 사회의 다양한 계층과 어울렸고, 모스크바에 거주하던 외국인들에게서 새로운 사상과 풍습을 받아들였다. 이는 나중에 세상을 깜짝 놀라게 한 개혁의 씨앗이 되었다.

표트르 대제의 초상화

어린 표트르가 이렇게 자유롭고 즐거운 나날을 보낼 때, 크렘린Kremlin 궁에서는 차르의 자리를 둘러싸고 온갖 암투가 벌어지고 있었다. 1682년 4월 27일에 새로운 차르인 표도르가 겨우 스물한 살의 나이로 세상을 떠났다.

맥을 잡아 주는 러시아사 중요 키워드

청나라와 러시아의 네르친스크 조약

러시아는 17세기에 드넓은 시베리아 땅을 점령한 이후 중국 국경을 넘보기 시작했다. 1651년에 차르의 명령으로 러시아 군대가 중국의 헤이룽 강, 쑹화 강 지역을 침략했다. 그러자 1685년 5월에 청나라 수군과 육군이 러시아 국경의 요새인 알바진Albazin을 포위했다. 이에 러시아군이 물러나고 청나라군이 알바진 성을 점령했는데, 그 후 청나라군이 아이후이璦琿로 돌아간 지 얼마 되지 않아 러시아군이 다시 알바진 성을 빼앗았다. 이듬해인 1686년 3월에 청나라의 강희제가 알바진을 다시 공격하라고 명령하면서 양측 사이에 치열한 전투가 벌어졌다. 그러던 9월에 강희제가 표트르 1세에게 서신을 보내 협상을 제의했다. 11월 13일에 표트르 1세가 그 제안을 받아들였고, 강희제는 철군을 명령했다. 이렇게 해서 알바진 전쟁은 차르 러시아의 패배로 끝났다.

1689년 1월에 표트르 1세는 표도르 알렉세예비치 골로빈을 청나라 정부와 협상을 진행할 특별 대신으로 임명했고, 골로빈은 1689년 8월 18일(신력)에 협상 장소인 네르친스크Nerchinsk에 도착했다. 한편, 청나라 측 대표로는 대신 송고투索額圖가 협상사절단을 이끌고 7월 31일에 네르친스크에 도착했다. 양측은 8월 22일에 정식으로 협상을 시작했는데 러시아가 영토 문제에 대해 무리한 요구를 하면서 중국 사절단의 거센 반발에 부딪혔다. 양국은 9월 6일(신력)에 마침내 네르친스크 조약을 체결했다. 조약은 모두 여섯 개 항으로 구성되었고, 그중 가장 중요한 것은 중국과 러시아의 동부 국경을 명확히 했다는 점이다. 고르비차 강과 스타노보이Stanovoy 산맥, 아르군Argun 강을 양국의 경계로 삼았다. 스타노보이 산맥과 오호츠크 해로 흘러들어 가는 우다 강의 국경 문제는 이후에 다시 논의하기로 했다. 조약을 체결하고 나서 러시아는 알바진을 떠났던 자국민이 다시 요새로 돌아오도록 했다. 양측은 이 조약을 통해 국경을 넘는 행위를 엄격히 금지했지만. 조약이 체결되기 전부터 국경 너머에 정착한 백성은 자국으로 돌아갈 필요 없이 계속 그곳에 머물러도 좋다고 예외를 두었다. 조약에는 통상에 대한 내용도 규정하여 여권을 가진 상인에 한해서 국경을 오가며 무역할 수 있도록 허락했다.

그러자 밀로슬랍스키Miloslavsky 가문과 나리슈킨Naryshkin 가문이 왕위를 놓고 심한 다툼을 벌였다. 결국 1682년 5월 23일에 두마는 열 살인 표트르와 무능한 이반을 함께 차르의 자리에 앉히기로 했다. 그리고 표트르는 아직 나이가 어리고 이반은 병이 있기 때문에 표트르의 이복누이인 알렉세예브나 소피야 공주가 섭정하게 되었다. 그러나 실권은 밀로슬랍스키 가문이

표트르와 이반의 대관식 장면

쥐고 있었다.

밀로슬랍스키 일족이 정권을 잡은 동안, 차르인 표트르는 크렘린 궁에서 쫓겨나 모스크바에서 몇 킬로미터 떨어진 행궁에서 지냈다. 하지만 모스크바 밖에 있다고 해도 크렘린 궁의 진짜 주인인 표트르는 생명의 위협을 피할 수 없었다. 하루가 다르게 성장하는 표트르를 보며 위기감을 느낀 소피야 공주가 1689년 8월의 어느 날 밀명을 내렸다. 근위대에 표트르의 놀이용 군대를 없애고 그를 죽이라고 명령한 것이다. 그러나 근위대의 병사 두 명이 표트르에게 이 사실을 몰래 알려 주어서 표트르가 먼저 놀이용 군대를 움직여 소피야의 음모를 밝혀냈다. 그리고 이를 내세워 누이를 성모 수도원에 가둬 버렸다. 이때부터 표트르와 이반은 각자 대권을 장악했다. 1696년에 이반이 병으로 세상을 뜬 이후 표트르는 러시아의 유일한 군주가 되었고, 이때부터 그의 전면적인 개혁이 추진되기 시작했다.

유럽을 배우다

표트르의 업적을 살펴보면 유년기의 경험이 그의 정치 활동에 큰 영향을 미쳤다는 것을 알 수 있다. 소년 시절 친구들과의 전쟁놀이에서 17세기 러시아 군대의 핵심인 해군과 근위대를 탄생시킨 것은 누구도 생각지 못한 일이다. 또 외국인 거주 지역과 아주 가까웠던 행궁에서 어린 시절을 보내며 외국인과 자주 접한 경험으로 그는 서양 문물과 풍습을 쉽게 받아들였다. 정권을 장악하고 국정을 완전히 파악한 후 표트르는 하루빨리 러시아에 서양의 선진 기술과 제도를 도입하고 싶어 했다. 그러던 1696년, 표트르는 누구도 상상하지 못한 기발한 방법을 생각해 냈다. 차르의 이름으로 서유럽 각국에 250명에 이르는 대규모 시찰단을 보내면서 자신도 정체를 숨

러시아의 유명한 화가인 바실리 수리코프(Vasily Surikov)의 작품 〈소총부대 처형 날 아침〉은 표트르 대제가 반란을 진압한 후 궁전 광장에서 반란을 일으킨 이들을 처형하기 직전의 모습을 그렸다.

긴 채 표트르 미하일로프라는 이름으로 시찰단에 끼어 유럽 순방에 나선 것이다.

대신의 수염을 자르는 표트르

1697년 1월 초, 표트르는 서양의 해군을 배워 오라는 명령을 내렸다. 그리고 서유럽에서 항해와 조선의 필수 지식 및 여러 선택 과목을 공부하고 졸업 증서를 가져오도록 했다. 그는 또 해군 군관, 전문가, 선원과 각종 기술자를 고용하고 조선 설비와 자재를 사들여 해군 함대를 만들기 위한 준비를 했다. 1697년 8월에 표트르 1세의 시찰단은 네덜란드 조선업계의 중심지인 수도 암스테르담으로 향했다. 표트르 미하일로프라는 이름의 차르는 러시아 귀족 청년들과 함께 암스테르담 등의 조선소에서 조선을 공부했다. 당시 표트르 1세는 조선소에서 목수로 일하며 네덜란드 목수들과 함께 길이가 무려 33미터에 달하는 피터-폴Peter and Paul호를 완성하고 시험 운항까지 마쳐 졸업 증서를 받았다. 네덜란드인 기술 전수자였던 리터 폴은 표트르 1세에게 "표트르 미하일로프는 1697년 8월 30일부터 암스테르담의 동인도 회사 조선소에서 목공을 배웠다. 그는 성실하고 총명하여 망치질, 구멍 뚫기, 깎기, 조립, 붙이기 등에서 합격점을 받은 목공 기술자라고 할 수 있다."라고 쓰인 졸업 증서를 주었다.

1698년 2월 9일, 표트르 1세의 시찰단은 영국 템스 강 오른쪽에 있는 왕립 조선소에 도착했다. 표트르 1세는 이곳에서 시찰단과 함께 조선의 이론과 설계를 배웠다. 영국에서 조선에 관해 더욱 깊이 공부하고 발전한 산업과 신기술을 둘러보고 싶었던 그는 조선소, 해군 본부, 무기 공장, 군수 창고, 대포 공장 등 다양한 곳을 돌아보았다. 1698년 3월 22일에 영국의 윌리엄 3세가 표트르 1세를 군항 포츠머스Portsmouth로 초대해 대형 군사 훈련을 참관하도록 했는데, 표트르 1세는 그 모습을 보고 매우 놀랐다. 심지어 러시아 차르 노릇을 하는 것보다 영국의 해군 장교가 되는 것이 더 낫겠다는 생각마저 했다. 이를 계기로 표트르 1세는 새로운 세상에 눈 떴고 러시아와 서유럽 국가의 차이를 실감했다.

한편, 표트르 1세가 영국을 방문하던 중에 차르의 근위대인 총병 연대가 모스크바에서 반란을 일으켰다. 이 소식을 들은 표트르 1세는 황급히 모스크바로 향했는데, 돌아가는 길에 문득 그의 머릿속에 개혁의 청사진이 선명하게 떠올랐다. 모스크바에 도착해서 먼 길을 온 차르를 맞이하는 대신들을 보고 그는 갑자기 가위를 들어 대신들의 수염을 싹둑 잘라 버렸다. 대대적인 개혁의 시작이었다.

표트르 1세와 그를 따랐던 사람들은 유럽을 순방한 후 러시아와 서유럽 국가 간에 엄청난 차이가 있다는 것을 깨달았다. 표트르가 오랫동안 가슴에 품어 왔던 개혁에 대한 열망을 자극했을 뿐 아니라 러시아에 많은 수확을 안겨 준 시찰이었다. 시찰단은 서유럽에서 과학 기술과 선진화된 경제·문화를 배운 것 외에도 많은 군사학자, 과학자, 교육가, 기업가, 설계사, 기술자 및 종교계 인사 등을 만나 세상을 보는 시야와 서유럽 국가에 대한 인식의 폭을 넓혔다. 시찰단은 또한 네덜란드, 영국 등 서양 국가에서 해군 군관, 선원, 설계사, 학자, 교수 등을 초빙해 러시아에서 일하고 가르치게 하며 개혁을 위한 인재를 육성했다. 이 밖에도 서유럽에서 조선과 항해

기기 및 설비를 대량 구입하고 수학 기계와 필요한 약품, 의료 기기 및 각국의 지도책과 각종 동물 표본, 해부학과 신경세포 도표가 수록된 의학서 등을 들여와 러시아를 전면적으로 개혁하기 위한 준비를 해 나갔다. 결론적으로 표트르 1세의 유럽 시찰은 현명한 결정이었다고 할 수 있다. 훗날 길이 남게 된 그의 개혁을 뒷받침할 준비를 할 수 있었기 때문이다.

표트르 1세의 개혁

표트르 1세의 개혁은 바다로 나가는 길을 확보하려는 계획에서 시작되었다고 할 수 있다. 당시 러시아의 귀족 지주들과 신흥 상인 계급은 서유럽과 통상할 수 있기를 원했다. 표트르 1세는 1695년부터 1696년까지 두 차례에 걸쳐 직접 아조프Azov를 공격해 흑해로 나갈 길목을 차지하려고 했지만 결국은 모두 실패로 끝났다. 그리고 1700년에 또다시 스웨덴과 전쟁을 일으켜 발트 해로 통하는 길을 얻을 방법을 시도했으나 역시 성공하지 못했다. 이 두 번의 전쟁은 러시아의 산업 발전 수준과 군사력이 서양 선진국보다 뒤떨어진다는 사실을 보여 주었다. 또한 표트르 1세가 유럽 순방을 결심하는 직접적인 원인이 되기도 했다.

1703년에 표트르 1세는 네바 강 하구 삼각주에 있는 '토끼'라는 뜻의 자야치Zayachy 섬에 페트로파블롭스크Petropavlovsk 요새를 짓고 훗날 '성 베드로의 도시'라는 뜻의 상트페테르부르크Saint Petersburg를 건설했다. 상트페테르부르크는 제정 러시아 시대에 중요한 항구 도시로 발전했다. 1713년에 표트르 1세는 러시아의 수도를 모스크바에서 상트페테르부르크로 옮겼다. 또 해군 인재 양성을 매우 중시해서 상트페테르부르크에 해군 학교들을 세우고 해군의 규범과 규율 등을 정리한 〈해군규정〉을 직접 만들기도 했다. 1718년에 러시아는 해군 최고 지도 기관인 해군성을 세웠다. 그 후 1721년에 표트르 1세는 스웨덴을 침략하여 무려 21년 동안 이어진 '북방 전쟁'에서 큰 승리를 거두고 스웨덴과 평화 조약을 체결했다. 스웨덴이 핀란드 만과 에스토니아, 라트비아 등의 일부 지역을 러시아에 넘겨준다는 내용이었다. 이로써 러시아는 좋은 위치에 있는 항구를 얻었고 발트 해 연안 지역도 안정을 찾을 수 있었다. 그리고 이를 계기로 유럽 대륙에서 중요한 위치에 올라서고 미래의 해상 강국으로 발돋움하는 데 탄탄한 기반을 마련했다.

유럽 순방을 마치고 귀국한 표트르 1세가 대신의 수염을 잘라 버렸을 때부터 개혁은 시작되었다. 러시아 역사의 첫 페이지를 장식한 류리크가 등장했을 때부터 러시아는 무력으로 세워진 나라였다. 표트르 1세의 개혁도 군사 방면에서 가장 먼저 시작되었다. 북방 전쟁에서 최대한 빨리 승리를 거두기 위해 표트르 1세는 해군 함대부터 만들었다. 일찍이 북방 전쟁이 시작되기 몇 년 전에 흑해로 통하는 길목을 차지하기 위해 조선소를 짓기

맥을 잡아 주는 **러시아사 중요 키워드**

아들을 사형에 처한 표트르 1세

차르 표트르 1세의 맏아들인 알렉세이는 어린 시절 표트르 1세에게서 정교회의 가르침을 받으며 자랐다. 이후 알렉세이가 원래의 제도로 회복시킬 것을 주장하며 아버지의 개혁에 반대하자 그의 주변에는 표트르 1세의 개혁을 못마땅하게 생각하는 사람들이 모여들었다.

1715년 10월에 표트르는 알렉세이에게 편지를 보내어 마음을 바꾸지 않으면 상속권을 박탈하겠다는 뜻을 전했다. 그리고 1716년 8월 26일에 코펜하겐에서 다시 아들에게 편지를 보내 '올바른 길'을 택하지 않으면 수도원으로 보내 버리겠다고 했다. 알렉세이는 1716년 9월 26일에 러시아를 떠나 빈에서 찰스 6세에게 도움을 청했다. 알렉세이가 사라진 것을 안 표트르 1세는 1717년 7월 1일에 오스트리아 정부와 협상하여 이듬해인 1718년 1월에 알렉세이를 러시아로 붙잡아 왔다.

표트르 1세는 알렉세이의 공개 재판을 열도록 했다. 1718년 6월 24일, 알렉세이는 러시아 각계 대표 127명으로 구성된 특별 법정에서 반역죄를 선고받아 사형에 처해질 위기에 놓였다. 1718년 6월 26일에 알렉세이가 고문을 받다가 감옥에서 죽었고, 이후 러시아 보수 세력은 완전히 힘을 잃었다.

시작했고, 당시 세계적인 선진 기술을 갖춘 전함을 건조하는 데 성공했다. 전쟁이 일어난 후에는 발트 해 함대를 만들기 시작했다. 1710년 초에 완성된 발트 해 함대는 주력선 12척과 각종 함선 36척 및 작은 배들을 갖추었다. 러시아 해군의 함대를 늘리기 위해 표트르 1세는 외국에서 완성된 배를 직접 사오기까지 했다. 표트르 1세는 육군을 육성하는 데에도 힘을 쏟았다. 지원병과 의무병으로 구성된 상비군을 조직하고, 새로운 육군 규율을 만들었다. 이 규율은 군대의 원칙을 명확히 했을 뿐 아니라 훗날 러시아 육군의 발전에 튼튼한 기초를 마련하여 러시아 군대 역사의 새로운 장을 열었다.

일차적으로 러시아의 해군과 육군이 어느 정도 체계와 규모를 갖추자 표트르 1세는 부대의 무기와 설비를 개선해 나가기 시작했다. 무기의 선진화를 위해서 러시아 중부 지역에 대포 생산 공장을 짓고 툴라 등의 지역에 대형 무기 공장을 지었다. 이후 러시아의 무기 공장은 25년 동안 총 25만 자루와 권총 5만 자루, 대포 3,500문을 만들어 러시아 군대가 선진화된 무기로 무장할 수 있도록 했다. 표트르 1세는 개혁을 시행해 강력한 신식 해군과 정규 육군을 육성했다. 이것이 바로 21년에 걸친 북방 전쟁에서 결국 승리할 수 있었던 힘이다.

다음 단계의 목표를 실행하기 위해 표트르 1세는 개혁 일정에 경제 발전을 포함했다. 러시아는 산업 발전에 많은 힘을 기울이고 있었다. 당시에 마침 서로 항구를 차지하려는 전쟁이 한창이라 각지에 세운 무기 공장이 제련, 화학, 방직 산업 등의 발전을 촉진했기 때문이다. 산업 발전은 잠시나마 농노제의 압박을 해결해 주기도 했다. 러시아의 대규모 생산은 모두 농노의 노동력으로 움직이고 있었다.

그 밖에도 표트르 1세는 17세기 러시아의 국정을 대대적으로 개혁했다. 그는 낡은 관리 체제를 버리고 중앙시회, 원로원, 참의회과 같은 새로운 국가 관리 기구를 마련했다. 그중에 원로원은 국가 최고 권위 기관으로 많은 부속 기관을 두었다. 또한 전국을 현 단위로 나누었다.

제도적 방면에서 표트르 1세는 새로운 법률을 제정하고 모든 귀족은 국가를 위해 봉사해야 한다고 규정했다. 중앙 집권의 국가 체제를 성문화한 것이다. 표트르 1세는 개혁을 위해 1713년에 수도를 모스크바에서 상트페테르부르크로 옮길 것을 명령했다. 천도는 첫째로 모스크바와 완전히 다른 개혁개방형 수도를 건설하고 둘째로 전쟁터에 가까이 접근하여 서쪽으로 영토를 확장하기에 편리하도록 하려는 목적이었다.

상트페테르부르크는 네바 강 삼각주의 자야치 섬에 건설된 도시였다. 1703년 5월 16일에 표트르 1세는 직접 이 지역에 작은 성을 짓고 상트페테르부르크라는 이름을 지어 주었다. 그는 상트페테르부르크가 발트 해와 가까우므로 러시아가 서유럽 국가들과 교류하는 데 모스크바보다 편할 것으로 생각했다. 또 오랜 세월에 걸쳐 모스크바에 뿌리를 내린 귀족들과도 멀어질 수 있으니 새로운 땅에서 새로운 수도를 건설하고 자신의 뜻대로 개혁할 수 있다는 생각도 했다. 1712년부터 1721년 사이에 표트르 1세는 정식으로 천도를 선언하고 대규모 도시 건설 사업을 시작해 상트페테르부르크를 러시아의 정치, 경제, 문화, 교육의 중심으로 만들어 나갔다.

천도와 상트페테르부르크 건설은 러시아 역사에 엄청나게 큰 의의가 있다. 우선 러시아와 서유럽 국가들 사이의 거리가 줄어들어 양측 간의 경제, 무역 및 문화와 기술 교류를 강화하고, 이를 토대로 표트르 1세의 개혁을 한층 가속할 수 있었다. 새로운 수도 상트페테르부르크는 표트르 1세가 유럽에 발맞추어 선진화 개혁을 시작해 나간 첫걸음이자 역사적인 성과였다.

문화와 교육 면에서 표트르는 국가의 발전에 시급히 필요한 인재의 육성을 최우선순위에 두었다. 그는 도서 출판 산업을 발전시키고 학교와 도서관, 과학기술관 등을 세워 국민의 교육 수준을 크게 향상시켰고, 군사

이 그림은 18세기 초 러시아의 새로운 수도인 상트페테르부르크의 모습을 묘사한 것이다. 표트르 1세는 1703년에 처음으로 이 섬에 성을 짓고 상트페테르부르크라는 이름을 지어 주었다. 그로부터 10년 후, 그는 오랫동안 러시아의 정치적 중심지였던 모스크바를 버리고 발트 해와 네바 강이 만나는 지점인 이곳에 새로운 수도를 세웠다.

기술 인재를 많이 육성했다. 종교 방면에서는 교회가 국가 기관에 완전히 따르도록 했다. 신성 종무원을 만들어 기존의 주교가 맡던 종교 관련 사무를 맡게 했다. 정교회 사무관리 총국은 정부가 파견한 관리가 총괄했다. 그리고 '국가의 이익을 위협하는' 상황이 생겼을 때 교회의 신부가 반드시 당국에 보고하도록 했다.

그 밖에도 표트르 1세는 서유럽에서 러시아로 돌아온 후 곧장 서유럽의 방식대로 모스크바 시내를 정리하기도 했다. 1699년에 표트르 1세의 조정은 "모스크바의 모든 도로는 청결하게 유지되어야 하며, 위반하는 자는 채찍으로 맞는 형벌에 처하거나 벌금을 내야 한다."라고 법률로 규정했다. 표트르 1세는 또한 상트페테르부르크를 암스테르담이나 베네치아와 같은 해안 도시로 건설할 것을 명령하며, 시내의 도로를 반드시 자로 잰 듯 정확하게 배열하라고 주문하기도 했다. 또, 도시를 깨끗하게 유지하기 위해서 "길위에 가축을 풀어 두는 것을 엄격히 금지하며, 시 정부는 저수지와 소방 기구들을 관리할 인력을 마련해 화재를 예방하라."라는 내용을 발표하기도 했다.

17세기에 이루어진 표트르 1세의 개혁은 러시아의 모습을 180도 바꾸어 놓았다. 크게는 국가와 정치 제도에서부터 작게는 도시의 모습까지 표트르 1세는 모든 부분에 세세한 규정을 만들었다. 그의 개혁 덕분에 러시아는 주변의 강대국과 대등한 국가가 될 수 있었고, 표트르 자신은 '표트르 대제大帝'의 칭호를 얻었다.

개혁의 영향

내륙에 자리한 폐쇄적인 나라 러시아는 표트르 1세의 개혁으로 경제, 정치, 문화 등 각 방면에서 서양의 선진화된 문물을 받아들였다. 표트르 1세는 러시아 역사에 새로운 시작을 열었고, 국가의 생활과 문화에 변혁을 일으켜서 보수적인 러시아가 유럽에 문을 활짝 열게 했다. 매우 짧은 시간에 산업과 교육, 강력한 육군과 해군 함대가 발전했고 러시아 문화 발전은 새로운 방향을 찾았다.

그러나 다른 측면에서 보면 표트르 1세의 개혁을 한마디로 나타내는 강제적인 '서구화'는 또한 이런저런 문제점도 낳았다. 먼저 '서구화' 개혁은 슬라브의 전통을 깨뜨렸다. 오랜 슬라브 문화와 전통이 사라지고 역사와 문화에 대한 러시아 인의 뿌리를 잃게 되었다. 또 국가가 발전하면서 한층 강력하고 야만적인 착취 방식이 생겨났다. 전제 정권의 강화는 훗날 러시아 민중이 폭동을 일으킨 씨앗이 되었다. 그리고 상류층을 대상으로 한 교육은 크게 발전했으나 국민의 다수를 차지하는 하층민은 자유를 잃고 노예로 전락했다.

표트르 1세의 개혁으로 러시아는 경제를 발전시키고 국가 행정 기관을 정비했으며 육군과 해군을 육성하고 대외에 문호를 개방했다. 또 과학 기술과 문화 및 교육을 발전시켜서 생활 방식이 변화하는 등 역사상 전례가 없는 엄청난 성과를 거두었다. 이로써 러시아 역사에 새로운 장을 열었고, 이후 더욱 깊이 있는 개혁과 발전을 이루는 데 든든한 밑거름이 되었다.

표트르 1세의 개혁은 결론적으로 부작용보다 성과가 컸다고 할 수 있다. 마르크스 및 레닌, 스탈린 등 유명한 소련 정치인 모두 표트르 1세의 업적을 높이 평가했다.

Russia

4 예카테리나 2세

표트르 대제가 죽은 후 크렘린 궁에는 많은 변화가 있었다. 프로이센 출신 소녀가 표트르 3세의 왕비가 되고, 이후 남편을 폐위하고 스스로 차르의 자리에 앉아 예카테리나 2세로 불렸다. 러시아 역사에서 예카테리나 여제는 표트르 대제와 어깨를 나란히 할 정도로 많은 업적을 쌓았으며, 통치 기간에 러시아를 세계에서 가장 큰 제국으로 발전시켰다.

시기 : 1725년~1764년
인물 : 표트르 3세Pyotr III, 예카테리나 2세Ekaterina II

여제의 등극

1725년의 크리스마스가 막 지나고 모두 추운 겨울 날씨에 웅크리고 있을 때, 위대한 표트르 대제가 세상을 떠났다. 그가 그때까지 후계자를 지명하지 않은 바람에 귀족들 사이에는 극심한 권력 다툼이 벌어졌다. 상트페테르부르크의 궁전은 온갖 정변으로 얼룩지기 시작했다. 이때 귀족들로 구성된 차르의 근위대가 큰 역할을 했다. 표트르 1세의 부인인 예카테리나 1세가 차르의 자리에 올랐다가 다시 표트르 1세의 손자인 표트르 2세가 왕위를 이어받았다. 그러나 표트르 2세가 1730년 결혼식 당일에 병으로 죽

한눈에 보는 세계사

1725년 : 조선, 탕평책 실시
1760년 : 영국, 산업 혁명 시작
1765년 : 와트, 증기 기관 완성

예카테리나와 그녀의
남편 표트르 3세

자 권력을 쥔 일부 귀족이 표트르 1세의 조카딸인 안나 이바노브나를 데려와서 왕위에 앉혔다. 1740년에 안나 이바노브나는 임종 직전에 자신의 조카인 안나 레오폴도브나의 아들 이반 6세를 후계자로 지명했다. 그러나 러시아 인 출신의 여제를 원한 근위대는 안나 이바노브나가 죽자마자 정변을 일으켰다. 1741년 11월에 그들은 표트르 1세의 딸 옐리자베타를 차르로 추대했다.

새로운 혜택과 특권을 얻은 귀족들에게 옐리자베타의 집권은 그야말로 평화로운 시대였다. 그러나 그녀는 과도하게 향락에 빠져서 평생 결혼하지 않은 탓에 후사가 없었다. 그래서 프로이센에 있는 조카 표트르 3세를 불러들여 자신의 뒤를 잇게 할 수밖에 없었다. 표트르 3세가 돌아오자 옐리자베타는 곧바로 그의 약혼녀를 찾기 시작했는데, 이때 러시아를 방문하고 있던 예카테리나도 후보에 올라 궁전에 초대되었다.

예카테리나의 본명은 조피 프레데리케 아우구스테 폰 안할트-체르프스트Sophie Friederike Auguste von Anhalt-Zerbst로 오늘날의 독일에 해당하는 프로이센의 작은 공국의 공녀였다. 어머니를 따라 유럽의 여러 도시를 여행하던 그녀는 프로이센의 여러 공국의 성에도 가 보았다. 열네 살에 어머니를 따라 러시아에 온 조피는 주변의 권유에 따라 러시아정교의 세례를 받고 예카테리나로 개명했다.

그녀의 운명이 바뀌기 시작한 것은 1744년이었다. 러시아의 여제 옐리자베타가 후계자인 표트르의 아내를 고르기 시작했는데, 예카테리나는 우아한 언행과 많은 외국 생활 경험이 궁정 귀족들의 눈에 들어 황태자비로 낙점되었다. 그러나 그 후 18년 동안 예카테리나의 삶은 순탄치 않았다. 남편 표트르는 몸이 약한 데다 신경질적이고 괴팍하기까지 한 사람이었고 자신의 애인을 총애해서 예카테리나에게 모욕적인 행동을 일삼았다. 예카테리나는 훗날 "곁에는 언제나 책이 있고 고통이 있을 뿐 기쁨은 영원히 오지 않았다."라고 그때의 생활을 회상했다.

1762년에 여제 엘리자베타가 세상을 떴고, 당시 임신 중이던 예카테리나는 함부로 움직이지 않으며 원수 같은 남편이 러시아 차르 표트르 3세가 되는 장면을 가만히 지켜보았다. 표트르 3세는 표트르 1세의 후손이었지만 그의 몸에 흐르는 피의 절반은 프로이센의 것이었다. 그는 차르가 되자마자 가장 먼저 '7년 전쟁'을 중단하게 했는데, 당시 러시아군은 전쟁에서 거의 승리하기 직전이었다. 그런데도 표트르 3세는 전쟁을 멈추고 프로이센 영토에서 군대를 철수하게 한 다음 프로이센의 왕 프리드리히 2세와 평화 협정을 맺었다. 게다가 직접 군대를 이끌고 프리드리히 2세의 명령에 따르겠다며 나서기도 했다. 차르의 이러한 행동은 물론 러시아 내에 커다

맥을 잡아 주는 **러시아사 중요 키워드**

러시아와 스웨덴의 전쟁

17세기 이후 제정 러시아는 바다로 나가는 길목인 발트 해 지역을 차지하기 위해 골몰했다. 이를 위해 강국 스웨덴 사이에 몇 세기에 걸친 전쟁이 벌어졌고, 그런 와중에 핀란드를 차지하는 것이 러시아에 또 다른 주요 목적이 되었다. 북방 전쟁 기간에 표트르 1세는 핀란드를 한 번 점령하기도 했다.

1741년부터 1743년까지 벌어진 러시아와 스웨덴의 전쟁에서 러시아는 다시 한 번 핀란드의 영토 대부분을 차지했다. 이후 1788년에 러시아와 튀르크가 전쟁하는 동안 스웨덴 국왕 구스타프 3세가 갑자기 러시아에 전쟁을 선포하고 빼앗긴 핀란드 땅을 되찾고 상트페테르부르크까지 차지해서 설욕하려고 했다. 당시 스웨덴은 육군 7만 병력을 보유했고 해군 함대도 러시아보다 강력했다. 양측의 해군은 수차례 전투를 치르며 이기고 지기를 반복했다. 육지에서는 구스타프 3세가 직접 대군을 이끌고 핀란드 만 동부로 진격해 왔다.

1790년 7월, 양국은 스벤스크순드Svensksund에서 대규모 해전을 치렀고 여기에서 스웨덴군이 승리했다. 이 해전에서 큰 타격을 입은 예카테리나 2세는 영국, 프로이센 등의 강국과 교섭해 중재에 나서 달라고 요청했다. 1790년 8월 14일, 러시아와 스웨덴은 베렐레 조약을 체결하고 모든 것을 전쟁 이전의 상태로 돌려놓을 것을 협의했다. 핀란드의 영토를 차지하려던 스웨덴의 계획은 물거품이 되었고, 마찬가지로 핀란드를 노리던 러시아도 목적을 달성하지 못하게 되었다.

란 반향을 일으켰지만, 러시아 국민을 정말로 화나게 한 일은 표트르 3세가 국교를 루터교로 바꾸고 러시아정교를 믿는 사람들을 이교도로 선포한 다음 교회의 재산을 몰수해 버린 것이었다. 이 일로 표트르 3세는 정치권의 신임을 완전히 잃었고, 대귀족인 보야르들이 다음 차르가 될 후계자를 찾기 시작했다. 이때 18년 동안 고통과 인내의 세월을 보낸 예카테리나는 드디어 당당한 여제로 나서서 세계에서 가장 드넓은 영토를 보유한 제국의 주인이 되었다.

계몽 군주

예카테리나 2세가 즉위했을 때 러시아는 매우 곤란한 상황이었다. 국고가 텅 비어 재정적으로 상당히 어려운 처지였다. 그녀는 회고록에서 러시아 군대가 여덟 달 동안 월급을 받지 못했으며, 대체로 혼란한 상황이었다고 당시를 회상했다. 나라의 부채가 1,700만 루블이나 쌓여 있고 국내 시장에서 실제로 거래되는 돈은 1억 루블에 불과했지만, 이 사실을 아는 사람은 아무도 없었다. 또 이 시기에는 국가의 정치 상황 역시 불안정해서 최고 권력을 향한 귀족들의 위협을 받았을 뿐만 아니라 매년 약 20만 명에 해당하는 공장, 광산, 교회의 노예들이 반란을 일으켰다. 국가의 정치 제도와 형법 등에도 비리와 부패가 만연해서 재산과 권력이 있는 사람이 재판에서 승리하는 일이 잦아지자 백성의 불만이 높아갔다. 이러한 어려운 상황에서 예카테리나 2세는 마음을 다잡고 실타래처럼 복잡하게 얽힌 정국을 하나하나 풀어 나가기 시작했다. 그녀는 표트르 1세의 개혁을 지속하면서 강대한 러시아 제국을 이룩하고자 했다.

여러 가지 문제를 해결하기 위해 예카테리나 2세는 일련의 개혁을 추진했다. 그래서 역사에서는 그녀를 '계몽 군주'라고 부른다. 여기서 '계몽'이란 주로 귀족 계급을 겨냥한 것으로 예카테리나는 여러 조치를 시행해서 귀족 계급의 이익을 보장하고 자신의 황권을 간접적으로 강화하는 한편, 재정적으로도 군사적으로도 많이 약해져 있던 당시의 러시아를 위해 유럽 정복으로 대외 정책의 방향을 바꾸고 힘을 길렀다. 예카테리나 2세는 우선 표트르 3세가 덴마크에 했던 선전 포고와 1762년 6월 19일에 맺은 러시아와 프로이센의 군사 동맹 조약을 취소하고, 프로이센에 주둔하던 러시아 군대를 귀국시켰다. 그 밖에도 오스트리아와 프랑스에 대사를 보내 이 국가들에 대한 러시아의 호의와 유럽과 평화롭게 지내고 싶다는 마음을 표시했다. 예카테리나 2세가 이렇게 대외 정책에 변화를 주면서 엄청난 군비 부담을 크게 줄이자 군대가 그녀를 지지하기 시작했다. 동시에 국가의 외교 정책이 러시아의 귀족과 상인의 이익을 위한 방향으로 바뀌면서 향후 유럽에서 패권을 장악하기 위한 밑바탕이 되었다.

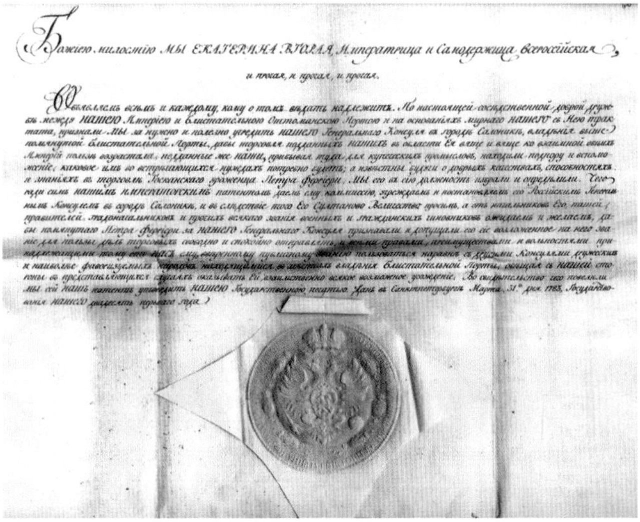
Божиею милостию МЫ ЕКАТЕРИНА ВТОРАЯ Императрица и Самодержица Всероссийская,
и прочая, и прочая, и прочая.

데살로니카의 러시아 영사관 설립을 지시하는 예카테리나 2세의 문서.

예카테리나의 계몽사상은 그녀가 새로 제정한 법전에서 특히 잘 드러난다. 예카테리나 2세가 즉위했을 때 러시아는 1649년에 알렉세이 미하일로비치가 제정한 법전을 사용하고 있었다. 그러나 러시아의 경제, 정치 및 각국과의 관계가 발전하면서 이 법전은 이미 당시 많이 발전한 러시아의 새로운 상황에 맞지 않게 되어 버렸다. 그래서 예카테리나 2세는 국내의 변화에 발맞추어 시대의 새로운 과제에 대응하기 위해 서유럽의 법률을 참고해 새로운 법률을 만들었다.

러시아의 전통적인 전제 군주제를 뒷받침하면서 서유럽의 근대 문명을 받아들이고 또한 러시아의 발전을 위하는 것인 동시에 다른 국가들에도 모범이 될 수 있는 새로운 법전이었다. 예카테리나 2세는 당시 유럽의 계몽주의 학자인 드니 디드로, 볼테르 등과 직접 만나서 이야기를 나누고 18세기 계몽사상을 담은 새로운 법전을 탄생시켰다. 이 법전은 오늘날 러시아 법률사에 커다란 업적으로 남았다.

새 법전은 자유, 평등, 자애, 공정, 이성을 바탕으로 '애국'을 제창하며 이것이 범죄를 방지하는 가장 효과적인 방법이라고 했다. 빈부의 차이가 사회의 안정을 위협할 수 있다고 언급하며 부자가 가난한 사람을 괴롭히지 못하도록 미리 차단하는 법률을 마련하기도 했다. 그리고 진보된 사상을 받아들이면서도 전통적인 방식을 고수했다. 평등을 주장하는 동시에 특정 계층만의 특권도 중시했다. 전제 정치 체제를 유지하면서 관용을 베풀어야 한다고도 했다. 자유주의를 품고 있으나 여러 가지 모순이 뒤엉킨 법전이었다.

예카테리나 2세가 실행한 '계몽 전제 정치'의 목적은 자신의 통치를 공고히 하고 전제 군주제를 강화하는 것이었다. 그래서 그녀의 '계몽 전제 정치'라는 것은 매우 제한적이고 표면적이며 오래 지속될 수 없는 성격이었고, 반대로 '전제 정치'는 실재적이고 장기적이며 끊임없이 강화되어야 할 가치였다. 오래전부터 내려오던 차르의 기본을 그대로 따른 예카테리나 2세는 '계몽'이라는 이름만 붙였을 뿐, 차르의 절대 권력과 농노 제도를 변함없이 유지했다. 농노제에 반대하고 공정한 심판을 주장하는 것처럼 보였지만 그녀는 귀족 지주의 권익을 지키고 농노제의 시행 지역을 확대하며 농민 봉기를 잔혹하게 탄압했다. '계몽 군주'라는 그녀의 통치 기간에 러시아의 농노제는 거꾸로 이전보다 강화되는 이해할 수 없는 상황이 벌어진 것이다.

귀족들의 황금기

예카테리나 2세는 황권을 강화하려면 귀족들의 도움이 절실하다는 사실을 잘 알고 있었다. 그래서 즉위 초기에 귀족들의 지지를 얻기 위한 율령을 공표했다. 1762년에 예카테리나 2세가 차르의 이름으로 "러시아 모든 귀족 계급에 자유를 부여"한다는 내용의 조서였다. 이 조서는 귀족들의 각종 의무를 면제하며 그들의 자유로운 자산 관리와 출국 및 여러 특권을 보장한다는 세부 내용을 포함했다.

예카테리나 2세는 차르가 되자마자 남편 표트르 3세로부터 황위를 빼앗는 데 공을 세운 귀족과 군관들에게 상을 내리고 측근들을 요직에 앉혔다. 여기에 든 비용이 무려 80만 루블이나 되었고, 이에 더하여 많은 토지와 1만 8,000명에 달하는 농노를 귀족들에게 상으로 내렸다. 그 밖에도 그녀는 즉위 후에 토지 측량 사업을 진행해 소수민족의 토지를 인정사정없이 빼앗아 버렸다. 귀족들은 국가에 약간의 돈을 내고서 그 토지의 소유권을 얻을 수 있었다.

표트르 3세

예카테리나 2세는 귀족들의 신임을 잃은 남편 표트르 3세로부터 황위를 빼앗고 차르에 올랐다.

나날이 강해지는 교회의 세력을 견제할 방편으로 예카테리나 2세는 교회의 재산을 몰수하고 귀족 지주들에게 한층 힘을 실어 주었다. 당시 러시아정교회는 많은 토지를 보유했는데, 이 토지에 속한 농노들은 다른 곳의 농노들보다 비참한 삶을 살아야 했다. 또 교회는 국가에 대한 납세의 의무가 없었기 때문에 예카테리나 2세는 즉위 후 고민한 끝에 1764년 2월 18일에 또 교회의 토지를 몰수하고 200만 명에 가까운 교회의 농노를 '경제 농민'이라는 이름으로 특별 기관인 경제 참의회가 관리하도록 하겠다는 칙령을 발표했다. 훗날 그녀는 다시 여러 명목으로 교회에서 빼앗은 토지 일부를 귀족들에게 주었다. 몇 세기 동안 토지와 농노를 놓고 벌인 봉건 지주와 교회의 다툼은 이렇게 봉건 지주의 승리로 끝이 났다.

예카테리나 2세는 상류층 귀족의 지지를 얻기 위해 전통적인 차르의 개인 예산까지 포기하며 비리와 부정부패를 엄격하게 다스렸다. 공공의 재산을 사적으로 쓰거나 법률을 어기고 비리를 저지르는 등의 부정부패를 엄히 다스린 그녀는 귀족들에게서 높은 평가를 얻었다. 정국을 안정시키기 위해 각지에서 일어난 농노의 봉기를 제압하여 귀족 지주 계층의 두터운 신임을 얻기도 했다.

예카테리나 2세의 이러한 조치는 황권을 안정시키는 데 큰 도움을 주었다. 차르가 된 후 자신이 처한 상황을 정확히 알고 있던 예카테리나 2세는 훗날 러시아 역사에서 표트르 대제와 어깨를 나란히 하는 유일한 여제가 되었다. 34년의 통치 기간에 걸쳐 보여 준 그녀의 대내외 정책은 러시아 귀족들의 호평을 받아 '귀족들의 여제'라는 별명을 얻기도 했다. 예카테리나 2세의 재위 기간은 러시아 귀족들의 황금기였다. 그러나 그녀가 추진한 개혁의 목적과 실체는 차르의 전제 정권을 강화하기 위한 것으로 농노제를 더욱 발달시켰다. 그리고 이는 사회의 뿌리 깊은 갈등을 더욱 심각하게 해 추후 러시아의 봉건 농노제는 심각한 위기를 맞이했다.

5 푸가초프의 반란

Russia

푸가초프는 1742년에 돈 강 근처에 있는 돈 카자크의 가난한 카자크 집안에서 태어났다. 어려서부터 아버지를 따라 농사를 짓다가 열일곱 살 때 군인이 되어 러시아, 프랑스, 오스트리아 연합군이 프로이센과 벌인 7년 전쟁에 참전하기도 했다. 튀르크와의 전쟁에서 용감하게 싸운 그는 카자크 군대의 소위 계급에 오르기도 했다. 그러나 병을 얻어 집으로 돌아온 후 그는 어려운 형편에 떠밀리듯 곳곳을 떠돌며 살 방법을 찾았다. 그러던 1773년에 표트르 3세를 자칭하며 반란을 일으켜 이후 러시아의 농노제에 상당한 타격을 가했다.

시기 : 1742년~1775년
인물 : 푸가초프Pugachyov, 예카테리나 2세

대규모 농민군을 조직하다

로마노프 왕조가 탄생한 이후 거의 모든 차르가 농노 제도를 법률로 인정하고, 백성에 대한 억압과 착취를 계속했다. 귀족들은 자신의 관할하에 있는 토지에 묶여서 이동의 자유가 없는 농노들을 물건처럼 마음대로 사고팔 수 있었다. 이러한 현실은 농민과 농노들을 고통스럽게 했다. 결국 잔혹한 법률과 무거운 세금을 견디다 못한 백성이 끊임없이 반란을 일으켜 러시아 사회는 어지럽고 혼란스러웠다.

1742년에 돈 카자크의 어느 가난한 집안에 경사가 났다. 사내아이가 태

한눈에 보는 세계사

1760년 : 영국, 산업 혁명 시작
1765년 : 와트, 증기 기관 완성
1776년 : 미국, 독립 선언

어난 것이다. 아기의 울음소리가 들리자 온 집안 식구가 새로운 생명의 탄생을 축하하며 기뻐했다. 이 아이가 바로 훗날 러시아에 지대한 영향을 미친 예멜리야 이바노비치 푸가초프였다. 푸가초프는 어려운 집안 형편 때문에 학교에 갈 수 없었고 아주 어렸을 때부터 아버지를 따라 농사일을 했다. 해가 뜨겁게 내리쬐거나 장대비가 쏟아져도 푸가초프는 아버지와 함께 밭에서 일했고, 귀족들의 무시와 억압을 견뎌야 했다. 이때 경험한 농노의 비참한 생활은 어린 푸가초프의 뇌리에 강하게 남았다.

1758년, 열일곱 살이 된 푸가초프는 러시아의 법에 따라 병역의 의무를 이행하기 위해 입대해서 러시아, 프랑스, 오스트리아 등 연합군이 프로이센을 상대로 벌인 7년 전쟁에 참전했다. 튀르크와의 전쟁에서는 용감하게 싸운 공을 인정받아 소위 계급에 오르기도 했다. 그러나 얼마 후 병을 얻어 집으로 돌아온 그는 어려운 형편 때문에 곳곳을 유랑하며 살 방법을 찾았다. 그러던 1773년 6월의 어느 날, 그는 이상한 소문을 들었다. 죽었다고 알려진 표트르 3세가 사실은 살아 있으며 비밀리에 군대를 모아 자신에게서 황위를 빼앗은 아내 예카테리나를 공격할 준비를 하고 있다는 것이었다. 이 시기에 러시아 사회는 농노에 대한 억압과 착취가 점점 심해져서 계층 간의 갈등이 갈수록 깊어지고 있었다. 수많은 농노는 물론 노동에 지친 백성까지 농노제에 맞서 끊임없이 투쟁했다. 농노제에 대항하는 방법도 점점 적극적으로 바뀌었다. 처음에는 무작정 도망치던 농노들이 나중에는 지주나 관리를 죽여 불만

푸가초프의 초상화

러시아 화가인 바실리 페로프(Vasily Perov)의 작품 〈장사 지내는 길〉은 러시아 농민의 참담한 생활을 서정적인 기법으로 묘사했다.

을 표시하기 시작했고, 이것이 다시 농장에 불을 지르거나 귀족 지주들의 정원을 공격하는 식의 폭동으로 발전했다. 이 기세는 돈 강과 우랄 강 유역의 카자크 도시들로 빠르게 번졌고 카자크들은 부유한 지주와 가난한 빈민으로 나뉘어 서로 대치했다. 두 계층은 정치적인 상황 또한 달랐다. 예카테리나 2세와 제정 러시아의 조정은 자신의 뜻에 따르는 카자크 지주를 지지하며 빈민들의 반란을 혹독하게 진압했다.

한편, 태생적으로 예카테리나 2세를 증오하던 푸가초프는 이 시기에 여기저기 떠돌아다니고 있었다. 불길처럼 일어나는 농민 반란을 본 그는 표트르 3세에 대한 소문을 이용하기로 마음먹고, 그때부터 자신이 바로 표트르 3세라고 주장했다. 그리고 80명의 카자크들로 꾸린 부대를 이끌고 우랄 강 남쪽의 작은 도시를 공격했다. 그들은 분리파 교도의 십자가와 회색 깃발을 높이 들고 성을 향해 진격했다. 푸가초프의 봉기는 이렇게 시작되었다. 성을 함락한 후, 그는 자신이 표트르 3세라고 선포했다. 이 소식은 순식간에 퍼져 나갔고 예카테리나 2세의 정책에 불만을 품은 카자크 빈민들과 많은 사람이 푸가초프의 군대로 모여들었다.

어느 정도 힘을 모으자 푸가초프는 표트르 3세의 이름으로 부하가 작성한 선언문을 읽었다. 선언문은 "원래 농노의 소유였던 모든 것을 농노에게 돌려주고, 카자크에게 영원한 자유를 보장한다. 국가는 더 이상 병사를 징집하지 말며, 모든 사람이 반드시 정부에 내야 하는 인두세와 기타 세금을 폐지하고, 토지와 농장, 어장 및 염전은 사고팔거나 임대료를 요구하는 것을 금지한다. 악랄한 귀족과 탐관오리가 지금껏 농노와 백성에게서 거두어 온 각종 세금을 폐지한다"라는 내용을 포함했다. 이 선언은 또한 모든 귀족이 자신의 영지를 벗어나지 못하도록 했다. '농노들을 파산하게 한 그들은 농민군의 심판을 기다려야 하기 때문'이었다. 선언문은 볼가 강 유역에서 큰 파문을 일으켰다. 이 소식을 접한 러시아 백성은 신이 나서 종을 울리며 빵과 소금으로 푸가초프의 군대를 극진히 대접했다. 이후 푸가초프와 군대는 더욱 많은 세력을 확보할 수 있었다.

엄청난 영향

전쟁 경험이 풍부한 푸가초프가 이끄는 농민군은 순식간에 러시아 남부와 중부의 우랄, 볼가 강 유역과 시베리아 서부를 손에 넣었다. 푸가초프의 군대는 빠르게 움직이며 거쳐 가는 요새와 도시들을 차례차례 점령하고 지주의 집을 불태웠다. 그 소식을 듣고 놀란 예카테리나 2세는 강한 군대를 보내 푸가초프의 반란을 진압하라고 명했다. 1773년 8월에 푸가초프는 주력 부대 8,000명을 이끌고 도시를 공격하고 있었다. 이듬해 7월 중순에 카잔에서 예카테리나의 강한 군대를 만난 푸가초프의 군대는 목숨을 걸고 전투를 벌였지만, 신식 무기로 무장한 차르의 군대에 연거푸 패하고 말았다. 그리고 푸가초프의 목에 걸린 현상금 2만 8,000루블에 눈이 먼 누군가가 그만 푸가초프를 배반하고 그를 정부군에 넘겼다. 그리하여 푸가초프는 1774년 9월 중순에 체포되어 1775년 1월 10일에 동료들과 함께 모스크바에서 사형 당했다. 이 농민 반란은 실패로 돌아갔으나 푸가초프의 난은 러시아 역사상 가장 큰 규모의 농민군 전쟁으로 기록되었다.

푸가초프의 반란은 실패로 끝났지만, 러시아 역사에서 큰 의미가 있다. 그가 죽은 후에도 러시아 민중은 계속해서 투쟁을 멈추지 않았다. 이후 수년 동안 드넓은 러시아 땅 이곳저곳에서 푸가초프 군대가 출현했으며, 푸가초프의 봉기를 지지하는 사람들의 활동이 끊이지 않았다. 이 사건은 러시아의 농노 제도에 적지 않은 타격을 주었고 예카테리나로 하여금 농노해방 같은 급진적 개혁을 단념하게 하는 데 큰 영향을 미쳤다.

1773년부터 1775년까지 푸가초프는 표트르 3세의 이름으로 농민군을 이끌었다. 그림은 우랄 공장에서 푸가초프를 위해 대포를 바치는 장면이다.

러시아의 계급 제도

러시아의 계급 제도는 기본적으로 봉건 계급 제도를 바탕으로 했다. 소유한 토지와 출신 가문에 따라 형성된 일종의 등급 제도이다. 주로 한쪽이 충성을 바치고 다른 한쪽은 그 대가로 토지를 주어 신하와 주군의 관계를 맺는 방식이었다. 러시아의 계급 제도는 키예프 루시가 건립될 시기부터 형성되었고 그 시작은 귀족의 세습 제도였다. 이후 차르의 절대 왕정이 수립되면서 엄격한 계급 제도가 확립되었다. 그리고 1917년에 소비에트 정부가 등장하면서 완전히 폐지되었다.

지주와 귀족

키예프 루시가 건국되기 전에 동유럽 대평원에 살던 동슬라브 인은 이미 크고 작은 부락 연맹을 이루었다. 부락 연맹의 지도자는 싸움에서 이기거나 모두의 추천을 받은 사람이 맡았는데, 언제부턴가 지도자가 자신의 후계자를 지명하기 시작했다. 이것이 러시아 계급 제도의 시작이었다. 17세기에 이르기까지 농노제가 강화되면서 러시아의 계급 제도도 점점 엄격해졌다. 주요 계급은 귀족, 농민, 도시 자산가, 고용된 노동자 및 농노였다.

러시아의 귀족은 고대 러시아 시대에 지도자 신분이 세습되면서 생겨났다. 이들은 나라의 모든 토지에 대한 소유권을 가졌고 나라를 다스리는 통치 계급이기도 했다. 그리고 그들의 위에 황제인 차르가 있었다. 끝없는 러시아의 영토는 모두 그의 땅이었고, 수많은 백성은 모두 그의 노예였다. 모스크바 공국이 형성되기 전부터 러시아에는 귀족 계급이 존재했다. 신분과 지위를 세습하던 대귀족 보야르들은 17세기 중엽부터 점차 하나로 합쳐져서 통일된 지주 귀족 계급이 되었다.

러시아의 지주 귀족 계급은 많은 땅을 소유하고 자신의 땅에 사는 농민들을 다스렸다. 필요한 모든 것을 농노에게서 얻은 그들은 러시아 농노제의 핵심이자 가장 직접적인 착취자였으며, 계급 피라미드의 맨 꼭대기를 차지했다. 지주 귀족 외에 러시아의 귀족 계급에는 상공업에 종사하며 큰돈을 번 상공 귀족도 있었다. 그들 역시 농노에게서 세금을 거두었으나 지주 귀족과 비교하면 그들의 착취는 매우 심한 편은 아니었다.

예술가를 후원한 마라 콘스탄티노브나 올리프 백작 부인의 초상화

러시아 귀족 계급 중 일부 귀족은 국가의 크고 작은 권력을 쥐고 나라에서

녹봉을 받았으며 영주의 신분도 겸했다. 이들의 상황은 좀 특수했다. 그들의 직분은 세습으로 얻는 것이 아니었기 때문이다. 표트르 대제는 관리직의 세습을 금지하고, 정치에 참여할 수 없는 신분이라도 능력만 있으면 높은 벼슬을 주었다. 이러한 사람들을 신흥귀족이라고 불렀으며, 이들은 나중에 러시아의 계급 제도에서 중요한 위치를 차지했다.

귀족 중에서 가장 지위가 낮은 몰락 귀족은 한때 많은 토지를 소유했으나 시대가 변하면서 가세가 기운 가문으로, 가진 것이라고는 귀족의 이름뿐인 경우도 있었다. 이런 몰락 귀족은 실질적으로 평민과 별다를 것이 없었다.

러시아의 계급 제도에서 귀족 아래의 계급은 도시 자산가로, 17~18세기에 나타난 신흥 계급이다. 당시 표트르 1세가 부국강병 정책을 추진하면서 러시아의 상업을 크게 발전시켜 많은 재산을 모은 농민들이 생겨났다. 이 계층은 점차 표트르 1세의 정책에 영향력을 행사하게 되었고, 공장을 지어서 공예품을 만들어 팔거나 농산물로 대규모 상업 활동을 하기도 했다. 이들은 소유한 기업의 규모가 일반적으로 가족 단위를 넘어섰고, 땅을 임대하거나 매매하여 수익을 얻었으며, 상공업뿐 아니라 높은 이자로 돈을 빌려 주는 고리대업에도 종사했다. 이들이 바로 훗날 러시아의 자산 계급으로 발전했다.

표트르 1세의 동상

표트르 대제로 불리는 표트르 1세가 추진한 서구화 정책은 러시아가 강국으로 발돋움하게 한 주요 원인이다.

농민과 고용 노동자, 그리고 농노

러시아의 엄격한 계급 제도에서 농민은 중간에 있었다. 이 계층은 귀족처럼 많은 권력과 재물을 소유하지는 못했지만 고용된 노동자나 토지가 없는 농민들처럼 비참한 생활을 하지도 않았다. 단, 자유가 있는 이 농민들은 전체 인구에서 비율이 매우 낮았다. 17세기에 러시아에서 농사를 짓는 인구 중에 농민은 고작 5%에 지나지 않았지만 농노는 95%나 되었다.

이 5%의 농민은 자유로운 신분으로 자기 소유의 작은 땅도 있었다. 이들의 특징은 기본적으로 자급자족할 수 있다는 것이었다. 그런데 상품 경제가 아직 초기 발전 단계이고 경제적 지위도 불안정했던 당시의 환경에서 농민들은 둘로 나뉘기 시작했다. 많은 돈을 벌어서 부농의 대열에 끼거나 남의 농장에서 일해 주고 돈을 받아 살아가는 빈농으로 전락하는 것이다. 빈농이 된 이들의 수입은 굉장히 적어서 생활수준도 형편없었고, 가장 전형적인 직업은 고용된 농부, 막노동꾼, 건축노동자였다.

러시아의 계급 제도에서 가장 낮은 계급은 노동자와 농노였다. 여기서 노동자란 앞서 말한 자유 농민 가운데 빈농으로 전락한 사람을 뜻한다. 표트르 1세의 개혁 시기에 상공업이 빠르게 발전하면서 노동력 부족이 큰 문제로 떠올랐다. 그래서 표트르 1세는 법령을 발표해서 기업을 운영하는 상인들이 농노를 고용할 수 있도록 했다. 이 조치로 농노들은 자유를 얻고 공장에서 일하고 받은 돈으로 필요한 물건들을 살 수도 있었지만, 업주들의 노동력 착취 문제도 심각했다.

농노는 이처럼 러시아에서 가장 핍박받고 착취당한 계층이었다. 자유도 없고, 모든 것을 주인의 뜻에 따르거나 지주 혹은 귀족의 명령대로 해야 했다. 법률적으로도 아무런 권리를 보장받지 못한 그들은 귀족의 재산에 속하는 존재였다. 실제로 농노들은 드넓은 러시아 땅에서 가장 열심히 일한 노동자였다. 그러나 매일 열 시간 넘게 고된 노동에 매달려도 그들에게 돌아오는 것은 손바닥만한 딱딱한 빵과 귀족의 모욕뿐이었다. 이렇게 불공평하고 열악한 제도에서 더는 살아갈 수 없던 농노들은 19세기 후반 산업화와 더불어 본격적으로 형성되기 시작한 공장 노동자들과 함께 마침내 러시아 사회주의 혁명을 일으켰다. 모든 사람이 자유롭고 평등한 세상을 꿈꾸던 이들이 혁명으로 세운 나라가 바로 소비에트 사회주의 공화국 연방이다.

6 천재적인 명장, 수보로프

Russia

알렉산드르 바실리예비치 수보로프는 러시아 군사학의 기초를 세운 인물이다. 아버지 바실리의 영향으로 그는 어려서부터 군사 방면에 관심이 많았고, 옐리자베타 여제의 통치시기에 일어난 7년 전쟁에서 군관으로서의 삶을 시작했다. 당시 수보로프는 군사 분야에 출중한 재능을 발휘하여 전쟁에서 큰 성과를 거두었다. 러시아가 1768년부터 1774년, 그리고 1788년부터 1791년까지 두 차례에 걸쳐 일으킨 큰 전쟁에서 결정적인 공을 세우면서 그는 군사학과 러시아 역사에서 매우 중요한 위치에 올랐다.

시기 : 1730년~1800년
인물 : 알렉산드르 수보로프Aleksandr Suvorov

아버지의 영향을 받다

수보로프는 1730년에 모스크바의 귀족 가문에서 태어났다. 정치를 했던 아버지 바실리 이바노비치 수보로프는 학식이 넓고 러시아 최초의 군사 용어 사전을 편찬한 인물이다. 수보로프가 어렸을 때, 그의 아버지는 어린 아들을 무릎에 앉히고 류리크 형제의 건국 이야기부터 러시아의 영웅들이 어떻게 힘든 역경을 헤쳐 나갔는지, 또 불리한 상황에서 어떻게 승리를 거두었는지와 같은 이야기들을 해 주었다. 카를 12세, 표트르 대제, 알

한눈에 보는 세계사

1725년 : 조선, 탕평책 실시
1760년 : 영국, 산업 혁명 시작
1776년 : 미국, 독립 선언
1789년 : 프랑스 혁명, 인권 선언
1796년 : 수원 화성 완공
1804년 : 나폴레옹, 프랑스 황제 즉위

수보로프의 초상화

렉산드로스, 카이사르, 한니발, 루이 2세 드 콩데, 튀렌, 사부아 공자 외젠 등의 명장들이 성공을 거두게 된 과정도 들려주었다. 어린 수보로프는 자연스럽게 군대에 대한 흥미를 느꼈고 아버지에게서 대포 및 총기류를 다루는 방법, 성을 쌓는 기술, 군사 역사 등을 배웠다.

1742년 11월, 어릴 적부터 군사에 관심이 많았던 수보로프는 군에 지원해 입대했다. 그러나 당시의 군대는 많은 병사가 걸핏하면 술에 취해 주먹질이나 해 대기 일쑤였고 부대의 위계질서도 엉망이었다. 수보로프는 이런 분위기에 휩쓸리지 않고 꿋꿋하게 보초를 서고 훈련을 받으며 성실하게 군 생활을 했다. 수보로프는 또한 아버지의 가르침을 잊지 않고 매일 책을 읽었다. 이 시기에 그는 그리스 철학자인 플루타르코스Ploutarchos의 《플루타르코스 영웅전》과 오스트리아 장군 라이몬도 몬테쿠콜리Raimondo Montecuccoli의 《군사 예술에 대하여》 등을 공부했고 독일의 철학자인 볼프와 라이프니츠의 철학 이론을 연구하며 독일어까지 익혔다.

1748년 5월 6일(신력), 동료와 함께 당시 러시아 군대의 상황을 연구하던 수보로프는 그해에 처음으로 승진했다. 그 후 총명하고 영리한 수보로프는 간부들의 신임을 한몸에 받았고, 1754년 5월에 중위로서 인게르만란트 보병 연대에 배치되었다. 전쟁과 함께한 그의 일생은 여기서부터 시작되었다.

전쟁터에서의 일생

1756년, 인게르만란트가 육군 양성소로서 역할을 하고 있을 때 7년 전쟁이 시작되었다. 전쟁 초기에 수보로프는 후방에 배치되었다. 1758년부터 소령 계급을 달고 작전 부대를 지휘했는데, 바로 이때 그의 천재적인 능력이 드러나기 시작했다. 요새의 사령관직을 맡았을 때부터 러시아군의 작전 본부 참모가 되었을 때까지 수보로프는 늘 능수능란하게 군대를 지휘했다. 그리고 부하들의 열렬한 지지를 받아 1760년 쿠네르스도르프 Kunersdorf 전투와 베를린 전투, 1761년의 콜베르크 Kolberg 전투를 손쉽게 승리로 이끌었다.

1794년에 수보로프는 말에 올라 폴란드 수도로 입성했다.

1768년에 러시아와 튀르크 간에 전쟁이 벌어졌다. 준장 계급장을 받은 수보로프는 란스크로나 Landskrona 등지에서 바르 Bar 동맹군을 맞아 전투를 치러 1개 여단의 병력 약 6천 명만으로 크라쿠프의 바벨성을 함락시키며 뛰어난 군사적 재능을 과시했다.

수보로프의 재능은 7년 전쟁 때 이미 세상에 드러났지만 그것은 일부에 불과했다. 그의 타고난 천재성은 바로 러시아-튀르크 전쟁에서 그야말로 유감없이 발휘되었다. 러시아-튀르크 전쟁이 막 시작되었을 때부터 수보로프는 지휘하는 전투마다 연이어 승전보를 울렸다. 바르 동맹군과의 전투 이후, 수보로프는 즉시 발칸 지역으로 파견되어 군사를 이끌었고, 두 번에 걸친 임무를 무사히 완수하며 튀르크군을 크게 물리쳤다.

1774년에 러시아군이 큰 승리를 거둔 후 수보로프는 다시 크림 전쟁에 투입되어 크림 반도에서 가까운 쿠반Kuban 지역을 방어하는 등 중요한 역할을 했다. 그러다 1787년에 러시아-튀르크 전쟁이 다시 일어났다. 이 전쟁에서 수보로프는 이즈마일Izmail 요새에서 한바탕 전투를 벌여 승리를 거두면서 본국 러시아에서도 크게 이름을 떨쳤다.

도나우 강 오른쪽에 있는 이즈마일 요새는 성벽이 높고 지형이 험해서 난공불락의 요새였다. 그리고 전략적으로 중요한 곳이라 적군은 많은 병력과 무기를 동원해서 이 요새를 수비하는 데 최선을 다했다. 러시아군이 요새를 쉽사리 손에 넣지 못하고 있을 때, 수보로프가 투입되었다. 전투 상황을 대강 파악한 그는 단 9일 만에 철통같던 이즈마일 요새를 함락했고, 이로써 튀르크군은 저만큼 뒤로 물러났다. 이 전투의 승리는 러시아-튀르크 전쟁에서 러시아가 승리한 데에 중요한 계기가 되었다. 그리고 수보로프는 이번 전투로 당시 차르였던 예카테리나 2세의 두터운 신임을 얻었다.

그러나 수보로프의 합리적이고 진보적인 정치 성향이 문제가 되었다. 군대를 앞세운 영토 확장과 강력한 전제 군주제를 고수하는 차르와 부딪히게 된 것이다. 1797년 2월에 오랜 전쟁을 끝내고 잠시 안정을 되찾자 차르는 수보로프의 직위를 박탈했다. 이에 수보로프는 영지로 쫓겨났고, 같은 해 5월에 다시 노브고로드로 유배되어 감시받았다.

1798년에 나폴레옹이 나타나 유럽 땅을 휩쓸고 다니자 러시아도 영토를 지키기 위해 바짝 긴장했다. 이에 대응하고자 영국, 오스트리아, 튀르크 등의 국가들과 동맹을 맺었는데, 이 동맹국들이 수보로프의 참전을 강력하게 요구했다. 파벨 1세는 하는 수 없이 정확히 일 년 만에 수보로프를 불러들여서 이탈리아 북부의 러시아군 총사령관으로 임명하고 오스트리아 군대의 지휘까지 맡겼다. 사기가 오를 대로 오른 용감한 러시아군과 수보로프의 남다른 지휘 능력에 힘입어 러시아-오스트리아 연합군은 1799년 4월에 벌어진 아다Adda 강 전투에서 프랑스 군대를 무찔렀다. 이어서 6월에도 트레비아Trebbia 강 전투에서 프랑스군을 상대로 승리를 거두었다. 7월에는 이탈리아 만토바 요새를 손에 넣었고 8월에는 제노바 북쪽의 노비Novi에서도 승전고를 울렸다. 수보로프는 뛰어난 작전으로 수없이 승리를 거두며 모로Moreau, 마크도날Macdonald, 주베르Joubert 등 유명한 장군들이 이끄는 프랑스 군대를 모조리 무찔렀다. 당시 나폴레옹과 대적할 수 있는 유일한 인물이 바로 수보로프였다.

이탈리아와의 전쟁에서 승리를 거둔 수보로프는 1799년 9월 11일(신력)에 스위스 원정을 시작했다. 이는 군사학 사상 길이 남을 만한 업적이며 수보로프가 그의 일생에 걸쳐 세운 업적 중에서도 단연 최고의 성과라고 할 만했다. 그는 전방과 후방을 넘나들며 전투를 벌이고 신속하고 정확하게 움직여 적군을 포위했다. 이러한 그의 지휘로 러시아군은 전술적인 방면에서도 유례를 찾아보기 어려울 정도로 발전했다.

1799년 10월에 러시아와 오스트리아의 동맹이 깨졌다. 그러자 수보로프를 불러들인 차르는 다시 그의 직위를 박탈하고 1800년 4월 21일에 상트페테르부르크로 돌려보냈다. 불공평한 현실에 크게 실망한 그는 5월 18일(신력)에 상트페테르부르크의 운하 근처에 있는 저택에서 조용히 생을 마감했다.

빛나는 업적

수보로프가 세상을 떠난 후에도 차르 정부는 그가 세운 수많은 공을 인정하지 않았다. 1917년에 일어난 10월 혁명 이후에야 그의 군사적 업적은 높은 평가를 받았고, 수보로프는 천재적인 장군이자 군사 사상가로서 세계 역사에 이름을 올릴 수 있었다.

수보로프는 군사학에서 지대한 공을 세웠다. '승리하는 데 가장 중요한 것은 사람'이라는 그의 생각과 훈련 방식은 그 자신을 18세기의 훌륭한 장군으로 만들었을 뿐만 아니라 러시아 군대를 크게 발전시켰다. 또한 훗날 소련의 군사 활동에 핵심이 되기도 했다. 수보로프는 또한 군사 이론과 실전에도 수많은 업적을 남겼다. 그의 새로운 이론과 원칙은 군사학 분야에 새로운 장을 열었다. 수보로프는 단순히 적을 봉쇄하는 전통적인 전투 방

맥을 잡아 주는 **러시아사 중요 키워드**

러시아–튀르크 전쟁

1774년에 러시아–튀르크 전쟁이 끝난 후 러시아는 발칸 반도를 차지했고 이와 함께 예카테리나 2세의 야심은 점점 커졌다.

1787년 8월에 튀르크가 러시아에 선전 포고를 하면서 예카테리나 2세는 또다시 튀르크와 전쟁을 치렀다. 러시아와 튀르크 양측은 이 전쟁에 20만 병력을 투입했다. 러시아는 육지와 바다에서 모두 튀르크군을 크게 물리치고 도나우 강 주변에 있는 두 공국을 차지하면서 흑해 지역까지 세력을 넓혔다. 가만히 상황을 지켜보던 오스트리아와 영국은 러시아가 더 이상 튀르크 쪽으로 세력을 확장해 오지 못하도록 직접 나서기로 했다. 영국군과 러시아군이 대치하며 전쟁 직전으로 치달을 때, 이번에는 폴란드가 러시아에서 독립하겠다며 반反러시아 독립 운동을 일으켰다.

이후 러시아가 군사적으로 유리한 위치를 차지한 1792년 1월 9일(신력)에 러시아와 튀르크 양국이 평화 협정(야시 조약)을 맺으면서 전쟁이 끝났다. 러시아는 쿠반 강부터 드네스트르Dnestr 강 사이의 흑해 북쪽 지역을 얻어 영토 남쪽의 바닷길을 확보함으로써 흑해 지역에서의 영향력을 강화했다. 발칸 반도를 향한 러시아의 야심이 좋은 발판을 마련한 계기였다.

식을 버리고 자신의 경험을 토대로 다양한 작전 방법을 시도하고 검증했다. 이러한 과정을 거쳐 세운 그만의 작전은 당시의 수준을 크게 뛰어넘는 것으로, 이것이 바로 당시 러시아 군대의 용병술이 다른 어느 나라보다 뛰어날 수 있었던 이유였다.

수보로프는 위대한 전략가인 동시에 탁월한 전술가이기도 했다. 병사들을 흩어지게 하는 전술과 일렬로 배열하는 방법을 결합했고, 실제 전투에서 총, 대포, 칼을 사용하는 보병을 적절히 배치하여 전술의 효과를 극대화했다. 특히 적군의 사방에서 순식간에 달려들어 싸우는 그의 보병 부대는 러시아군의 전술에 새로운 모범 답안이 되었다.

Russia

7 알렉산드르 1세

알렉산드르 1세는 파벨 1세의 맏아들로 예카테리나 2세의 손자이다. 어려서부터 서양의 계몽사상을 접하며 자랐고 즉위해서는 러시아의 정치, 군사 개혁에 힘쓰며 오랫동안 이어진 농노 제도를 개선하고자 애썼다. 그는 일생의 많은 시간을 외교에 쏟았다. 이러한 그의 노력으로 러시아는 강대국들과 관계를 개선할 수 있었다.

시기 : 1801년~1825년
인물 : 파벨 1세Pavel I, 알렉산드르 1세Aleksandr I, 나폴레옹Napoleon

알렉산드르 1세의 즉위

알렉산드르 1세는 세상에 태어나던 그날부터 예카테리나의 품에서 자랐다. 여제는 손자를 무척 귀여워하여 그가 서양의 선진 문물을 자주 접할 수 있게 했다. 러시아 황실의 규정을 어기면서까지 직접 프랑스의 유명한 학자인 드니 디드로를 알렉산드르 1세의 개인 교사로 초빙하기도 했다. 디드로가 그녀의 제안을 거절하자 예카테리나는 다시 스위스의 공화주의자인 프레데리크 세자르 드 라아르프Frédéric-César de La Harpe에게 손자의 교육

한눈에 보는 세계사

1804년 : 나폴레옹, 프랑스 황제 즉위
1807년 : 신성 로마 제국 멸망
1811년 : 조선, 홍경래의 난
1823년 : 미국, 먼로주의 선언

을 부탁했다. 덕분에 알렉산드르 1세는 어렸을 때부터 선진화된 교육을 받고 자랄 수 있었다. 라아르프는 알렉산드르에게 계몽 운동의 유연하고 개방적인 철학을 심어 주었지만, 당시 러시아 사회와 정치의 현실을 이해시키지는 못했다. 한편, 알렉산드르 1세는 어린 시절에 아버지 파벨 1세를 보기 위해 상트페테르부르크에서 조금 떨어진 가치나Gatchina에 자주 갔다. 그곳에서 아버지의 엄격한 교육을 받으며 자연히 전통적인 러시아 전제주의를 몸에 익혔다. 이렇게 성향이 정반대인 할머니와 아버지의 사이에서 혼란스러운 교육을 받은 알렉산드르는 차르로 즉위한 이후에도 이상과 현실 사이에서 균형을 잡지 못했고 과감한 정책을 시행하지도 못했다. 그의 재임 기간에 러시아의 정치 제도는 이렇다 할 개선이나 성과를 거두지 못했다.

이렇듯 알렉산드르 1세의 소심하고 추진력 없는 성격은 그가 차르의 자리에 오르기 전부터 엿보였다. 예카테리나 2세는 자신이 죽은 후 제위를 둘러싸고 권력 다툼이 일어날 것을 염려하여 아들이 아닌 손자를 후계자로 지명한다는 유언장을 써 두었다. 알렉산드르도 할머니의 유언장 내용을 알고 있었다. 그러나 1796년에 예카테리나 2세가 세상을 떠난 후 그는 아버지와 제위를 두고 다투는 것이 두려워 파벨 1세가 예카테리나의 유언장을 불태우는 것을 그저 바라만 보았다고 한다. 이렇게 해서 1796년에 제위에 오른 파벨 1세는 반反프랑스 연맹에 러시아 군대를 두 차례 파병하여 이탈리아에서 프랑스와 전쟁을 벌였다. 그러나 1800년에 이르러 러시아는 프랑스의 압력에 굴해 영국과 수교를 끊고 스웨덴, 덴마크, 프로이센 등의 국가와 영국에 반대하며 군사적 중립을 지킨다는 내용의 조약을 체결했다. 이렇게 시작된 파벨 1세의 반反영국 정책은 러시아 귀족의 반감을 샀다. 당시 영국은 러시아 수출 상품의 주요 시장이었

차르 파벨 1세의 초상화

기 때문이다. 이리하여 러시아 귀족들 사이에 차르에 거역하려는 움직임이 시작되었고 많은 대신과 군관들이 이 음모에 가담하여 마침내는 황태자인 알렉산드르의 귀에까지 들어갔다. 궁에서 이 일을 모르는 사람은 오직 차르인 파벨 1세뿐이었다. 1801년 3월 11일 저녁, 파벨 1세는 미하일로프 궁전에서 암살되었고 알렉산드르 1세가 제위를 이어받았다.

알렉산드르 1세는 차르의 자리에 오르자마자 할머니 예카테리나 2세가 제정한 법률과 정신에 따라 국가를 통치해 나가겠다고 선언하여 지주, 귀족 집단의 지지를 얻었다. 유년 시절에 받은 계몽주의 교육의 영향으로 당시 러시아의 정치 현실과 문제점을 잘 알고 있던 그는 서둘러 개혁을 추진했다. 그는 우선 신임하는 측근들을 모아서 원로원을 구성하고, 당시 러시아의 행정 제도와 정부 조직을 개혁하고 학교를 여러 곳 세웠다. 그의 개혁에서 가장 중요한 점은 로마노프 왕조가 세워진 이래 오랜 세월 동안 유지된 농노제에 변화를 준 것이었다. 그는 농노들이 일정 금액을 치르고 자유의 몸이 될 수 있는 길을 열어 주었다. 이러한 정책은 훗날 자본주의의 탄생에 큰 영향을 미쳤다.

알렉산드르 1세는 어렸을 때부터 군대를 시찰하는 것을 좋아했다. 차르가 되어 군대를 시찰한 후 그는 자신의 집권 기간 안에 군대가 자급자족하게 되길 원했다. 이를 위해 알렉산드르 1세는 농촌의 7세 이상 어린이들이 군사 훈련을 받고 45세 이하의 남자들은 늘 군복을 입도록 명령했다. 농촌 전체를 커다란 군대로 만들려고 했던 것이다. 러시아 군대를 발전시키는 데 많은 노력을 기울인 것이 당시 러시아의 여러 사회적 상황과 맞물리면서 알렉산드르 1세는 러시아의 영토 확장에 큰 공을 세웠다.

정복 전쟁을 펼치다

19세기 초, 나폴레옹이 스스로 황제라고 칭하며 유럽을 휩쓸기 시작했다.

금색으로 장식된 돔 너머 겨울 궁전 광장에 우뚝 선 알렉산드르 기념비가 보인다.

모든 것을 힘으로 해결하려는 그의 출현으로 유럽 대륙이 전에 없이 들썩였다. 키가 작달막한 이 장군은 영국, 프랑스, 프로이센 등 유럽 각국에 가차 없이 공격을 퍼부으며 온 대륙을 벌벌 떨게 했다. 알렉산드르 1세는 평화로운 유럽을 건설하기 위해 각국과 끊임없이 교섭을 벌이며 유럽 대륙의 움직임에 촉각을 곤두세우고 있었다. 그는 온 대륙을 누비며 정복 전쟁을 일으키는 나폴레옹의 다음 목표는 러시아라고 생각했다. 그래서 즉위하자마자 아버지 파벨 1세가 깨뜨린 영국과의 동맹을 회복시켜 나폴레옹의 야심을 견제하고 대륙의 평화를 꾀했다. 그는 또 프로이센 왕 프리드리히 빌헬름 3세와도 우호 협정을 맺었다. 이런 노력을 통해 유럽 연합의 탄생도 가능하리라고 믿었다. 그러나 유럽 정복을 향한 나폴레옹의 집념은 그의 예상보다 훨씬 강했다. 1804년에 알렉산드르 1세는 제3차 반反프랑스 동맹

반(反)프랑스 동맹에 참가한 세 명의 황제. 왼쪽부터 러시아 차르 알렉산드르 1세, 오스트리아제국 황제 프란츠 1세, 프로이센 왕 프리드리히 빌헬름 3세이다. 이들은 나폴레옹에게 대항하기 위해 동맹을 맺었다.

을 결성하고 프랑스에 선전 포고를 한 후 스스로 총사령관이 되어 연합군을 이끌었다. 그러나 이 전쟁은 적절하지 않은 지휘로 참패했다.

1806년에 나폴레옹이 불같은 기세로 프로이센을 무너뜨리고 폴란드로 진격해 러시아까지 위협할 지경이 되자 알렉산드르 1세도 무력으로 대항할 수밖에 없었다. 그러나 1807년에 벌어진 폴란드 전쟁에서 러시아군이 연달아 패해 궁지에 몰린 그는 나폴레옹에게 평화 협상을 제안했다. 두 사람은 네만Neman 강에 뗏목을 띄워 일대일 회담을 열었고, 이 회담에서 알렉산드르 1세는 특유의 변덕을 유감없이 발휘했다. 결국 양측은 틸지트 조약을 체결했으나 이 조약은 실질적으로 프랑스와 러시아 두 나라가 유럽을 나누어 가진다는 내용으로 동맹 조약이나 다름없었다. 폴란드 땅을 둘로 나누어 각기 차지하고, 러시아가 유럽 각국에 대한 나폴레옹의 기득권을 인정하는 대신 나폴레옹은 알렉산드르 1세가 스웨덴과 발칸 지역에서 '자유롭게 활동'하는 것을 용인한다는 것이 대략적인 내용이었다. 그러나 몇 년 후, 알렉산드르가 조약대로 유럽 대륙에서 '자유롭게 활동'하는 것을 보자 욕심 많은 나폴레옹은 마음이 바뀌었다. 그는 1809년에 스웨덴을 공격해 핀란드를 통째로 집어삼키고 스웨덴 영토 일부를 손에 넣었다. 그리고 1811년에 튀르크로 쳐들어가서 몰도바 동쪽 지역을 차지했다. 이듬해인 1812년에는 러시아까지 노리고 파죽지세로 순식간에 러시아의 심장인 모스크바로 들어왔다. 나폴레옹의 군대에 잇따라 패한 알렉산드르 1세는 노장 쿠투조프Kutuzov에게 지휘를 맡겼고, 그의 선택은 옳았다. 러시아군은 모스크바 방어전에서 프랑스군을 물리치고 큰 승리를 거두었다. 이때 나폴레옹은 처음으로 위기를 맞았다. 러시아와 유럽에는 큰 의의가 있는 사건이다. 알렉산드르 1세는 나폴레옹이 유럽 전체를 누비고 다니지 못하도록 중요한 길목을 막는 역할을 잘 수행했을 뿐만 아니라 나중에는 '신성동맹'의 결성을 주도하기도 했다. 이 동맹은 비록 여러 가지 문제점이 있었으나 오늘날의 국제 연맹과 마찬가지로 공동의 평화를 위한 노력을 주장했다는 점에서 의의가 있다.

나폴레옹을 물리친 알렉산드르 1세는 이후 승승장구하는 삶을 살았을까? 오히려 그 반대였다. 상트페테르부르크로 돌아온 그는 누가 봐도 눈에 띄게 변해갔다. 강인하던 의지는 어디로 사라졌는지 혼자 있는 것을 좋아했고 점점 밖으로 나가는 횟수가 줄었으며, 신비주의 색채가 짙은 황제로 변모했다. 그러던 1825년의 어느 날, 갑자기 알렉산드르 1세가 세상을 떠났다는 소문이 돌기 시작했고 사람들은 황제가 수도원이나 사원에 들어갔을 것이라고 생각했다. 심리 상태가 복잡했던 알렉산드르 1세의 생각과 언행은 쉽게 이해할 수 없는 부분이 많아서 지금도 러시아 역사의 의문으로 남아 있다. 심지어 후대의 역사학자들은 그를 가리켜 '수수께끼의 스핑크스'라고 부르기도 한다.

알렉산드르 1세의 일생은 전쟁으로 가득 찼다. 특히 나폴레옹과 벌인 전쟁을 통해 그는 러시아의 영토와 세력을 유럽 대륙의 심장부로 넓혔다. 표트르 1세와 예카테리나 2세의 업적을 기반으로 한때지만 유럽 대륙의 지배자로 군림하기도 했다. 또 개혁을 추진하고 뛰어난 군사적 능력을 발휘하며 차르의 지위를 크게 향상시켰다. 19세기 중엽 변화무쌍했던 유럽 정치는 제1차 세계대전 이후 베르사유 조약이 체결될 때까지 계속되었다. 알렉산드르는 빈 체제와 '신성 동맹'을 결성하는 데 주도적인 역할을 하며 유럽의 새로운 질서를 마련했으며, 이러한 질서 체계는 혼란스럽던 당시 유럽 대륙을 안정시키는 데 큰 힘이 되었다.

맥을 잡아 주는 러시아사 중요 키워드

1805년의 아우스터리츠(Austerlitz) 전투

1805년 12월에 러시아 차르 알렉산드르 1세와 오스트리아 황제 프란츠 1세가 직접 러시아-오스트리아 연합군을 이끌고 나폴레옹과 전쟁을 벌였다. 오늘날 체코의 영토인 아우스터리츠 평원에서 벌어진 싸움이었다. 나폴레옹은 연합군이 양 측면에서 동시에 공격해 올 수 있다고 생각하고 단 한 번의 싸움으로 결판을 내려고 했다. 그래서 프랑스군의 오른쪽 날개를 열어 주어 연합군이 몰린 틈을 타 적군의 허리를 끊는 작전을 쓰기로 했다. 오른쪽의 프랑스 병사들이 후퇴하는 척 뒤로 빠지자 연합군은 그 틈을 노리고 우르르 달려들었다.

이렇게 알렉산드르의 러시아-오스트리아 연합군은 나폴레옹의 생각대로 움직였다. 서둘러 승부를 내려는 마음이 결국 패배로 이어진 것이다. 프랑스군이 연합군을 두 동강 내 버린 다음 프란첸 고지에서 아래쪽으로 밀고 내려가자 연합군은 대열이 완전히 흐트러진 채 허겁지겁 얼어붙은 호수로 도망쳤다. 뒤쫓던 프랑스군이 대포를 쏘아 호수의 얼음을 깨뜨리자 수많은 연합군 병사가 차디찬 물에 빠져 죽었다. 나폴레옹의 군대는 이 전쟁에서 대승을 거두었고 러시아군은 오스트리아에서 철수했다. 그 후 오스트리아 황제가 나폴레옹과 평화 협정을 맺으면서 제3차 반反프랑스 동맹도 끝이 났다.

8 1812년의 조국 전쟁

Russia

1812년에 일어난 조국 전쟁은 러시아 백성이 나폴레옹의 침략을 막고 나라를 지키기 위해 치른 전쟁이다. 당시 나폴레옹이 유럽 대륙 전체를 통째로 집어삼키려고 하자 보다 못한 러시아 인이 나선 것이다. 알렉산드르 1세와 함께 목숨을 걸고 싸운 러시아 군대는 그동안 단 한 번도 전쟁에 패한 적이 없는 나폴레옹 군대를 물리쳤다. 그들은 자신들의 나라를 지켰을 뿐만 아니라 한꺼번에 노예 신세가 될 뻔한 유럽인들까지 위기에서 구해 냈다. 1812년에 일어난 러시아의 조국 전쟁이 러시아 역사에서는 물론 세계사에서도 중요한 의미를 띠는 이유가 여기에 있다.

시기 : 1806년~1812년
인물 : 나폴레옹, 미하일 쿠투조프Mikhail Kutuzov, 알렉산드르 1세

피할 수 없는 전쟁

19세기 초반에 나폴레옹이 등장한 후 유럽 대륙의 모든 나라가 멸망할 위기에 처했다. 유럽 국가를 하나둘 정복하며 제국을 넓혀 갈수록 세계 정복을 향한 나폴레옹의 야심도 끝없이 부풀었다. 특히 당시 유럽에서 가장 큰 나라였던 러시아는 나폴레옹에게 군침 도는 정복 대상이었다. 그는 호시탐탐 러시아로 쳐들어갈 기회를 엿보았지만 일은 생각처럼 풀리지 않았다. 유럽 대륙의 움직임을 눈여겨보던 알렉산드르 1세가 나폴레옹의 음모를 진작부터 알아챘기 때문이었다. 1810년에 러시아는 영국산 물건의 수입

한눈에 보는 세계사

1804년 : 나폴레옹, 프랑스 황제 즉위
1807년 : 신성 로마 제국 멸망
1811년 : 조선, 홍경래의 난

곤경에 빠진 프랑스 군대

제한을 풀고 반대로 관세를 올리는 방법을 이용해 프랑스산 제품의 수입을 억제했다. 이 정책이 시행되자 나폴레옹은 크게 화를 냈고, 이러한 외교 분쟁과 두 지도자의 야심으로 두 나라는 금방이라도 전쟁이 벌어질 상황이었다.

사실 1806년부터 1807년 사이에 나폴레옹은 러시아를 여러 번 공격했고 알렉산드르 1세가 이끄는 연합군에 큰 타격을 안기기도 했다. 특히 아우스터리츠 전투에서 참패한 러시아군은 군사적으로 유례가 없는 엄청난 손실을 보았다. 그 결과 러시아에 불리한 평화 조약을 맺기도 했다. 나폴레옹은 '5년 후 러시아를 마지막으로 세계를 정복할 것'이라고 말했다. 이 말이 당연히 러시아를 자극하면서 프랑스와 러시아의 갈등은 한층 깊어졌다. 머지않아 전쟁이 벌어질 것이 불 보듯 뻔했다.

예리한 지휘관 쿠투조프

피할 수 없는 전쟁이 1812년에 결국 시작되고 말았다. 프랑스와 러시아가 튀르크를 공격해 승리한 후, 전쟁에서 얻은 이익을 나누는 과정에서 문제가 불거진 것이다. 같은 해 6월, 나폴레옹은 60만 명에 달하는 대군을 이끌고 네만 강을 건너 선전 포고도 없이 러시아를 공격했다. 당시 약 24만 명이었던 러시아 국경수비군은 프랑스군을 맞아 열심히 싸웠지만, 수적인 열세를 극복하지 못하고 후퇴해야 했다. 프랑스군은 여세를 몰아 8월에는 스몰렌스크까지 밀고 들어갔다. 기세가 오를 대로 오른 60만 프랑스 대군이 쳐들어왔을 때, 당시 러시아 육군대신이던 바클레이 드 톨리Barclay de Tolly는 스몰렌스크를 버리고 후퇴하라고 명령했다. 덕분에 프랑스군은 손가락 하나 까딱하지 않고 성을 점령할 수 있었다. 그런데 이 스몰렌스크는 수도 모스크바로 가는 중요한 길목에 있는 도시였기 때문에 러시아의 많은 사람이 바클라이의 결정에 불만을 터뜨렸다. 바클레이에게 군대를 맡겨서는 안 된다는 목소리가 점점 커지자 알렉산드르 1세는 하는 수 없이 그 자리에 쿠투조프를 새로 임명했다. 천재 사령관 수보로프의 수제자인 쿠투조프는 중요한 전투에 참가하여 여러 차례 지휘한 경험이 있으며, 러시아 백성의 두터운 신임을 받는 군인이었다.

쿠투조프는 장교로 임명되자마자 적군의 힘을 빼는 청야 전술을 쓰기로 생각했다. 그리고 러시아군에 단계적으로 조금씩 후퇴하도록 명령했

러시아와 프랑스 두 나라는 1812년 9월 7일(신력)부터 모스크바 서쪽 보로디노(Borodino) 근처에서 격렬한 전투를 벌였다. 러시아의 사령관 쿠투조프는 사용할 수 있는 물자와 식량을 깨끗이 없애 버려서 적군을 지치게 하는 작전인 청야 전술(淸野戰術)로 반격에 나서면서 승리를 거두었다. 세계 전쟁사에 길이 남을 유명한 전투였다.

다. 그와 동시에 러시아 내에 들끓는 여론을 잠재우고자 모스크바에서 조금 떨어진 보로디노에서 전투를 벌이기로 했다. 1812년 9월 7일(신력), 자신감 넘치는 프랑스군이 보로디노로 가까이 다가왔을 때였다. 갑자기 총성이 들리더니 쿠투조프가 이끄는 러시아 군대가 프랑스 군대에 달려들었다. 치열한 전투에서 러시아군은 모두 죽음을 두려워하지 않는 모습이었다. 병사들의 깊은 신임과 존경을 받는 쿠투조프가 함께 있었기 때문이다. 이 전투에서 프랑스군 5만 명이 목숨을 잃었고, 러시아군도 적지 않은 피해가 있었다. 비록 어느 한 쪽이 승리했다고 할 수는 없지만, 빠르게 치고 들어가는 나폴레옹의 전략이 실패한 것은 분명히 러시아군이 거둔 성과였다.

한편, 보로디노에서 나폴레옹과 벌인 전투 직후 러시아 군대도 타격을 입었다는 것을 깨달은 쿠투조프는 남은 군사력을 가다듬어 다음을 기약해야겠다고 생각했다. 그는 모스크바에서 철수하면서 모스크바에 사는 러시아 백성도 데리고 갔다. 이에 따라 거의 모든 백성이 모스크바를 떠났다. 쿠투조프는 '러시아의 넓은 영토를 이용해 나폴레옹의 힘을 스펀지처럼 빨아들이는' 작전을 세웠다. 쿠투조프가 군대와 백성을 이끌고 모스크바를 떠난 이튿날, 나폴레옹이 크렘린 궁으로 들어갔다. 그리고 그날 저녁 화재가 일어나 도시 전체가 6일 동안이나 큰불에 휩싸였다. 정말 엄청난 화재였다. 불이 모든 것을 태워 버린 이 엿새는 러시아 인들에게 지울 수 없는 기억으로 남았다.

러시아 군대가 모스크바에서 철수한 후, 보로디노 근처에서 전투가 벌어졌다. 프랑스 군대가 남쪽으로 내려가지 못하도록 길목을 막아 버린 러시아군이 프랑스군의 옆구리를 공격해서 뒤쪽 부대와의 연결을 끊어 버린 것이다. 그리고 병력을 늘려 프랑스군에 반격할 준비를 했다. 한편, 나폴레옹은 기껏 차지한 모스크바가 개미 한 마리 없이 텅 비었다는 사실에 허탈해하고 있었다. 그런데 지금 사방이 러시아군으로 가로막힌 데다 식량과 무기를 전달받을 보급로마저 끊길 위기에 처했다. 엎친 데 덮친 격으로 몹시 춥기로 유명한 러시아의 겨울까지 다가오고, 병사들 사이에 전염병까지 돌았다. 적군보다 무서운 전염병은 순식간에 프랑스군을 공포로 내몰았다. 도저히 버틸 수 없는 지경이 되자 나폴레옹은 알렉산드르에게 평화 회담을 제안했으나 거절당했다. 결국 그는 10월 19일에 모스크바를 포기하고 철수할 수밖에 없었다.

위대한 승리

이 시기의 러시아 군대는 백성과 힘을 합쳐서 함께 싸웠다. 군대와 백성이 함께 이루어 낸 승리였다. 농민들은 유격대를 조직해서 후퇴하는 프랑스군을 공격했다. 말로야로슬라베츠Maloyaroslavets에서 곤경에 빠진 프랑스군은 러시아 군대와 맞닥뜨리자 방향을 바꿔서 스몰렌스크를 따라 물러났다. 러시아 군대와 농민 유격대는 도망가는 프랑스군을 계속해서 공격했다. 그해 12월 말에 파리로 돌아와서 보니 살아서 러시아 국경을 넘어온 프랑스군은 3만 명에 불과했다. 알렉산드르 1세는 바로 영국, 프로이센, 오스트리아, 스위스 등 나라들과 함께 제6차 반反프랑스 동맹을 결성하고 1813년 10월 라이프치히 전투에서 나폴레옹의 대군을 물리쳤다. 여러 차례 패배한 끝에 얻은 귀중한 승리였다. 나폴레옹의 정복으로부터 유럽 대륙을 구한 알렉산드르는 프로이센 왕, 오스트리아 수상과 함께 프랑스의 국경을 넘어 쳐들어갔다. 그 결과, 프랑스 외교관 탈레랑Talleyrand이 항복을 선언했고 나폴레옹은 황제의 자리에서 물러나 지중해의 작은 섬인 엘바 섬에 유배되었다. 이후 1814년부터 1815년까지 유럽 각국의 대표가 모여서 빈 회의를 열고 유럽 대륙을 나폴레옹이 등장하기 전의 상태로 되돌려 놓기로 했다. 이전의 군주 제도를 회복하고 유럽 영토를 다시 나눈 것이다. 그러나 러시아는 폴란드 수도 바르샤바를 포함한 폴란드 영토 일부를 새로 얻었다. 1815년에 러시아, 오스트리아, 프로이센의 지도자들은 봉건 귀족 체제를 유지하는 것을 주요 내용으로 하는 '신성 동맹' 조약을 체결했다.

1812년에 조국 전쟁에서 승리하면서 러시아는 나폴레옹의 공격을 막아냈을 뿐만 아니라 국가의 존엄과 독립까지 지켜 냈다. 그리고 러시아 군대는 침략자에 맞서 싸우며 강한 투지와 용기, 그리고 희생정신을 보여 주었다. 그들은 나폴레옹과 강력한 프랑스 군대의 총칼에 용감히 맞서서 유럽을 지배하려는 프랑스의 야심을 물리쳤다. 연이어 유럽 각국의 영토에서도 프랑스군을 상대로 전쟁을 벌여 유럽 국가들이 나폴레옹의 위협에서 벗어나는 데 결정적인 역할을 하기도 했다. 특히 쿠투조프의 탁월한 판단력과 절묘한 작전은 세계인들에게 강한 인상을 남겼다.

9 데카브리스트의 난

Russia

1821년에 민주주의를 추구하는 러시아 청년 귀족 장교들이 북방결사와 남방결사라는 혁명 조직을 만들었다. 이때부터 차르 정권을 무너뜨리고 공화국을 건설하려는 반란이 계획되기 시작했다. 그러던 1825년 11월 19일 알렉산드르 1세가 갑자기 세상을 떠났다. 이 사건은 때를 기다리던 이 청년 귀족 장교들에게 좋은 기회가 되었다. 그들은 차르의 자리가 잠시 빈틈을 노려 상트페테르부르크와 우크라이나에서 반란을 일으켰다. 난은 비록 실패했지만, 러시아 역사에 긍정적인 영향을 미쳤다. 훗날 러시아의 사회주의 지도자 레닌이 러시아의 혁명은 바로 여기에서부터 시작되었다고 평가하기도 했다.

시기 : 1825~1826년
인물 : 니콜라이 1세Nikolai I, 데카브리스트Dekabrist

조용한 반란의 움직임

러시아 데카브리스트의 난은 오랜 시련의 시간을 거쳐 탄생했다. 알렉산드르 1세는 즉위한 후 미하일 미하일로비치 스페란스키와 함께 획기적인 개혁 방안을 마련하려고 했지만, 보수파의 반대로 흐지부지되어 버렸다. 1812년에 조국 전쟁이 일어나면서 러시아 인들은 사회의 흐름에 더욱 촉각을 곤두세우기 시작했다. 어디를 가도 삼삼오오 모여서 정치적 자유와 사회에 대한 이야기를 나누는 사람들을 볼 수 있었다. 이런 분위기는 러시아의 젊은 귀족들에게 영향을 미쳤다. 특히 높은 수준의 교육을 받은 청

한눈에 보는 세계사

1823년 : 미국, 먼로주의 선언

년 장교들이 민감하게 반응했다. 러시아군이 프랑스에 갈 때 동행한 그들은 러시아와는 다른 제도를 목격하고 그 차이에서 비롯될 조국의 미래와 운명을 걱정했다. 그리고 러시아로 돌아온 후 정치 문제에 대해 활발히 토론했다. 이러한 배경에서 상트페테르부르크와 우크라이나에 비밀 사회단체가 조직되었다. 니키타 미하일로비치 무라비요프Nikita Mikhailovich Muravyov를 중심으로 상트페테르부르크에서 조직된 북방 결사는 차르의 권한을 제한하고 러시아를 입헌군주제 국가로 변화시켜야 한다고 주장했다. 한편, 우크라이나에서 결성된 남방 결사의 지도자 파벨 이바노비치 페스텔Pavel Ivanovich Pestel은 결사 강령을 통해서 러시아에 군주제를 폐지하고 공화국을 건설해야 한다고 강력하게 주장했다. 이 두 단체는 비밀리에 활동하며 혁명을 준비했다.

시베리아의 이르쿠츠크에 위치한 데카브리스트 박물관

1825년 11월 19일, 남쪽 도시 타간로크에서 군사 시찰 중이던 알렉산드르 1세가 갑자기 세상을 떠났다. 8일 후에야 이 소식을 전해들은 크렘린 궁은 혼란에 빠졌다. 알렉산드르 1세에게는 아들이 없었기 때문에 제위는 그의 첫째 동생인 콘스탄틴Konstantin에게 돌아가야 했다. 그러나 왕족의 혈통이 아닌 폴란드 여자와 결혼한 콘스탄틴은 제위를 포기했고, 알렉산드르 1세는 죽기 전에 둘째 동생인 니콜라이를 계승자로 정해 두었다. 그러나 이런 내용을 담은 조서가 알렉산드르 1세의 생전에 발표되지 않고 러시아 정교회와 원로원, 대신

러시아 화가 일리야 레핀의 작품 〈아무도 기다리지 않았다〉에는 전제 군주인 차르의 통치 아래 억압을 받으며 혁명을 시도하던 지식인들의 상황이 잘 묘사되어 있다.

회의에 각기 보관되어 있던 것이 문제였다. 니콜라이는 저 멀리 바르샤바 Warsaw에 있는 형 콘스탄틴이 차르가 되어야 한다며 즉위를 거절했고, 콘스탄틴 역시 끝까지 포기 의사를 굽히지 않았다. 바르샤바와 상트페테르부르크는 굉장히 멀리 떨어져 있었기 때문에 당시에 편지를 보내면 며칠이 지나야 받아볼 수 있었다. 그래서 러시아는 열흘이 넘도록 국가 지도자의 자리가 비는 불안정한 상황이 계속되었다.

데카브리스트는 이런 특수한 상황을 이용하여 차르 계승자인 니콜라이가 즉위를 발표하는 12월 26일 전에 군사 행동을 일으켜서 차르와 원로원이 공화제를 받아들이게 한다는 계획을 세웠다. 그들은 근위대장 트루베츠코이Trubetskoi 공작을 지휘관으로 임명하고 선언문의 초안을 작성했다. 이 선언문에는 차르 정부를 무너뜨리고 입헌 의회와 임시 정부를 세우며, 농노제를 폐지해 전국의 농노를 해방한다는 내용이 담겼다.

혁명의 불길

1825년 12월 14일 새벽부터 눈이 내려서 수도 상트페테르부르크를 하얗게 뒤덮었다. 이때 러시아 각지의 본부에서 봉기군 3,000여 명이 쏟아져 나왔다. 데카브리스트 장교들이 지휘하는 봉기군은 상트페테르부르크의 중심에 있는 원로원 광장으로 향했다. 군복을 입고 무장한 군사들이 진지한 표정으로 "즉위를 중단하라!", "즉위에 반대한다!", "입헌군주제를 도입하라!", "민주주의 국가를 만들자!" 등의 구호를 외치며 행군하기 시작했다. 오전 10시, 군대는 원로원 광장에 세워진 표트르 1세 동상 옆에 집결해서 전투태세를 갖추고 본격적인 준비를 했다. 오후가 되자 봉기군을 지지하는 일반인 이만여 명이 이들의 주변으로 모여들었다. 니콜라이 1세의 즉위에 반대하는 사람들은 군대를 움직여서 새로운 차르의 즉위를 막고 황태자인 콘스탄틴이 제위를 계승해야 한다고 주장했다. 그러나 니콜라이 1세는 이들의 계획을 미리 알고 12월 14일 새벽에 긴급 대신회의를 소집해서 이미 즉위를 선언하고 원로원 의원들에게 충성 맹세를 요구한 상태였다.

그날 밤, 니콜라이 1세는 봉기군의 네 배에 달하는 대규모 군대를 보내 그들을 포위했다. 상황이 이렇게 흘러가자 봉기군의 총지휘관을 맡기로 했던 트루베츠코이가 몰래 자취를 감춰 버렸다. 지도자를 잃은 봉기군과 지지자들은 우왕좌왕했고, 이윽고 니콜라이 1세의 명령에 따라 차르의 군대가 무력을 사용하기 시작했다. 광장은 곧 총과 대포 소리, 사람들의 비명과 말 울음소리로 가득 찼다. 수많은 봉기군이 죽거나 다쳤고 혁명은 결국 실패로 돌아갔다. 세르게이 무라비요프-아포스톨와 베스투제프-류민 등이 이끄는 우크라이나 체르니고프 군대가 1825년 12월 29일에 반란을 일으키기도 했으나 결국 정부군에 의해 진압되고 말았다. 그 후 차르 정부는 위원회를 구성하고 데카브리스트의 죄를 심판했다. 봉기를 이끈 파벨 페스텔, 릴레예프, 카홉스키, 세르게이 무라비요프-아포스톨, 베스투제프-류민이 처형당했고, 반란에 참가한 천여 명이 중형을 선고받았다. 또 121명은 사람이 거의 살지 않는 척박한 땅 시베리아로 쫓겨났다. 여기에서 짚고 넘어갈 점은 데카브리스트의 부인들도 다수가 편안한 귀족의 삶을 버리고 남편과 함께 유배 생활을 선택했다는 사실이다.

데카브리스트의 난은 비록 실패로 끝났지만, 러시아에 중대한 영향을 미쳤다. 그들은 러시아 역사상 차르 전제 군주제에 큰 충격을 주었다. 특히 과거의 농노 봉기와 달리 젊은 귀족들이 주축이 되었다. 러시아 역사상 최초로 자체적인 강령을 갖추고 조직적이고 공개적으로 농노제와 전제 군주제에 반대한 의군 활동이었다. 이처럼 차르 정부에 직접적으로 선전포고를 한 행동은 과거에는 단 한 번도 일어나지 않았던 사건이다. 또 봉기를 이끈 지도자층은 교육과 교양 수준, 정치적 식견과 안목, 정치적 투쟁 방식, 조직 능력 등 모든 방면에서 과거의 봉기 주도자들보다 훨씬 뛰어났다. 데카브리스트의 난은 실패했으나 이를 통해 혁명을 꿈꾸었던 사람들의 정신은 훗날 등장한 러시아의 혁명가들에게 큰 영향을 주었고 러시아 혁명에 귀중한 밑거름이 되었다.

상트페테르부르크의 데카브리스트 광장에 위치한 표트르 대제의 기마 동상

Russia

10 유럽의 헌병, 니콜라이 1세

니콜라이 1세는 러시아 차르인 파벨 1세의 셋째 아들로, 알렉산드르 1세의 동생이다. 그는 자신의 형 알렉산드르 1세처럼 할머니 예카테리나의 사랑을 받으며 많은 혜택을 누리는 행운을 타고나지 못했다. 이런 이유로 나중에 차르가 된 그는 선대 차르인 예카테리나 2세와 알렉산드르 1세의 정치 방침과 상당히 다른 길을 걸었다. 모든 권력을 황제에게 집중시킨 그의 절대 전제주의는 훗날 일어날 러시아 혁명에 중요한 배경이 되었다.

시기 : 1802~1825년
인물 : 니콜라이 1세, 알렉산드르 1세

엄격한 교육을 받고 자란 어린 시절

니콜라이 1세는 예카테리나 2세의 손자이자 파벨 1세의 셋째 아들이다. 불행하게도 그가 다섯 살도 채 되지 않았을 때 아버지 파벨 1세가 귀족들에게 암살되고 큰형 알렉산드르 1세가 제위를 이었다. 어릴 때 아버지를 잃은 니콜라이 1세는 형과 달리 비교적 개방적인 교육을 받고 자랐다. 그의 어머니 마리야 표도로브나 황후는 몹시 고독한 여인인 데 반해 아버지 파벨 1세는 전쟁을 좋아한 차르였다. 그는 어려서부터 아버지의 영향을 많이 받았다. 다섯 살이 된 니콜라이는 러시아 황실의 법도에 따라 교육을

한눈에 보는 세계사

1804년 : 나폴레옹, 프랑스 황제 즉위
1807년 : 신성 로마 제국 멸망
1811년 : 조선, 홍경래의 난
1823년 : 미국, 먼로주의 선언

받아야 했다. 그러나 아버지와 형이 서로 정치 싸움을 하고 있어 아무도 어린 니콜라이의 교육 문제에 신경 쓰지 않았다. 결국 스코틀랜드 인 보모가 그의 첫 번째 가정교사가 되었다. 두 형이 정식으로 황실의 교육을 받은 것과는 매우 다른 상황이었다.

니콜라이는 1802년부터 정규 교육을 받을 수 있었다. 그의 선생은 러시아에서 가장 유명한 사령관이자 육군 장군 중 한 명인 람스도르프Lamsdorf였다. 그는 훌륭한 군사 전문가였지만 차르의 개인 교수로는 적합하지 않았다. 그는 종일 어린 니콜라이에게 엄격하고 딱딱한 군대의 규율을 가르쳤다. 이런 교육을 받은 결과, 급기야 니콜라이는 백성의 존경을 받는 것보다 그들을 복종시키는 것이 차르에게 더 중요한 덕목이라고 생각하게 되었다. 시간이 지나면서 그의 교육 과정이 조금씩 바뀌고 과목도 더 늘어나도 그는 유독 군사과학을 좋아했다. 훗날 탁월한 군사가로 성장한 이유가 바로 여기에 있다. 나폴레옹에 맞선 결과로 전쟁이 벌어진 1812년부터 1815년까지 니콜라이는 정규 교육 과정을 받을 수 없었다. 그는 열네 살에 군에 입대하여 그 후 오랫동안 파리와 서유럽, 중유럽 지역에서 머물렀다.

극적인 즉위

1825년, 알렉산드르 1세가 갑자기 세상을 떠났다. 그에게 자녀가 없던 탓에 러시아 황실에서는 제위를 둘러싼 다툼이 시작되었다. 사실 알렉산드르 1세는 생전에 셋째 동생 니콜라이를 차르 계승자로 지명한다는 밀서를 남겼다. 그의 선대 차르인 아버지 파벨 1세가 정한 새로운 제위 계승법에 따르면, 알렉산드르 1세의 둘째 동생인 콘스탄틴이 이어서 차르가 되어야 했는데, 콘스탄틴은 폴란드 출신의 평민 여자와 결혼하면서 이미 차르 계승권을 포기했다. 이렇게 복잡한 황실 사정을 아는 사람은 몇몇 대신뿐이었다. 그래서 알렉산드르 1세가 죽은 후 온 러시아 백성은 콘스탄틴이 다음 차르가 될 것으로 생각하고 있었다. 그러나 콘스탄틴은 이제 사실상 차르가 될 자격이 없는 데다 황제가 되고 싶은 마음도 없었다. 한편, 니콜라이도 알렉산드르 1세가 남긴 밀서의 내용을 알고 있었다. 하지만 그로 말미암아 온 나라가 시끄러워지는 것을 원치 않았기에 폴란드에 있는 콘스탄틴에게 제위를 이어받도록 권했다. 심지어 콘스탄틴이 즉위를 거절한 후에도 끝까지 그를 상트페테르부르크로 불러들였다. 폴란드에 있는 콘스탄틴과 상트페테르부르크에 있는 니콜라이가 서로 황제 자리를 양보한 것이다.

두 형제가 이렇게 서로 제위를 사양했지만 황제의 자리는 하루도 비워 둘 수 없었다. 실제로 앞선 사상을 받아들인 귀족 청년들이 잠시 차르가 없는 틈을 타서 차르가 통치하는 전제 군주제를 무너뜨리고자 반란을 일으켰다. 순식간에 정권이 위기에 몰리자, 니콜라이는 1825년 12월 14일 새벽에 제위를 계승하여 즉위를 선포하고 차르의 자리에 올랐다. 그가 즉위한 날 데카브리스트의 난이 발생했고, 니콜라이는 반란을 참혹하게 진압했다.

독재 정치

황제의 자리에 오른 니콜라이는 더 이상 귀족들을 믿지 않았다. 게다가 군사 독재 교육을 받은 어린 시절의 경험까지 더해져 전형적인 독재 군주가 되었다. 그는 군사주의 관료제를 통치 수단으로 택하고 러시아를 경찰국가로 만들었다. 국가의 중요한 업무 또는 절차, 이를테면 대신 회의와 오늘날의 의회에 해당하는 두마에서 내리는 결정권을 모두 군인들에게 주었다. 또 심사나 토론 같은 복잡한 절차를 싫어해서 무엇이든 자신의 뜻대로 곧장 시행되기를 바랐다. 그래서 니콜라이는 자신이 가까이하는 신하들로 구성해 특별위원회를 만들기도 했다.

백성을 복종시키기 위해서 니콜라이 1세는 강제적인 조치로 자유주의와 신식 사고를 억압했다. 그는 문학 작품이 출간되기 전에 직접 검사하고 모든 학교, 사회단체, 극장, 근위대와 육군 또한 감시했다. 심지어는 사람들의 외국 방문까지 제한했다. 니콜라이 1세는 이러한 조치들에 만족하지 않고, 자신의 지위를 더욱 확고히 하기 위해 세르게이 우바로프가 주장한 '정교, 전제 정치, 국민성'의 삼위일체를 강조했다. 러시아는 러시아만의 종교(러시아 정교)와 정치 체제(전제 군주제), 국민 특성(러시아 문화)이 있기 때문에 유럽의 다른 나라들을 좇을 필요가 없다는 것이 이 삼위일체 이론의 핵심이었다. 니콜라이 1세는 이런 사상을 중학교와 대학교, 출판계에 주입했다. 젊은이들이 황제에게 충성하게 하려는 의도였다.

러시아 소수민족들이 거주하는 지역도 니콜라이 1세의 절대 전제 군주제의 영향에서 벗어날 수 없었다. 심지어 학교와 교회에서 우크라이나 어를 사용하지 못하게 하기도 했다. 이런 정책은 러시아 인들의 반발과 분노를 불러 일으켜 반란으로 이어졌다. 하지만 경제적인 기반도, 힘도 없는 농노들이 니콜라이 1세의 강철 같은 군대에 맞설 수 있을 리 없었다. 그래서 러시아의 농노 봉기는 대부분 쉽게 진압되었다.

니콜라이 1세는 화폐 제도와 법전, 농노 관리 제도 등을 개혁했다. 대외적으로는 계속해서 신성 동맹을 고수하며 유럽의 자유주의와 민족주의 운동을 억압했다.

Russia

맥을 잡아주는 세계사

The flow of The World History

제 3 장 | 러시아를 빛낸 학문과 예술

1. 러시아 근대 문학의 시조, 푸시킨
2. 크림 전쟁

〈테마로 읽는 러시아사〉 러시아의 농노 제도

3. 알렉산드르 2세의 개혁
4. 나로드니키 운동
5. 러시아 문학의 거장, 레프 톨스토이

〈테마로 읽는 러시아사〉 러시아 미술

6. 교향악의 대가, 차이콥스키
7. 드미트리 멘델레예프와 주기율표
8. 파블로프의 개

〈테마로 읽는 러시아사〉
마르크스주의는 어떻게 전해졌을까?

9. 러일 전쟁

Russia

1 러시아 근대 문학의 시조, 푸시킨

알렉산드르 세르게예비치 푸시킨은 러시아의 위대한 국민 시인이다. 러시아 현실주의 문학을 창시했으며 대표적 낭만주의 작가인 그는 다양한 내용을 담은 서정시를 남겼다. 그중에는 〈차다예프에게〉, 〈자유〉, 〈시베리아의 유배자〉과 같이 정치적 색채가 짙은 작품도 있다. 그는 또한 사랑과 전원생활을 노래한 시도 많이 썼으며, 대표적인 작품은 〈나는 그 아름다운 순간을 기억한다〉, 〈또 한 번의 방문〉 등이다. 이 밖에 푸시킨은 장편 서사시 12편을 쓰기도 했는데, 작품을 통해서 과감하게 러시아 농노제도의 폐단을 고발하고 혁명을 주장했다. 그는 '러시아 시의 태양'이라고 불린다.

시기 : 1799~1837년
인물 : 알렉산드르 세르게예비치 푸시킨Aleksandr Sergeevich Pushkin
나탈리야 곤차로바Natalya Goncharova

빛나는 소년 시절

1799년 5월 26일 푸시킨은 모스크바의 유서 깊은 귀족 가문에서 태어났다. 귀족 가문임에도 형편은 넉넉하지 못했지만 우아하고 교양이 넘치는 집안이었다. 푸시킨의 아버지는 책을 무척 좋아하는 사람이었고, 숙부는 러시아의 유명한 시인이었다. 푸시킨은 이렇게 문학과 작가를 늘 접하는 환경에서 자연스럽게 정통 러시아 문학을 접할 수 있었다.

농노 출신인 보모 아리나 로디오노브나도 푸시킨에게 큰 영향을 주었

한눈에 보는 세계사

1796년 : 수원 화성 완공
1804년 : 나폴레옹, 프랑스 황제 즉위
1807년 : 신성 로마 제국 멸망
1811년 : 홍경래의 난
1823년 : 미국, 먼로주의 선언
1837년 : 영국, 차티스트 운동

다. 푸시킨이 성인이 된 후에 쓴 작품들에는 차르의 잔혹한 통치로 고통받는 농노들에 대한 동정심을 엿볼 수 있다. 이는 바로 어린 시절 보모 아리나의 가족이 어렵게 생활하는 것을 지켜본 경험에서 비롯된 것이다.

푸시킨은 어려서부터 똑똑한 아이로 일곱 살부터 이미 시를 쓰기 시작했다. 1811년, 열두 살이 되자 푸시킨은 상트페테르부르크 부근에 있는 차르스코예 셀로에 있는 귀족 학교에 입학했다. 그곳에서 앞선 생각을 가르치는 교사들로부터 자유주의 사상을 접했고, 훗날 데카브리스트가 되는 릴레예프 등의 친구들과 깊은 우정을 나누었다. 이때부터 시에 대한 그의 재능도 서서히 드러나기 시작했다. 1816년에는 공개 진급 시험에서 직접 쓴 〈차르스코예 셀로의 추억〉을 낭독해 시인 가브릴라 데르자빈Gavrila Derzhavin에게 극찬을 받았다. 당시에 나이 많은 시인 데르자빈이 장차 푸시킨이 러시아 문단의 주역으로 떠오를 것이라고 예언했다고 한다. 몇 년이 지나 푸시킨이 장편 시 〈루슬란과 류드밀라〉를 발표했을 때에는 당시 러시아에서 권위 있는 시인이던 주콥스키Zhukovsky가 무서운 신인이 나타났다며 '패배한 스승으로부터 승리한 제자에게'라는 메시지를 보내기까지 했다.

러시아의 위대한 시인, 푸시킨

힘겨운 생활

1817년, 푸시킨은 6년간의 교육 과정을 마치고 학교를 졸업하여 상트페테르부르크에 있는 외교부에서 일하기 시작했다. 이때 푸시킨은 정치적으로 활발히 활동했으며, 데카브리스트와 자유주의의 영향을 많이 받았다. 〈자유〉, 〈차다예프에게〉 등의 작품을 통해서 그는 데카브리스트의 혁명을 칭송하고 전제 군주제를 비판했다. 자유를 노래하며 억압받는 러시아 백성을 위해 마음 아파했다. 당연히 통치자에게는 눈엣가시 같은 존재가 될 수밖에 없었다. 1820년에 차르 정부는 푸시킨에게 죄를 물어 남러시아로 유배를 보내 버렸다.

1820년 5월에 멀리 남러시아로 보내진 푸시킨은 오늘날의 드네프로페트롭스크Dnepropetrovsk인 예카테리노슬라프에 머물다가 캅카스와 크림 등 지역을 떠돌았다. 그러면서 유배 생활과 남쪽 지방의 자연환경에서 영감을 받아 수많은 작품을 썼다. 이 몇 년 동안 푸시킨은 낭만주의 서사시인 〈캅카스의 포로〉, 〈도적 형제〉, 〈바흐치사라이의 샘〉 등을 완성했다. 또 시의 형식을 빌린 소설로 그의 작품 중 가장 유명한 걸작이라고 할 수 있는 운문 소설 〈예브게니 오네긴Evgeny Onegin〉을 쓰기 시작했다.

그렇게 남쪽 지방으로 유배된 후, 푸시킨은 오데사의 총독인 보론초프 백작의 아내와 사랑에 빠져서 백작과 여러 번 결투하기도 했다. 1824년에 친구에게 보낸 푸시킨의 편지 한 통을 손에 넣은 경찰이 그것을 빌미로 푸시킨을 프스코프 근처에 있는 어머니의 영지인 마하일롭스코예로 보내 연금시켜 버렸다. 외따로 떨어진 마하일롭스코예에서 그의 곁에 있던 사람은 늙은 보모뿐이었다. 이 시기에 푸시킨은 데카브리스트와 관계를 끊고, 농노 제도로 황폐해진 농촌의 생활과 러시아 농민들에게 가까이 다가갔다. 그곳에서 지낸 2년 동안 푸시킨은 시장에서 농민의 소리에 귀 기울이며 그들 사이에 입에서 입으로 전해지는 전설이나 이야기에 관심을 보였다. 푸시킨은 그곳에서 백성의 언어를 배

모스크바에 있는 푸시킨과 부인 나탈리야의 조각상

웠고, 수많은 소재를 얻었다. 이는 나중에 그의 작품 활동에 커다란 영향을 끼쳤다. 그리고 그곳에서의 2년 동안 푸시킨은 수많은 작품을 집필했다. 〈수인囚人〉, 〈바다에〉, 〈삶이 그대를 속일지라도〉 같은 서정시 십여 편과 서사시 〈눌린Nulin 백작〉, 사극 〈보리스 고두노프〉 등과 〈예브게니 오네긴〉 전반부를 완성했다. 이 시기에 데카브리스트의 난이 실패로 끝났다. 그리고 새로 즉위한 니콜라이 1세가 사람들 사이에 엄청난 인기를 누리는 푸시킨을 모스크바로 다시 불러들였다. 그러나 그는 황제가 보낸 경찰의 엄격한 감시를 받아야 했다.

모스크바주립대학 벽에 붙어 있는 푸시킨 초상

창작의 황금기

1830년에 푸시킨은 젊고 아름다운 나탈리야 니콜라예브나 곤차로바를 만났다. 소문난 미인이던 그녀는 당시 상류 사회에서 유명한 인물로, 푸시킨의 작품과 재능을 몹시 사랑했다. 두 사람은 곧 사랑에 빠져서 어머니의 반대도 무릅쓰고 결혼했다. 아버지의 영지인 볼디노Boldino에서 신혼여행을 보내던 두 사람은 갑자기 반란이 일어나는 바람에 모스크바로 돌아가지 못하고 석 달 동안 그곳에 머물러야 했다. 이때 신혼의 행복과 평화로운 일상에 푹 빠져 있던 푸시킨은 이 석 달 동안 그의 일생에서 가장 많은 작품을 써 냈다. 그해 가을 푸시킨은 장편 운문 소설 〈예브게니 오네긴〉, 〈벨킨의 이야기〉, 〈인색한 기사〉, 〈모차르트와 살리에리〉, 〈목석 같은 손님〉, 〈역병이 돌 때의 향연〉을 완성했고 하층민의 일상을 그린 재미있는 시 〈콜롬나의 작은 집〉과 서정시 30여 편, 그리고 당시 사회를 비판한 내용의 글들을 남겼다.

이러한 좋은 시절은 안타깝게도 오래가지 못했다. 차르 정부가 푸시킨의 작품 활동을 더욱 강하게 압박해 온 것이다. 게다가 프랑스 귀족 출신인 헌병 대장과 푸시킨의 아내인 나탈리야가 부적절한 관계라는 소문이 돌기 시작했다. 푸시킨은 자신과 아내의 명예를 지키기 위해 결투에 나섰으나 크게 다쳐서 목숨이 위태로운 지경이 되었다.

1837년 1월 27일, 위대한 시인의 심장은 영원히 멈추어 버렸다. 러시아의 진보적인 문인들은 "러시아 시詩의 태양이 졌다."라며 슬퍼했다. 이때부터 푸시킨은 '러시아 시의 태양'이라는 이름을 얻었다. 세상을 떠난 그는 생전에 유배되었던 마하일롭스코예에 묻혔다.

푸시킨은 러시아에서 가장 위대한 시인이다. 그는 고대 러시아 문학의 전통을 바탕으로 서정시, 서사시, 소설, 동화 등 다양한 장르를 넘나들며 후대 문인들에게 훌륭한 본보기가 되어 주었다. 또한 러시아 사회를 거울처럼 비추는 현실주의 문학 작품들을 남겼다.

맥을 잡아 주는 **러시아사 중요 키워드**

푸시킨의 이름을 딴 장소들

러시아에는 푸시킨의 이름을 딴 유적이나 도시가 많다. 그중에 푸시킨 광장과 상트페테르부르크 남쪽의 도시 푸시킨 고로드(옛 이름은 차르스코예 셀로)가 대표적이다.

모스크바 도심에 있는 푸시킨 광장은 1937년에 소련 정부가 러시아의 위대한 시인인 푸시킨의 사망 100주년을 기념하여 만들었다. 원래 수도원이 있던 이 광장에는 현재 4미터가 넘는 푸시킨 기념 동상이 세워져 있다. 그리고 이 동상에는 푸시킨의 시 〈바다에〉의 한 구절이 새겨져 있다.

상트페테르부르크 부근에 있는 푸시킨 고로드는 푸시킨이 다닌 학교가 있는 곳이다. 지금은 푸시킨 유적 보호 구역으로 지정되어 박물관이 세워지고 푸시킨과 관련된 장소 몇 군데가 유적지로 보존되고 있다. 또 공원 안에는 황금빛으로 빛나는 예카테리나 궁전이 있다. 호화롭게 꾸며진 호박 방Amber room으로 유명한 이 궁전은 원래 1717년 예카테리나 1세의 명령으로 짓기 시작했으며, 지금의 궁전은 옐리자베타의 요청으로 1756년에 바로크 양식으로 완전히 새롭게 개축된 것이다.

2 크림 전쟁

Russia

크림 전쟁은 동쪽으로 세력을 확장해 나가던 영국, 프랑스와 러시아가 충돌하여 벌어진 전쟁이다. 러시아와 영국, 프랑스, 튀르크, 사르데냐 연합군 등이 참여했다. 러시아의 크림 반도에서 벌어졌다고 해서 '크림 전쟁'이라고 부른다.

시기 : 1853~1856년
인물 : 파벨 나히모프Pavel Nakhimov, 니콜라이 1세

성지 예루살렘을 둘러싼 다툼

18세기 후반부터 러시아는 바다로 통하는 길목을 차지하기 위해 끊임없이 동쪽으로 세력 확장을 시도했다. 19세기에 이르러 흑해 연안까지 손을 뻗은 러시아는 몰락해 가던 튀르크 제국을 차지해서 지중해로 나가려는 오랜 숙원을 이루고자 했다. 그러면서 이미 이 지역에서 정치, 경제적으로 엄청난 이익을 얻고 있던 영국, 프랑스 두 나라와 충돌했다. 이 세 나라는 튀르크를 사이에 두고 자주 부딪혔고, 여기에는 성지 예루살렘이 결정적인 문제가 되었다.

한눈에 보는 세계사
1848년 : 마르크스·엥겔스, 《공산당 선언》 발표　　1854년 : 일본, 미국의 압력으로 개항

니콜라이 1세의 초상화

예루살렘은 그리스도를 믿는 신도들에게 큰 의미가 있는 곳이다. 성경에는 예수가 베들레헴에서 태어나 예루살렘에서 죽었다고 기록되어 있고, 실제로 그곳에 예수의 무덤이 있기 때문이다. 그래서 비잔티움 제국 시절부터 예루살렘은 세금을 감면받는 등의 특권을 누려 왔다. 예루살렘과 베들레헴은 1535년부터 줄곧 프랑스가 관할했다. 그러다 1757년부터 1850년까지는 러시아의 압력을 등에 업은 그리스 인들이 두 지역에 대한 권한을 돌려받았다. 이후 성지의 관할권을 놓고 로마 가톨릭과 정교회 간에 여러 차례 충돌이 발생했다. 결국에는 협의하여 다툼을 일단락지었지만, 마찰은 계속되었다. 오늘날의 터키이자 당시에는 힘이 약했던 오스만튀르크 제국은 성지 예루살렘을 이용해서 유럽 강대국들과 관계를 개선하고 신뢰를 쌓고자 했다.

그러나 튀르크의 이런 외교 정책은 제대로 효과를 얻지 못했다. 1850년에 프랑스는 지난 수백 년 동안 자국에 있던 권리를 되돌려 달라며 무력으로 튀르크를 위협했다. 그런 프랑스를 당해 낼 수 없던 튀르크 제국의 술탄은 1852년 12월에 성지의 보호권을 프랑스에 돌려준다는 내용을 공식 발표했다. 그러자 이번에는 러시아가 불만을 터뜨렸다. 튀르크가 1774년에 러시아와 맺은 퀴칙 카이나르자Küçük-Kaynarca 조약을 위반했다는 이유였다. 여기에 프랑스와 영국이 끼어들어서 싸움을 부추겨 튀르크와 러시아의 관계는 급속도로 얼어붙었고 금방이라도 전쟁이 일어날 위기에 놓였다.

러시아를 놀라게 한 전쟁

러시아를 무너뜨리고 싶어 하던 영국과 프랑스가 손을 잡았다. 하지만 러시아는 이런 사실을 까맣게 모르고 있었다. 과거에 튀르크와 여러 번 부딪힌 적 있는 러시아는 협상이 제대로 되지 않으면 전쟁을 일으키면 되고, 오히려 전쟁으로 더 큰 이익을 얻을 수 있을 것이라고 생각하고 있었다. 1853년에 러시아는 파벨 나히모프를 제독으로 임명해서 군대와 함께 콘스탄티노플로 보냈다. 이때 발칸 지역에 있는 오스만튀르크령 몬테네그로 왕국에서 반란이 일어났다. 게다가 러시아군까지 크림 지역에서 전쟁 준비를 하고 있었기에 튀르크에게는 엎친 데 덮친 격인 상황이었다. 궁지에 몰린 튀르크는 하는 수 없이 예루살렘 문제에서 한발 물러섰고, 나히모프는 콘스탄티노플에서 큰 승리를 거두었다. 그러나 러시아 차르의 욕심은 여기서 그치지 않았다. 그는 성지 보호권을 얻고 나서 또다시 오스만튀르크 내의 모든 정교회 신자에 대한 보호권을 요구했다. 이는 곧 몬테네그로에서 물러나라는 뜻이었다. 그러나 술탄은 군대를 움직이지 않았다. 러시아의 요구를 들어준다면 그것은 그저 차르에게 발칸 땅을 내주는 데 그치지 않았다. 당시 정교회의 세력이 가장 강한 지역이 바로 발칸이었기 때문이다. 술탄이 차르의 요구를 무시할 수 있던 이유는 또 있었다. 튀르크 주재 영국 대사였던 래드클리프 경이 술탄에게 차르의 요구를 거절하라고 힘을 실어 주면서 튀르크가 위기에 처하면 영국이 나서서 도와주겠다고 약속한 것이다. 그러나 이러한 상황에서 또 다른 변수가 있었으니, 바로 프랑스였다.

파벨 나히모프 러시아 제독

1853년 5월 22일(신력. 이후 140쪽까지 신력을 기준으로 한 날짜임.), 나히모프는 콘스탄티노플을 떠났

다. 그는 이런 식으로 계속 위협하면 튀르크가 결국에는 러시아에 굴복하고 말 것이라고 믿고 있었다. 한편, 참을성 없는 러시아는 이미 무력으로 문제를 해결할 준비를 해 놓고 있었다. 31일에 러시아는 튀르크에 마지막으로 경고했다. 그 며칠 후인 6월 4일, 튀르크의 술탄은 결국 그리스도교, 특히 정교회의 면책 특권 등을 보장해 주겠다고 공식 발표했다. 그러나 러시아는 성이 차지 않았다. 튀르크 내의 정교회를 자국이 보호하겠다고 선언하고, 튀르크의 술탄이 '아드리아노플Adrianople 조약'을 제대로 이행하는지 감시하기 위해 도나우 강 유역의 왈라키아 공국과 몰다비아 공국을 점령했다.

상황이 이렇게 되자 러시아가 더 이상 섣부른 행동을 하지 못하도록 경고하고 술탄에게 힘을 실어 주기 위해 영국과 프랑스 연합군이 6월 13일 시노프Sinop 만에 함대를 출동시켰다. 그런데 이 군사적 행동은 두 나라가 의도한 것보다 심각하게 러시아를 자극했다. 그러자 이 상황을 보다 못한 오스트리아가 전쟁보다 협정을 맺자며 중재에 나섰다. 왈라키아와 몰다비아는 오스트리아에도 중요한 지역이었기 때문이다. 그런데 이번에는 튀르크의 술탄이 영국과 프랑스, 러시아 세 나라가 만든 협정에 조인하는 것을 거절했다. 7월 3일, 러시아군은 프루트Prut 강을 넘어서 왈라키아와 몰다비아를 점령했다. 이 두 공국은 프루트 강과 도나우 강 삼각주 사이에 자리하여 전략적으로 매우 중요한 위치였다. 이에 더 이상 참지 못한 튀르크가 10월 16일 러시아에 전쟁을 선포하면서 마침내 크림 전쟁이 시작되었다.

10월 한 달에 걸쳐 러시아와 튀르크 양측은 도나우 강 하류에서 서로 조금이라도 유리한 위치를 차지하기 위해 바쁘게 움직였다. 물론 끊임없이 상대를 공격할 기회를 엿보았다. 11월 27일, 드디어 기회가 찾아왔다. 튀르크의 소형 함대가 시노프 만에서 세바스토폴로 향하던 러시아 흑해 함대와 마주치면서 한바탕 싸움을 피할 수 없게 된 것이다. 튀르크보다 여러

러시아군은 크림 전쟁에서 참담한 패배를 겪게 되었다.

면에서 강한 러시아군은 가볍게 튀르크 함대를 무찔렀다. 이 소식은 프랑스와 영국에도 곧 전해졌고 두 나라에는 여론이 들끓었다. 영국인들이 시노프 해전이 '시노프 학살'이라며 가만히 두고 볼 수 없다고 목소리를 높여 영국 정부도 무언가 행동을 취해야 했다.

그리하여 1854년 1월 4일, 영국과 프랑스 연합 함대가 흑해로 들어가 튀르크의 수송 함대를 보호하기 시작했다. 그해 2월 23일에 영국 육군이 튀르크로 출동했고, 27일에는 영국과 프랑스가 러시아에 마지막 경고를 했다. 4월 30일까지 왈라키아와 몰다비아에서 철수하라는 조건이었다. 그러나 러시아의 차르는 들은 척도 하지 않았다.

3월 12일, 영국과 프랑스, 튀르크 세 나라는 동맹을 맺었다. 그리고 3월 19일에 프랑스 육군이 튀르크에 도착했다. 이튿날 러시아군도 도나우 강을 건넜다. 프랑스는 3월 27일, 영국은 3월 28일에 각각 러시아에 선전포고를 했고, 본격적인 전쟁이 시작되었다.

러시아와 튀르크 사이의 전쟁에 영국과 프랑스가 끼어들자 전세는 급격히 튀르크 쪽이 유리해졌다. 3월 말에 전쟁이 시작된 이후 러시아는 연이어 패배해 심각한 타격을 입었다. 전쟁을 시작한 지 1년 후인 1854년 7월, 러시아군은 지난 1년 동안 차지한 땅을 모두 잃고 원점으로 돌아가 있었다. 정치적으로 보자면 이 전쟁을 지속할 이유가 없었다. 하지만 전쟁 이후의 이익 분배를 놓고 영국, 프랑스, 러시아가 서로 만족할 만한 대안을 내놓지 못하면서 전쟁은 계속 확대되었다. 영국-프랑스 연합군은 크림 반도에서 대대적인 공격을 하기로 했다. 크림 반도의 세바스토폴을 차지하는 것이 중요했기 때문이다.

그러나 러시아군은 세바스토폴을 지키기 위해 온 힘을 다했다. 그래서 영국과 프랑스 연합군은 무려 1년 동안 세바스토폴을 포위하고도 함락하지 못했다. 이 전투에서 러시아의 해군 제독 파벨 나히모프는 목숨을 아끼지 않는 희생정신을 보여 주었다. 그러나 1855년 9월에 러시아군은 세바스토폴을 포기할 수밖에 없었고, 이로써 2년이라는 오랜 기간에 걸쳐 계속된 크림 전쟁은 러시아의 패배로 끝났다.

크림 전쟁의 실패로 러시아 전제 군주제의 폐단이 드러났고, 러시아 제국의 국제적 위상도 크게 흔들렸다. 그리고 이 사건으로 자국이 다른 유럽 국가들보다 뒤처진 사실을 깨달은 러시아 사회는 큰 충격에 빠졌다. 이는 군국주의 통치를 고수하던 니콜라이 1세에게도 커다란 타격을 주었다. 크림 전쟁의 실패로 러시아는 개혁이 반드시 필요하다는 사실을 깨달았다.

러시아의 농노 제도

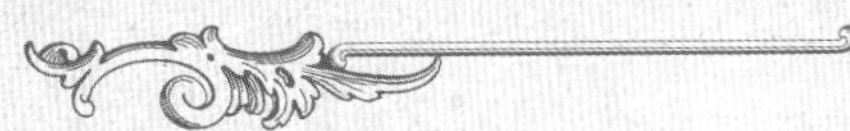

11세기에서 12세기 사이에 키예프 루시의 공후와 대귀족 보야르는 많은 토지를 차지하고, 가난한 농민들에게 소작을 주었다. 이것이 러시아 농노 제도의 시작이다. 14세기부터 15세기 사이에는 모스크바 공국의 봉건 토지 소유제가 발전하면서 농노로 전락하는 농민이 점점 늘어났다.

16세기 후반부터 19세기 후반까지 러시아는 농노들에게서 노동을 착취하는 형식의 지주 농장을 바탕으로 경제와 법률 제도를 마련했다. 니콜라이 1세가 통치를 시작하면서 농노 제도의 폐단이 점차 불거지기 시작했다. 그 후 19세기에 이르러 새로운 사상이 들어오면서 러시아의 개혁을 위해서는 가장 먼저 농노 제도부터 바꿔야 한다는 사실을 깨닫게 되었다. 1861년, 드디어 러시아 전역에서 농노제 개혁이 일어났다. 그리고 1917년에 10월 혁명이 성공하면서 농노제는 완전히 사라졌다. 이 과정에서 여러 차례 일어난 농노 봉기의 중심에는 훌륭한 반反농노제 운동의 지도자 라디셰프가 있었다.

농노제의 형성과 발전

러시아 농노제는 긴 세월에 걸쳐서 서서히 형성되었다. 그 바탕에 깔린 가장 큰 원인은 토지였다. 키예프 루시 시대에 토지는 주로 영지를 세습하는 형식이었고, 당시의 공후와 보야르가 광범위한 토지를 차지하고 세습하면서 가난한 농민들에게 소작을 주었다. 중앙 집권 국가인 모스크바 공국은 14세기부터 15세기까지 중산층 신흥 귀족을 늘리는 정책을 펼치며 나라에 의무를 다하는 사람들에게 그 보상으로 토지를 주었다. 여기서 말하는 의무란 주로 군사적 의무를 뜻한다. 그리고 토지를 받은 지주는 일정한 의무를 다해야 했다. 이런 형식의 봉건 토지 제도가 점차 발전하여 예전의 세습 영지 제도를 대신하게 되었다.

토지를 차지한 봉건 귀족들은 자신이 땅을 소유한 동안에 최대한 많은 수입을 거두어들이려고 했다. 이를 위해 자연히 자신의 영지에 사는 농민들이 계속해서 더 많은 일을 하기 바랐고, 그들을 더 가혹하게 착취했다. 이에 따라 결국 견디지 못하고 농노로 전락하는 농민들이 늘어났다. 15세기 중엽에 이르러서는 지주들이 영지에 사는 농민들이 다른 곳으로 옮겨가지 못하도록 제한하는 규정을 만들기도 했다.

농노제의 붕괴

농노제는 러시아 사회 전체의 생산력을 지탱하는 가장 큰 힘이었다. 반면에 농노들의 삶은 갈수록 피폐해졌고 생산 효율도 점점 떨어졌다. 살기가 어려워지니 일할 의욕이 없어지는 것은 자연스러운 일이었다. 이로 말미암아 발생하는 계층 간의 갈등을 완화하기 위해 러시아에서는 19세기 초반부터 자본주의를 받아들이고 농노제를 폐지하는 법안이 속속 제안되었다. 1803년에 '자유 농민에 관하여'라는 법령이 발표되면서 농노는 원한다면 지주에게 일정한 대가를 주고서 자유를 얻을 수 있게 되었다. 또 1845년에 발표된 법령은 지주가 농노와 계약을 맺을 때 약간의 토지를 떼어 주도록 규정했다. 정부는 이런 조치들로 봉건 토지 제도를 발전시키려고 했으나, 농노들은 여전히 진정한 자유를 얻지 못하고 고된 삶의 굴레에서 벗어나지 못했다.

러시아에서 차츰 자본주의가 발달하고, 크림 전쟁에 패하고, 농노제가 위기를 겪고, 국내 개혁의 행보가 빨라지는 등의 변화를 마주하면서 차르 정부는 마침내 1861년에 농노 제도를 폐지하기에 이르렀다. 그러나 농노제의 잔재는 1917년에 러시아에서 10월 사회주의 혁명이 성공할 때까지 계속 남아 있었다.

농노 제도에 처음으로 맞선 라디셰프

알렉산드르 니콜라예비치 라디셰프Aleksey Nikolaevich Radishchev는 1749년에 모스크바의 귀족 가문에서 태어났다. 어린 시절, 농노들에게 가혹 행위를 일삼는 지주의 모습을 보며 그는 큰 충격을 받았다. 라디셰프는 모스크바 귀족 장교 학교와 독일 라이프치히 대학에서 법률을 공부하며 프랑스 계몽주의와 여러 서유럽 철학자의 사상을 연구했다. 이 경험은 그가 세계관과 정치적 관점을 형성하는 데 커다란 영향을 미쳤다.

반농노제 운동의 지도자 라디셰프

1771년 9월, 라디셰프는 독일에서 돌아와 정부에서 일하기 시작했다. 법을 다루는 일의 특성상 농노들의 삶을 가까이에서 지켜볼 기회가 많았던 라디셰프는 농노제의 실체가 불공평한 착취와 억압이라는 사실을 깨달았다. 그리고 1773년에 푸가초프의 반란이 일어나면서 라디셰프는 러시아가 농노들을 얼마나 잔인하게 대하는지 똑똑히 보았다. 거기에 찬성할 수 없었던 그는 직업을 버리고 작가의 길을 걷기로 마음을 먹었다.

1783년에 라디셰프는 러시아 최초의 혁명 시 〈자유〉를 썼다. 이 작품에서 그는 전제 군주제와 농노제에 대한 증오를 유감없이 드러내면서 언젠가 백성이 승리할 것이라며 미래의 아름다운 세계를 자세히 묘사하기도 했다. 이후 러시아 농노제와 차르 전제 군주제를 비판한 작품을 잇달아 발표했다. 1790년 초에 발표한 〈토볼스크에 사는 친구에게 쓰는 편지〉, 같은 해 5월에 발표한 《페테르부르크에서 모스크바로의 여행》도 유명하다. 이 저작에서 그는 차르 정권과 농노제는 모든 악의 근원이라고 비난했는데, 이 책이 출판되자마자 차르 정부에 체포되어 감옥에 갇혔다. 마지막 재판에서 라디셰프는 관료와 귀족의 지위를 빼앗고 그동안 나라에서 받은 훈장을 몰수한 채 사형에 처한다는 판결을 받았다. 하지만 나중에 다시 10년 동안 시베리아에서 유배 생활을 하는 것으로 감형되었다. 그는 유배 기간에도 〈사람의 죽음과 불사不死에 대하여〉 등의 작품을 남겼다.

10년의 유배 생활을 마친 1801년, 그는 상트페테르부르크로 돌아와 법률제정위원회에서 일하게 되었다. 선대 차르와 달리 자유주의 사상을 추구하는 알렉산드르 1세가 허락한 덕분이었다. 그는 열정을 품고 일했으나 신임을 얻지는 못했다. 그 후 라디셰프는 자신이 가진 기회를 이용해서 〈소견서〉, 〈법률에 대하여〉 등을 썼다. 입법을 통해서 농노들의 환경을 개선할 수 있기를 바란 것이다. 그러나 이런 생각들을 탐탁지 않게 여긴 상사 때문에 라디셰프는 또 한 번 유배될 위기에 처하기도 했다.

1802년 9월 12일, 라디셰프는 독약을 마시고 자살했다. 그는 이로써 차르 전제 정치에 대한 깊은 불만을 죽음으로 나타내 보인 것이다.

농노제를 비판한 라디셰프는 시베리아에서 10년간 유배 생활을 해야 했다

Russia

3 알렉산드르 2세의 개혁

니콜라이 1세의 장남으로 태어난 알렉산드르 니콜라예비치는 러시아를 통치하는 동안 농노 제도를 개혁하는 커다란 업적을 세웠다. 그는 마치 두 얼굴의 신 야누스처럼 미래와 과거를 동시에 들여다보며 낙후된 경제 환경에서 허덕이던 러시아를 구해 냈다.

시기 : 1818~1881년
인물 : 알렉산드르 2세Aleksandr II, 니콜라이 1세

험난한 개혁의 길

알렉산드르 2세 니콜라예비치는 1818년 4월 17일에 모스크바에 있는 크렘린 궁에서 태어났다. 어렸을 때부터 미래의 차르로 길러졌으나 아버지인 니콜라이 1세의 제멋대로인 성격 때문에 어두운 어린 시절을 보내야 했다. 현명한 어머니를 둔 것이 그나마 다행이었다. 그의 어머니는 개방적인 군주제를 실행해야 한다고 주장하던 유명한 시인인 주콥스키를 알렉산드르 2세의 개인 교수로 초빙했다. 알렉산드르 2세에게 건전한 사상을 심어 주기

한눈에 보는 세계사

1823년 : 미국, 먼로주의 선언
1837년 : 영국, 차티스트 운동
1854년 : 일본, 미국의 압력으로 개항
1858년 : 영국, 인도 식민지배 시작
1861년 : 미국, 남북 전쟁
1868년 : 일본, 메이지 유신 시작
1870년 : 프랑스·프로이센 전쟁
1876년 : 조선, 강화도 조약 체결

위해서였다. 그러나 선진 교육을 받은 알렉산드르 1세와 마찬가지로, 알렉산드르 2세 역시 강력하고 추진력 있는 황제는 되지 못했다. 오히려 다소 나약하고 소심한 군주로 자랐다.

1855년에 크림 전쟁을 치르던 중 니콜라이 1세가 세상을 떠났다. 그리하여 36살의 알렉산드르 2세가 뒤를 이어 차르가 되었다. 당시 러시아는 크림 전쟁에 패하면서 수많은 약점이 드러나 경제와 정치에서 모두 어려운 상황이었다. 이듬해인 1856년 3월에 러시아는 반강제로 파리 협정을 맺고 튀르크의 영토를 전부 원래 주인에게 돌려주겠다고 발표했다. 전쟁이 끝난 직후 개혁을 원하는 러시아 백성의 목소리는 점점 높아졌다. 나라 안팎으로 위기를 맞은 데다 백성까지 개혁을 주장하고 나서자 알렉산드르 2세는 기존의 제도로는 통치를 계속해 나갈 수 없다는 것을 깨달았다. 그런 한편 농노들이 또다시 반란을 일으킬 것을 걱정하여 1857년에 농노 문제를 다루는 위원회를 조직하고 자유주의 개혁을 시작했다.

1861년 2월 19일, 차르 알렉산드르 2세는 개혁과 관련된 각 법령을 선포하며 농노제를 폐지했다. 이때 그는 앞으로 모든 농노는 더 이상 지주의 소유물이 아니며 자유를 누릴 권리가 있다고 선포했다. 아울러 지주들이 마음대로 농노를 사고팔 수 없게 했다. 이 밖에도 모든 농노가 자유롭게 수공업이나 무역에 종사할 수 있으며, 학교에 다니거나 공무원으로 일할 수도 있다고 명시했다. 이 선언은 또 자유를 얻은 농노가 토지를 소유할 수도 있다고 규정했는데, 바로 이 조항으로 말미암아 오히려 더 많은 봉기가 일어났다.

그 이유는 무엇일까? 차르 정부는 기존의 영지를 지주의 사유 재산으로 규정했다. 그리고 농노가 땅을 얻으려면 지주에게 자유를 얻는 대가로 토지 매매 금액의 20%를 보상금으로 먼저 지급하도록 했다. 나머지는 정부가 지원해 준다고 했다. 그러나 정부에서 지원을 받아 보상금을 지급하고 땅을 산 농노는 49년 안에 정부에 빌린 돈과 이자를 모두 갚아야 한다는 것이 문제였다. 정부가 농노들에게 토지를 공짜로 나누어 주는 것이 아니었던 것이다. 실제로, 농노제가 폐지된 이후 농노들이 소유한 땅은 오히려 전보다 줄어들었다. 해방된 농노들이 차지할 수 있는 토지는 줄어들고 보상금을 내야 할 뿐만 아니라 개혁으로 사회가 불안정해지면서 농노들의 생활은 더욱 어려워졌다. 그러면서 정부에 대한 반감과 투쟁의 의지도 자연히 점점 커져 갔다.

알렉산드르 2세의 개혁은 기대한 성과를 거두지는 못했으나 역사적 의의가 있는 사건이다. 알렉산드르 2세가 1861년에 시행한 개혁으로 러시아는 자본주의 산업, 무역, 교통과 농업 발전을 위한 기반을 마련할 수 있었다. 19세기 후반에 들어 러시아에서 자본주의가 빠르게 발전하며 강대국의 기틀을 닦을 수 있었던 것도 그 덕분이다. 다시 말해, 알렉산드르 2세가 국가의 발전을 가로막던 가장 큰 장애물을 제거했기에 가능한 일이었다.

백성의 손에 죽다

1861년에 알렉산드르 2세가 개혁을 시작한 이후 러시아 농노가 일으키는 반란은 1860년 126건에서 1,176건으로 크게 늘었다. 그러나 전체적인 정국은 여전히 안정적으로 유지되었다. 러시아는 이제 혼란기를 지나 새로운 시대로 나아가고 있었다. 농노제를 폐지한 알렉산드르 2세의 덕분이었다. 그러나 알렉산드르 2세는 이와 동시에 불완전한 개혁으로 농노들의 분노를 샀다. 그래서 그는 유럽 역사상 암살 위협을 가장 많이 받은 왕의 한 명으로 기록되었다.

1866년부터 1880년까지 치밀하게 계획된 알렉산드르 2세 암살 위협만 해도 다섯 차례였다. 1879년에는 급진적인 성향의 인민의 의지당이 내부적으로 그에게 사형 판결을 내리고, 암살 자객 조직을 꾸려서 전문적인 교육까지 시켰다. 이렇게 준비한 암살 계획이 두 차례 실패로 돌아간 후, 인민의 의지당은 결국 황제를 암살하는 데 성공했다. 1881년 3월 1일에 겨울 궁전에 숨어들어 간 자객이 지나가는 차르의 마차에 폭탄을 던져 호위병들이 크게 다쳤다. 또 한 번 죽을 위기를 넘겼다고 생각한 알렉산드르 2세는 다친 호위병들을 살펴보려고 마차에서 내렸다. 그 순간, 여전히 모퉁이에 숨어 있던 자객이 차르가 밖으로 나온 모습을 보고 다시 폭탄을 던졌다. 이미 암살당할 위기를 여러 차례 벗어난 알렉산드르 2세였지만 이번만큼은 피할 수 없었다. 폭탄에 맞아 큰 부상을 당한 차르는 피를 너무 많이 흘려서 결국 죽고 말았다. 백성의 손에 죽은 비운의 황제 알렉산드르 2세. 그러나 시간이 흐르면서 그에 대한 평가는 조금씩 달라졌다. 오늘날 그의 이름과 그가 시도한 개혁은 러시아 인의 가슴 속에 영원히 살아 있다.

니콜라이 1세의 장남으로 태어난 알렉산드르 2세는 1855년부터 1881년까지 재위했다.

Russia

4 나로드니키 운동

1861년의 개혁 이후 러시아 농민들과 지주 사이의 갈등은 더욱 깊어졌다. 사회 정의와 평등을 추구하는 지식인들은 사회주의야말로 정의와 평등을 실현할 방법이라고 생각했다. 이들이 모여서 형성한 집단이 나로드니키Narodniki이다. 나로드니키 운동은 19세기에 러시아의 사상과 해방 운동 역사에 굉장히 중요한 역할을 했다. 또한 차다예프 이후로 동서양의 문명과 가치를 둘러싼 다툼이 가장 치열했던 사회 운동으로 기록되었다. 러시아 사회주의의 실질적인 시작이기도 했다. 나로드니키 운동은 19세기 후반의 러시아 사회 곳곳에 영향을 주었다.

시기 : 19세기 말
인물 : 바쿠닌Bakunin, 크로포트킨Kropotkin, 라브로프Lavrov

나로드니키 운동의 시작

농노제의 폐단이 심각한 사회 문제로 불거지면서 19세기 초반에 러시아의 지식인들 사이에서 농노제에 반대하는 혁명적 민주주의가 널리 퍼졌다. 게르첸Aleksandr Gertsen, 체르니셉스키Nikolai Chernyshevsky 등은 농민의 해방을 주장했다. 이와 함께 자본주의나 서방 국가들의 발전 방식과 달리 특수한 농촌 공동체를 바탕으로 경제를 발전시키자는 농민사회주의 이론이 유행하기 시작했다.

한눈에 보는 세계사

1896년 : 제1회 근대 올림픽 개최
1897년 : 대한 제국 성립
1899년 : 제1차 헤이그 만국 평화 회의

당시 러시아 농촌은 하나의 작은 세계처럼 특수한 공동체였다. 러시아 인들은 마을의 재산은 마을 사람 모두 평등하게 나눠 가져야 한다고 생각했다. 그리고 상업을 경시하는 전통이 강했고, 사유제를 통해 혼자만 이익을 얻지는 않겠다는 생각이 지배적이었다. 농민 한 사람, 한 사람 모두 공동체의 일원이었다. 모두 토지를 공유하고 힘을 합쳐서 함께 농사를 지었다. 세금도 가구가 아닌 마을 단위로 냈다. 그리고 돈이 있는 사람이 조금 더 내서 가난한 집이 조금 덜 내도록 해 주었다. 마을 자체적으로 선거와 재판을 진행해 작은 공동체로서 자치하는 기능도 있었다. 심지어 집도 다 함께 힘을 합쳐서 지었다. 이렇게 단체로 움직이고 살아가는 러시아의 전통은 국가주의나 개인주의를 쉽게 받아들이지 않았다.

나로드니키 운동에 사상적 영향을 끼친 바쿠닌

러시아 인은 정이 많고 이성보다 감정이 앞서는 민족이다. 서방에서 흘러들어 온 자유민주주의는 '모두 함께 살아가는' 데 익숙한 러시아 농촌 공동체에 처음부터 '말도 안 되는' 사상이었다. 이렇듯 서로 다른 동서양의 문명과 가치 기준 사이에서 러시아는 러시아만의 방식으로 발전하자는 목소리가 나오기 시작했다. 그들은 분배와 착취, 민주주의와 전제 군주제, 권리와 의무 사이의 가장 이상적인 균형점을 농촌 공동체 안에서 찾을 수 있다고 믿었다. 이것은 또한 슬라브 족의 전통을 지키는 것이기도 했다.

한편, 지식인들은 점차 적극적으로 움직이기 시작했다. 그들은 농민의 이익을 대변하고 비인도적인 개혁에 반대하며 '힘 있는 사람을 제압하고 약한 사람을 돕는' 평등의 전통을 되찾자고 주장했다. 바로 나로드니키의 출현이었다.

러시아의 화가인 이사크 레비탄(Isaak Levitan)의 〈블라디미르에의 길〉은 황폐한 길을 묘사한 작품이다. 이 길은 유배지였던 시베리아로 통하며, 유랑자의 길이었다. 화가는 이렇게 단순한 대상을 통해 고난을 두려워하지 않고 자신의 신념을 따라 길을 간 러시아 혁명가들에게 깊은 위로를 표현했다.

'브나로드' 운동

1860년대 말에 바쿠닌, 크로포트킨, 라브로프 등이 내세운 '농촌이야말로 전쟁터'라는 이론이 많은 사람에게 영향을 끼쳤다. 나로드니키 그룹들의 활동은 각 대학에 퍼졌고 70년대에 들어서서는 '브나로드', 즉 '인민 속으로'라는 형식으로 전개되었다.

이 시기에 혁명을 원하는 젊은이 수천 명과 일부 귀족이 농민의 반란 운동을 주도했다. 당시 브나로드 운동은 러시아 전역의 37개 현으로 퍼져 나갔다. 나로드니키의 이론이 처음으로 검증된 셈이었다. 이후 러시아에는 나로드니키 사상이 크게 유행했다. 나로드니키를 주장하는 이들은 농민들에게 개혁을 호소하며 농촌 공동체를 기반으로 러시아의 사회주의를 건설하자고 주장했다. 그리고 농민들의 머릿속에는 '공산주의 본능'이 내재해 있어 2, 3년 안에 '사회 혁명'의 목표를 달성할 수 있다고 믿고 '브나로드' 운동을 대대적으로 펼쳐나갔다. 그들은 농민의 옷을 입고 볼가 강, 돈 강, 드네프르 강 유역 등지에 걸쳐 수많은 농촌을 돌며 혁명을 호소했다. 그러나 혁명에 대한 열망을 주체하지 못하던 그들도 어느 순간 벽에 부딪혔다. 지식인들과 농민 사이에 좁힐 수 없는 차이가 그 이유였다. 혁명을 부르짖는 지식인들은 농민들의 눈에 정신 나간 사람들로 비쳤다. 그들은 여전히 '황제 폐하'의 충실한 백성이었던 것이다. 결론적으로, 당시의 러시아는 혁명을 위한 환경이 조성되지 못했던 것이 문제였다. 나로드니키의 활동은 일부 농민 사이에서 어느 정도 반향을 일으킨 것을 제외하면 전체적으로 기대한 결과를 거두지 못했다. 대부분의 농민은 그들의 혁명에 동참하지 않았다.

1874년 봄에 농민의 옷으로 갈아입은 젊은 남녀 수백 명이 인민 속으로 들어가 자신들의 사상을 전했다. 그러나 제대로 된 교육도 받지 못하며 사는 데 급급한 농민들은 그들의 생각을 이해하지 못했다. 심지어는 그들을 경찰에 밀고하는 일도 잦았다. 그래서 경찰들은 혁명의 주동자들을 손쉽게 체포할 수 있었고 차르 정부는 그들을 더욱 강하게 억압했다. 이렇게 '브나로드' 운동은 완전한 실패로 끝나고 말았다.

Russia

5 러시아 문학의 거장, 레프 톨스토이

톨스토이는 러시아 문학뿐만 아니라 전 세계적으로 커다란 영향을 미친 거장이다. 남러시아 툴라 근처에 있는 야스나야 폴랴나Yasnaya Polyana의 귀족 가문에서 태어난 그는 성인이 되어 루소, 몽테스키외 등 계몽사상가들의 영향을 받았다. 그리고 자신의 영지에서 새로운 정책들을 여러 가지 시도하기도 했다. 그는 평생 자신이 꿈꾸는 이상적인 세계를 좇아 끊임없이 탐구했다. 그러나 또한 냉정한 현실의 벽을 뛰어넘지 못하기도 했다.

시기 : 1828~1910년
인물 : 레프 니콜라예비치 톨스토이**Lev Nikolaevich Tolstoy**

불행했던 어린 시절

1828년 8월 28일, 러시아 툴라의 야스나야 폴랴나에 있는 백작 저택에서는 새로운 생명의 탄생을 맞을 준비가 한창이었다. 여느 평범한 집의 아기와 마찬가지로 백작의 아들은 우렁찬 울음소리와 함께 세상에 나왔다. 갓 태어난 아기를 품에 안은 산파가 니콜라이 일리치 백작에게 후계자의 탄생을 축하했다. 이 아기가 바로 훗날 세계를 문학적 감성으로 변화시킨 19세기 러시아의 위대한 문호**文豪** 레프 톨스토이였다.

한눈에 보는 세계사

1837년 : 영국, 차티스트 운동
1854년 : 일본, 미국의 압력으로 개항
1858년 : 영국, 인도 식민지배 시작
1861년 : 미국, 남북 전쟁
1870년 : 프랑스·프로이센 전쟁
1876년 : 조선, 강화도 조약 체결
1896년 : 제1회 근대 올림픽 개최
1897년 : 대한 제국 성립
1903년 : 라이트 형제, 최초로 비행 성공
1910년 : 대한 제국, 국권 피탈

레프 톨스토이는 러시아의 명문 귀족 출신이다. 그의 가문은 16세기 표트르 1세 시대에 작위를 하사받은 집안이었다. 톨스토이의 아버지는 1812년 조국 전쟁에 참가해 중령으로 퇴역했고, 어머니 마리야 니콜라예브나 Maria Nikolaevna도 명문가 출신으로 볼콘스키 공작의 딸이었다. 이렇게 완벽한 집안에서 태어난 톨스토이는 화려하고 편안한 일생을 보장받았어야 했다. 그러나 톨스토이가 한 살쯤 되었을 때 어머니 마리야가 세상을 떠났다. 그녀의 죽음은 톨스토이는 물론 남편인 그의 아버지에게도 커다란 충격이었다.

러시아의 대문호 톨스토이

어린 톨스토이에게 닥친 불행은 그것으로 끝나지 않았다. 아버지 일리치 백작까지 갑자기 길에서 쓰러져 세상을 떴다. 당시 그의 나이는 아홉 살이었다. 집안은 순식간에 엉망이 되었고 어린 레프는 하루아침에 고아가 되었다. 그의 큰어머니가 후견인이 되어 주었지만, 부모의 빈자리를 완전히 채워 줄 수는 없었다. 톨스토이는 부모를 잃은 슬픔을 이겨 내며 큰어머니에게 의지해 자랐다. 항상 곁에서 따뜻하게 보살펴 주는 큰어머니 덕분에 톨스토이는 행복한 나날을 보냈다. 그렇게 조금씩 상처에서 벗어날 때, 세 번째 불행이 닥쳤다. 1841년 톨스토이가 열세 살 되던 해에 가장 가까운 가족인 큰어머니마저 세상을 떠났다. 이때부터 그는 카잔Kazan에 사는 작은고모의 손에서 자랐다.

청년 톨스토이와 중년의 톨스토이

카잔에서 살게 된 톨스토이는 작은고모의 보살핌 아래 전형적인 귀족 가정의 교육을 받았다. 그는 열여섯 살 때 카잔 대학에 입학해서 튀르크 어와 아랍 어를 전공하며 외교관이 될 준비를 했다. 시험에서 떨어져 이듬해에 법학과로 옮겼지만, 그는 학업에 전념하지 못하고 사교 활동에 빠져들었다. 당시 톨스토이는 철학, 특히 도덕철학에 흥미를 느끼고 루소와 그의 학설에 관심을 보였다. 아울러 다양한 문학 작품들을 두루 읽기도 했다.

1847년 4월에 톨스토이는 유럽 계몽사상의 영향을 받아 학교를 그만두고 야스나야 폴랴나로 돌아와서 농노제를 개혁하려고 시도했다. 이 영지는 그의 어머니가 시집올 때 지참금으로 가져온 재산으로, 그의 몫으로 남은 부모의 유산이었다. 그는 영지로 돌아온 후 곧바로 농노들의 생활을 개선할 이런저런 조치를 생각해 내고 시행했다. 그러나 농노들은 귀족인 그를 믿지 않았다. 일례로 당시 톨스토이는 농노 가정의 아이들을 위한 학교를 세우기도 했지만 오래가지 못했다. 11월부터 톨스토이는 툴라의 행정관리국 관리로 임명되었고 이듬해 12월에는 14품 문관으로 승진했다. 이는 모두 이름뿐인 벼슬로, 사실 톨스토이는 이때 모스크바 상류 사회에 머물고 있었다. 그러나 시간이 갈수록

톨스토이의 희곡 '계몽의 과일(The Fruits of Enlightenment)' 상연 장면

이 생활도 지겨워지기 시작했다.

러시아 문학의 거장, 톨스토이

1851년 4월 말, 톨스토이는 무미건조한 생활에서 벗어나기 위해 군인인 형 니콜라이를 따라 캅카스에서 사관후보생으로 복무하기 시작했다. 그리고 이때부터 글을 쓰기 시작했다. 1854년에 크림 전쟁이 시작되자 톨스토이도 참전했고, 이 시기에 《세바스토폴 이야기Sevastopolskie Rasskazy》와 《유년 시대Detstvo》, 《소년 시대Otrochestvo》, 《청년 시대Yunost》 시리즈를 집필했다. 또 군대에서의 경험을 바탕으로 훗날 세계를 놀라게 한 대작 《전쟁과 평화》를 썼다. 1855년에 톨스토이는 러시아 문단에 들어가 현실주의를 유행시켰다. 당시로서는 참신한 시도였다. 이후 그는 부패한 러시아 사회 제도의 해답을 찾기 위해 1857년과 1860년에 두 차례 러시아를 떠나 유럽의 자본주의 사회를 자세히 관찰하고 게르첸, 프루동 등 계몽 철학자들과 친분을 쌓았다. 이때 그들에게서 받은 영향은 그의 작품 《세 죽음Tri smerti》, 《카자크들Kazaki》, 《가정의 행복Semeinoe Schaste》 등에서 잘 드러난다.

1863년과 1869년 사이에 톨스토이는 군대 생활과 일상에서 얻은 여러 가지 소재를 바탕으로 장편 역사 소설 《전쟁과 평화Voina i mir》를 집필했다. 이 소설은 중년 시절 톨스토이의 창작 활동에서 이정표와 같은 의미가 있는 작품이다. 《전쟁과 평화》는 1805년부터 1820년 사이에 러시아에서 발생한 여러 중대한 역사 사건을 배경으로 한다. 작가는 작품 속에 등장하는 네 가문의 얽히고설킨 관계를 통해 러시아 인의 애국심과 강한 투지를 노래하며 러시아의 앞날을 고민했다. 역사적인 성격을 띠는 이 소설은 출판되자마자 러시아 문학계에 큰 반향을 일으켰다.

톨스토이는 전쟁 및 당시 러시아 귀족들의 생활에 대해 깊이 이해하는 한편 우려를 느꼈다. 그래서 이를 바탕으로 1873년부터 1877년까지 기존의 작품들과는 내용과 스타일이 완전히 다른 작품 《안나 카레니나Anna Karenina》를 발표했다. 5년간 무려 열두 차례나 수정을 거친 이 작품은 톨스토이에게 두 번째 이정표와 같은 작품이다. 이때 톨스토이의 문학은 최고의 경지에 올랐다.

작품을 통해서 세계에 이름을 알렸지만, 그의 가슴은 늘 알 수 없는 공포와 걱정으로 차 있었다. 그것은 한 번도 경험한 적 없는 느낌이었다. 1869년에 아르자마스Arzamas를 지날 때에 느낀 것과 비슷한 공포였다. 훗날 그는 작품 속에서 이를 '아르자마스의 공포'라고 표현했다. 그 후 톨스토이는 종교적, 철학적으로 공포를 없앨 방법을 끊임없이 찾기 시작했다. 여러 철학, 종교 서적을 읽어 보았지만 해답을 찾지 못했다. 그는 심지어 집안에 있는 밧줄을 모두 치우고 사냥총도 가지고 다니지 않았다. 혹시라도 자살을 시도할까 봐 두려웠기 때문이다. 이런 생각들은 그의 작품 《안나 카레니나》에서 뚜렷하게 드러난다. 그리고 톨스토이는 신부, 주교, 수도사를 찾아다녔지만 결국에는 정부의 영향권 아래에 있던 러시아 정교회를 부정하고 농민들의 신앙을 받아들였다. 1880년대로 넘어가던 시기에 러시아에서는 혁명의 바람이 온 나라를 뒤흔들었다. 게다가 심각한 대기근까지 겹치는 등 사회적으로 큰 사건도 잇달아 일어났다.

1860년대부터 진정한 세계에 대해 생각하던 톨스토이는 결국 스스로 귀족의 신분을 뒤로하고 농민들에게 향하는 쪽을 택했다. 그로써 어느 정도 마음의 안정을 되찾은 톨스토이는 작품 활동에 전념했다. 1880년대에는 《악마》, 《이반 일리치의 죽음Smert Ivana Ilicha》, 《무도회가 끝난 뒤》 등을 썼다. 이 시기에 집필한 작품 가운데 가장 유명한 것은 1889년에 집필하기 시작해서 1899년에 완성한 대작 《부활 Voskresenie》이다. 70세가 넘은 나이에 발표한 이 작품은 톨스토이의 사상, 예술적인 모든 요소가 담긴 결정체이자 러시아 사회에 대한 고민과 비판이 최고조에 달한 세계 문학사에 빛나는 대작이다.

세계관이 바뀐 톨스토이는 러시아의 현실과 자신의 정신 세계가 농민들과 동떨어져 있다는 사실을 깨달았다. 그래서 그는 1882년과 1884년 두 차례에 걸쳐 집을 떠나 이곳저곳을 떠돌아다녔다. 이런 행동은 노후에 더욱 잦아졌다.

삶의 황혼기에 접어들자 톨스토이는 자신의 농장에 머물렀다. 하지만 자신의 신념과 맞지 않는 생활로 여전히 좀처럼 안정을 얻지 못했다. 자신을 따르는 톨스토이주의자들과 그의 부인 사이에 빚어지는 갈등과 불화

맥을 잡아 주는 **러시아사 중요 키워드**

《안나 카레니나》

《안나 카레니나》는 레프 톨스토이의 대표작으로, 작가는 1870년에 이미 이 작품을 구상했으나 1873년부터 본격적으로 펜을 들어 5년 후에 완성하고 발표했다.

《안나 카레니나》는 주인공 안나 카레니나가 남편의 가식과 냉대를 견디지 못하고 진정한 사랑과 행복을 찾아가는 과정을 그렸다. 여주인공은 상류 사회가 요구하는 가식과 위선에 맞섰다. 그러나 결국에는 자신이 속한 귀족 사회에서 벗어나지 못한 채 달리는 기차에 몸을 던져 목숨을 끊었다. 이 작품은 제도적으로, 사회적으로 모든 것이 뒤바뀌어 혼란스럽던 당시 러시아의 사회 모습과 비관적인 작가 자신의 내면세계를 보여 준다. 또 러시아 귀족들의 의미 없는 향락 생활과 공허를 잘 묘사했다.

또한 그를 고통스럽게 했다. 1910년 10월 27일, 여든두 살의 톨스토이는 야스나야 폴랴나를 떠나서 아스타포보의 기차역으로 향했다. 그러다 폐렴 증세가 심해져 결국 역에서 세상을 떠났다. 시대를 풍미한 문학 거장은 그렇게 긴 인생을 마감했다.

러시아 미술

유럽 국가들에 비해 뒤떨어졌던 러시아 미술은 19세기 들어 크게 발전하기 시작했다. 19세기 러시아의 미술은 현실주의를 강조하는 특징이 두드러졌다. 현실의 문제에 주목하고 비판적인 화가들이 많이 활동했다. 그리고 나중에 나타난 '페레드비즈니키Peredvizhniki', 즉 이동파移動派는 각종 회화 소재에 생기를 불어넣으며 러시아 회화예술사를 크게 발전시켰다. 이동파는 당시 러시아 미술 아카데미의 보수적이고 틀에 박힌 미술 교육에 반대하는 화가들이 모여서 형성했다. 그들은 모든 사람이 미술을 감상할 수 있어야 한다고 주장하며 이동 전람회를 열기도 했다. 예술계의 '브나로드' 운동인 셈이다.

〈아홉 번째 파도〉

이반 아이바좁스키Ivan Konstantinovich Aivazovsky는 러시아 회화사에 처음으로 등장한 '바다 풍경 전문' 화가였다. 거대한 스케일의 작품인 〈아홉 번째 파도〉는 빛과 그림자의 묘사로 역경을 딛고 살아남으려는 사람들의 의지를 표현했다. 이 작품은 흑해의 풍랑에서 소재를 얻은 것으로, 거대한 파도를 만나서 뒤집힌 배의 선원들이 돛대를 붙잡고 구조 요청 신호를 보내는 장면이다. 이 작품은 아이바좁스키의 대표작으로, 영국의 유명 화가인 윌리엄 터너의 찬사를 받기도 했다.

이반 아이바좁스키 〈아홉 번째 파도〉

파벨 페도토프 〈소령의 구혼〉

〈소령의 구혼〉

파벨 페도토프 Pavel Andreevich Fedotov 의 대표작으로, 당시에 혼인을 돈이나 권력을 얻는 수단으로 삼은 러시아 사회의 풍습을 풍자했다. 그림 속에서 구혼하기 위해 소녀의 집으로 찾아온 소령은 문 앞에 선 채 주인이 맞으러 나오기를 기다리고 있다. 소녀는 몸을 돌려 도망치듯 방으로 들어가고, 이 광경을 지켜보는 하녀들은 귓속말로 수군거린다.

〈미지의 여인〉

이반 크람스코이Ivan Nikolaevich Kramskoi의 〈미지의 여인〉은 러시아의 대표적인 초상화 작품이다. 그림 속의 여인은 당시 유행하던 모피코트를 입고 담황색 깃털로 장식한 모자를 쓴 채 마차 위에 앉아 있다. 배경은 몽환적으로 처리하여 당당하면서도 기품 있는 여인의 모습을 더욱 돋보이게 했다.

이반 크람스코이 〈미지의 여인〉

알렉세이 사브라소프
〈떼까마귀가 돌아오다〉

〈떼까마귀가 돌아오다〉

알렉세이 사브라소프Aleksei Kondratevich Savrasov의 〈떼까마귀가 돌아오다〉는 러시아 현실주의 회화에 한 획을 그은 작품이다. 춥고 긴 러시아의 겨울 벌판에 떼까마귀가 돌아오면 곧 봄이 온다는 의미라고 한다. 러시아 인에게 익숙한 소재를 표현한 이 작품은 발표되었을 당시 수많은 사람에게 감동을 주었다. 알렉세이 사브라소프는 자연과 조국에 대한 사랑을 화폭에 담아 내어 러시아 현실주의 풍경화가 발전하는 데 크게 공헌했다.

〈세 용사〉, 빅토르 바스네초프

〈세 용사〉

러시아 화가인 빅토르 바스네초프Viktor Mikhailovich Vasnetsov의 작품 〈세 용사〉는 러시아에서 흔히 볼 수 있는 그림이다. 특히 농촌에서는 집마다 〈세 용사〉의 복제품을 걸어 놓았다. 그림 속의 세 용사는 중세 러시아의 민족 영웅이다. 이 작품은 러시아 민족의 독립적이고 용감한 투쟁 정신을 그대로 담아 낸 것이 특징이다.

〈송림의 아침〉

이른 아침, 숲으로 들어가는 길목에는 풀 냄새가 섞인 촉촉한 새벽 공기로 가득하다. 새소리와 개구리의 울음소리는 잦아들어 귓가에 들리는 것은 사락사락 가볍게 스치는 나뭇잎 소리뿐이다. 곰 두 마리가 깊은 숲에서 나와 개울가에서 한가로이 새벽의 햇볕을 즐긴다. 이반 시시킨Ivan Ivanovich Shishkin의 작품 〈송림의 아침〉은 이런 장면을 묘사하고 있다.

〈송림의 아침〉, 이반 시시킨

〈튀르크 술탄에게 답장을 쓰는 자포로지예의 카자크들〉

일리야 레핀의 대표작 중 하나다. 자포로지예 지역 카자크들은 튀르크에 복종할 것을 유도하는 술탄의 편지를 받고 이를 단호히 거절하는 뜻을 담은 답장을 썼다. 이 그림은 당시 답장을 쓰는 사람들의 모습을 묘사했다. 제각기 다른 성격이 드러나는 사람들의 표정이 인상적이다. 이는 화가가 인물의 캐릭터를 표현하는 데 신경을 많이 썼다는 것을 보여 주는 부분이기도 하다.

〈튀르크 술탄에게 답장을 쓰는 자포로지예의 카자크들〉, 일리야 레핀

〈대귀족 부인 모로조바〉

〈대귀족 부인 모로조바〉는 수리코프의 전성기를 대표하는 작품이다. 그림 속의 대귀족 부인 모로조바는 검은색 벨벳 드레스 차림에 양손에는 수갑을 찬 채 죄인을 호송하는 썰매에 앉아 있다. 그녀는 오른손을 높이 든 채 어떠한 때에도 구교에 대한 신앙을 지키겠다는 굳센 의지를 보여 주고 있다. 오른쪽에 모여든 구교도 신도들이 모로조바의 체포를 슬퍼하며 울고 있다.

〈대귀족 부인 모로조바〉, 바실리 수리코프

Russia

6 교향악의 대가, 차이콥스키

이름에서부터 우아한 아름다움이 느껴지는 차이콥스키는 러시아를 대표하는 이름 중 하나이다. 러시아의 가장 위대한 작곡가인 그는 러시아 예술의 발전에 크게 공헌했다.

시기 : 1840~1893년
인물 : 표트르 일리치 차이콥스키Pyotr Ilich Chaikovsky, 나데즈다 폰 메크Nadezhda von Mekk

법관에서 작곡가로

표트르 일리치 차이콥스키는 1840년 4월 25일에 우랄의 캄스코-봇킨스크에서 태어났다. 그의 아버지는 제련 공장의 기술자이자 공장장이었고 음악을 사랑한 그의 어머니는 노래와 피아노에 재능이 있었다. 차이콥스키는 어머니의 영향으로 음악적 재능을 키우며 성장했다.

차이콥스키는 열 살 되던 해에 아버지의 뜻에 따라 상트페테르부르크에 있는 법률 학교에 들어갔고 졸업 후에는 법관이 되어서 정부에서 일했다.

한눈에 보는 세계사

1854년 : 일본, 미국의 압력으로 개항
1858년 : 영국, 인도 식민지배 시작
1861년 : 미국, 남북 전쟁
1870년 : 프랑스·프로이센 전쟁
1876년 : 조선, 강화도 조약 체결
1896년 : 제1회 근대 올림픽 개최

음악에 크나큰 열정이 있던 그는 그런 와중에도 시간이 날 때마다 피아노 연주를 연습하고 오페라를 보러 갔다. 사법부에서 근무하던 때에도 음악 공부를 포기하지 않고 사교를 위한 피아노 연주나 작곡 활동에 참여했다. 이후 차이콥스키는 자신의 열정과 사명은 음악에 있다는 사실을 깨달았다. 그러자 그는 직업도 미련 없이 버리고 본격적으로 음악 활동에 전념했다.

그는 1862년부터 전문적으로 음악을 공부하기 시작했다. 상트페테르부르크 음악원에 들어가 러시아의 작곡가이자 음악교육가인 안톤 루빈시테인Anton Grigorevich Rubinshtein에게서 음악을 배웠다. 차이콥스키는 학교에 다니는 동안 늘 뛰어난 성적을 유지했다. 그리고 1866년에 졸업하고 나서는 그의 스승이자 모스크바 음악원 원장이었던 니콜라이 루빈시테인의 초빙으로 모스크바 음악원 교수가 되어 11년 동안 학생들을 가르쳤다. 교수로 일하는 것이 창작 활동에 방해가 되었지만, 그 와중에도 그는 수많은 작품을 썼다. 이 시기에 작곡한 작품 가운데 대표작으로는 교향곡 세 곡과 교향시 〈프란체스카 다 리미니〉, 환상적 서곡 〈로미오와 줄리엣〉, 발레 음악 〈백조의 호수〉와 〈피아노 협주곡 1번〉 등이 있다.

차이콥스키

불행한 결혼

차이콥스키의 작품 중에서 공개적으로 연주된 첫 작품은 발레 음악이었다. 1865년 9월에 요한 슈트라우스 2세가 지휘한 이 곡은 뜨거운 반응을 얻었다. 이 연주로 차이콥스키는 작곡가로서 명성을 얻었고 수많은 사람의 관심을 받는 유명 인사가 되었다. 그런데 그의 음악을 추종하는 사람이 많아지고 명성이 높아지는 것과 함께 좋지 않은 소문도 퍼졌다. 그가 동성애자라는 소문이었다. 이 소문으로 차이콥스키는 몹시 괴로워했다. 한편, 같은 시기에 차이콥스키가 가르치던 학생 가운데 유난히 그를 따른 안토니나라는 여학생이 있었다. 그녀의 아름다운 외모에 반한 차이콥스키는 1877년에 안토니나와 결혼했다. 이 결혼에는 동성애자라는 소문을 잠재우려는 목적도 섞여 있었다. 그러나 결혼한 지 얼마 지나지 않아 차이콥스키와 안토니나는 서로 상대방에 대한 생각이 환상이었다는 사실을 깨달았다. 두 사람은 서로 생각한 것처럼 이상적인 배우자가 아니었다. 이 두 사람의 결혼생활이 순탄치 않으리라는 것은 불을 보듯 뻔했다. 그녀와 함께하는 생활은 차이콥스키를 점점 힘들게 했고, 결국 두 사람은 이혼에 이르렀다.

차이콥스키의 삶에서 특별했던 여인에 대해 이야기하자면 반드시 언급해야 할 사람이 있다. 차이콥스키의 작곡 활동을 금전적으로 지원하고 그와 비밀스러운 편지를 주고받았지만 실제로는 단 한 번도 만나 보지 않은 여인. 그 신비한 여인은 바로 차이콥스키의 일생에 은인이었던 폰 메크 부인이다. 차이콥스키와 폰 메크 부인은 마음만 먹으면 언제든 금방 만날 수 있을 정도로 서로 집이 가까운 곳에 있었다고 한다. 그러나 두 사람은 약속이라도 한 듯 편지를 주고받기만 했을 뿐 서로 만나지는 않았다. 게다가 같은 장소에 나타나거나 서로 스쳐 지나갈 때조차 모르는 척 눈길을 주지 않았다. 이런 미묘한 상황은 아직도 미스터리로 남아 있으며, 차이콥스키와 폰 메크 부인에 대한 자세한 이야기는 베일에 싸여 있다.

무르익은 감성, 절정에 이르다

차이콥스키가 결혼과 이혼을 한꺼번에 경험한 1877년은 정신적으로 가장 고통스러운 해였다. 이후 심각한 신경 쇠약 증세를 보인 그는 교수직에서 물러나 골치 아픈 일을 모두 내려놓았다. 그리고 스위스와 이탈리아의 농

촌에서 요양을 시작했다. 이 시기에 그는 평생에 걸쳐 가장 왕성하게 작곡 활동을 했다.

1877년에 그는 천재적인 두 작품 〈예브게니 오네긴〉과 〈교향곡 제4번〉을 작곡하기 시작했다. 특히 〈교향곡 제4번〉은 '가장 차이콥스키다운 작품'으로 평가받는다. 반란과 혁명 운동이 활발하게 일어나 혼란스러웠던 당시 러시아 사회에서 사상과 민주주의, 예술에 관련된 모든 활동은 자유롭지 못했다. 이런 상황에서 탄생한 이 두 작품은 알렉산드르 2세 통치 말기의 암울한 시대 상황을 반영한다. 러시아 인, 특히 러시아의 지식인들이 느낀 불안과 무력함, 조국의 운명과 인생의 의미에 대한 고민 등을 담고 있다. 그러나 차이콥스키는 부정적인 생각에 마냥 젖어 있지 않았다. 그는

발레 음악 〈백조의 호수〉

〈백조의 호수〉는 차이콥스키의 3대 발레 음악으로 러시아 음악과 발레 예술에서 손꼽히는 명작이다. 발레 음악의 영원한 고전으로 여전히 사랑받고 있다.

차이콥스키가 1876년 에 쓴 〈백조의 호수〉 악보

"운명을 받아들이며 살았지만, 언제부턴가 운명을 의심하기 시작했고 이제는 비참한 운명을 극복해 나가기로 했다."라는 내용의 메모를 남기기도 했다. 긍정적인 방향으로 삶을 받아들이는 그의 자세를 엿볼 수 있는 대목이다.

1888년과 1889년 사이에 차이콥스키는 폰 메크 부인의 지원으로 독일, 체코, 프랑스와 영국을 돌아다니며 독일의 브람스, 노르웨이의 에드바르 그리그, 체코 출신의 안토닌 드보르자크, 프랑스의 샤를 구노 등 음악가들과 우정을 쌓았다. 이 시기는 차이콥스키에게 유쾌하고 즐거운 시간이었다. 그는 〈교향곡 제5번〉, 교향곡 〈만프레드〉, 오페라 〈스페이드의 여왕〉, 발레 음악 〈잠자는 숲 속의 미녀〉, 〈호두까기 인형〉, 그 밖에 〈폭풍〉, 〈바이올린 협주곡 D 장조〉, 첼로와 오케스트라를 위한 〈로코코 주제에 의한 변주곡〉 및 각종 중주곡, 피아노 독주곡, 서곡, 등 거의 모든 장르를 섭렵하고 수많은 교향곡과 오페라를 썼다. 특히 1893년 여름에 작곡한 〈교향곡 제6번 비창〉은 강렬한 슬픔이 묻어나는 멜로디를 중심으로 인간이 느끼는 공포, 절망, 실패, 멸망 등의 장면들을 담아 냈다. 이 슬픈 음악은 동시에 우아하고 균형미가 돋보이는 아름다움으로, 차이콥스키의 최고 걸작으로 꼽히며 오늘날에도 클래식 교향곡의 정수로 평가받는다.

교향곡 〈비창〉의 영향이었을까? 10월 28일(신력)에 직접 자신의 곡을 지휘한 지 아흐레 후인 11월 6일, 차이콥스키는 알 수 없는 이유로 갑자기 세상을 떠났다. 그의 죽음에 대해 사람들은 여러 가지 가설을 내놓았다. 어떤 사람은 그가 상한 물을 마시고 콜레라에 걸려서 죽었다고 하고, 또 어떤 이는 자신에 대한 좋지 않은 소문을 견디다 못해 자살했다고 한다. 이유야 어떻든, 그의 죽음은 높은 명성에 아무런 해도 끼치지 못했다. 차이콥스키의 작품은 예나 지금이나 한결같이 사람들의 깊은 사랑을 받고 있다.

차이콥스키의 음악은 민속 음악과 무용에서 모티브를 얻었다. 그래서 일상과 민속적인 색채가 강하게 묻어나며, 민족 고유의 특색과 현실주의 요소가 섞인 것이 특징이다. 그 밖에도 작곡가가 들려주고 싶은 이야기를 완벽한 음악 형식으로 표현해 내어 내용과 형식을 자연스럽게 결합했다. 강한 흡입력과 확실한 음악적 색채를 띠는 현실주의, 낭만주의 작품들을 써 낸 차이콥스키는 러시아 음악의 발전에 큰 이정표를 세운 위대한 작곡가이다.

Russia

7 드미트리 멘델레예프와 주기율표

원소 주기율표를 만들어 낸 드미트리 이바노비치 멘델레예프는 세계 화학사에서 중요한 인물로 손꼽히는 과학자이다. 원소에 대한 연구로 빛나는 인생을 보낸 그의 삶을 들여다보면 마치 주기율표를 만들어 낼 운명을 타고난 것만 같다.

시기 : 1834~1894년
인물 : 드미트리 멘델레예프Dmitry Ivanovich Mendeleev

힘겨운 성장기

드미트리 멘델레예프는 1834년에 러시아 시베리아 지방의 토볼스크Tobolsk라는 도시에 살던 중학교 교장의 가정에서 태어났다. 그의 가정환경은 상당히 독특했다. 자녀가 모두 열일곱 명이었고 멘델레예프는 그중 막내였다. 그가 태어난 지 몇 달 지나지 않아 그의 아버지 이반 파블로비치 멘델레예프가 백내장으로 실명했다. 그래서 자연히 교장으로 계속 일할 수 없게 되었다. 많은 자녀를 둔 가정의 가장이 일자리를 잃은 것은 엄청난 일이었다. 몇 개월 동안 힘든 시간을 보낸 멘델레예프는 가족과 함께 조금 떨

한눈에 보는 세계사

1837년 : 영국, 차티스트 운동
1854년 : 일본, 미국의 압력으로 개항
1858년 : 영국, 인도 식민지배 시작
1861년 : 미국, 남북 전쟁
1870년 : 프랑스·프로이센 전쟁
1876년 : 조선, 강화도 조약 체결

어진 마을에 사는 외삼촌의 집으로 갔다. 그의 어머니 마리야 드미트리예브나 멘델레예바가 작은 유리 공장을 운영하던 외삼촌의 일을 도와주면서 대가족을 먹여 살리려고 했던 것이다.

멘델레예프는 어린 시절부터 유리 공장의 노동자들과 어울리며 자랐다. 힘든 노동을 해서 살아가는 삶을 바로 옆에서 지켜보며 자란 그는 무엇이든 깊이 생각하는 진지한 성격이 되었다. 그리고 뛰어난 기억력과 수학적 재능을 보였다. 멘델레예프는 초등학교에 다닐 때부터 특히 수학, 물리, 역사 과목에 큰 관심을 보였다. 1841년 가을, 일곱 살도 채 되지 않은 멘델레예프는 열 살이 넘은 형과 함께 중학교 입학시험을 치러서 합격해 많은 사람을 놀라게 했다. 중학교에 입학해서 더 많은 과목을 접한 멘델레예프는 자연과학에 깊이 빠져들었다. 선생님과 함께 간 수학여행에서는 온갖 돌과 식물, 곤충을 채집해서 표본을 만들기도 했다. 학교 성적도 좋았다.

멘델레예프

이러한 평화로운 시절은 오래가지 못했다. 이제 막 형편이 나아지던 멘델레예프의 집안에 또 한 번 위기가 불어 닥쳤다. 멘델레예프의 아버지가 갑작스럽게 폐렴에 걸려서 그만 세상을 떠난 것이다. 온 집안이 슬픔에 잠긴 지 얼마 지나지 않은 1848년에 마을에 큰불이 나서 유리 공장까지 잿더미가 되어 버렸다. 이제 멘델레예프의 대가족은 당장 살아갈 일이 막막해졌다.

그러나 십수 년 동안 고생을 거듭하며 강해질 대로 강해진 멘델레예프의 어머니는 여기에서 무너지지 않았다. 연이은 좌절과 고난에도 그녀는 절대 포기하지 않고 남은 재산을 팔아서 멘델레예프를 학교에 보냈다. 어머니의 유일한 소원은 멘델레예프가 그의 아버지처럼 높은 수준의 교육을 받는 것이었다.

1849년에 어머니는 중학교를 졸업한 멘델레예프를 직접 모스크바로 데려가서 대학에 입학시키려 했다. 마차를 타고 2,000km가 넘는 먼 거리를 달려서 모자는 며칠 후에 모스크바에 도착했다. 그러나 모스크바와 상트페테르부르크에 있는 대학들은 귀족 출신이 아닌 데다 저 멀리 떨어진 시베리아에서 왔다는 이유로 그를 받아 주지 않았다. 멘델레예프는 가까스로 한 의과대학의 입학시험을 치를 수 있었다. 입학하고 나서 처음으로 시체를 직접 보았을 때 멘델레예프는 그만 기절하고 말았다. 하는 수 없이 멘델레예프는 마음을 바꾸어 아버지가 다닌 학교에 가기로 했다. 그는 아버지 동창의 도움을 받아서 상트페테르부르크의 사범학교 물리학과에 입학했다.

드디어 멘델레예프를 사범학교에 입학시킨 그의 어머니는 일생의 소원을 이룬 지 얼마 지나지 않아 세상을 떠났다. 부모도, 재산도 없는 멘델레예프는 학교를 집으로 삼았다. 그리고 어머니의 바람을 생각하며 학업에 전념해 입학한 지 일 년 만에 학교의 우등생이 되었다. 그는 공부에 몰두하는 틈틈이 과학 평론을 써서 그 원고료를 받아 생활비로 썼다.

1855년에 멘델레예프는 우수한 성적으로 학교를 졸업했다. 그리고 졸업 후에는 심페로폴, 오데사 등 지역에서 중학교 교사로 일했다. 교편을 잡으면서도 그는 학업과 연구를 게을리하지 않았다. 그리하여 마침내 1875년에 뛰어난 성적으로 화학 학위 논문 심사를 통과했다. 교수들은 학업과 연구에 강한 의지를 보이는 멘델레예프에게 칭찬을 아끼지 않았다. 그리고 상트페테르부르크 대학은 그를 화학 강사로 임용하는 파격적인 결정을 내렸다. 그의 나이 불과 스물두 살 때였다.

원소 주기율표의 발견

상트페테르부르크에서 화학 강사로 일하게 된 멘델레예프는 물리화학과 유기화학 두 과목의 강의를 맡았다. 그는 완벽한 강의를 위해 끊임없이 공부하며 당시 연구가 시작 단계에 있던 원소 관계를 정리했다.

1859년에 멘델레예프는 독일 하이델베르크에 있는 실험실에서 연구할 기회를 얻었다. 멘델레예프가 상트페테르부르크 사범대학에서 공부하던 시절, 유명한 화학 교수가 그에게 영국 과학자인 존 돌턴의 '신원자론'에 대해 열띤 강의를 펼친 적이 있었다. 물리학을 통해 화학을 연구한 멘델레예프의 방식에 큰 영향을 끼친 경험이었다. 1860년에 독일에 머무르던 멘델레예프는 독일 카를수루에에서 열린 제1회 국제 화학자 회의에 참석했다. 회의장에 모인 각국 화학자들의 연설은 멘델레예프에게 깊은 감흥을 주었는데, 특히 이탈리아의 화학자인 칸니차로Stanislao Cannizzaro의 연설과 보고서는 멘델레예프의 연구에 반드시 필요한 참고 자료가 되었다. 이때부터 그는 확실한 연구 목표를 세우고 온 힘을 기울이기 시작했다.

멘델레예프는 밤낮을 가리지 않고 연구에 매달렸다. 원소의 화학적 특성과 일반적인 원자의 특성을 탐구하며 복잡한 원소들 사이에 공통점을

멘델레예프의 주기율표

Естественная система элементовъ Д. Менделѣева.

Высшій окиселъ образующій соли:	Группа I. R^2O	Группа II. R^2O^2 или RO	Группа III. R^2O^3	Группа IV. R^2O^4 или RO^2	Группа V. R^2O^5	Группа VI. R^2O^6 или RO^3	Группа VII. R^2O^7	Группа VIII. (переходъ къ I) R^2O^8 или RO^4			
	H=1		—	RH^4	RH^3	RH^2	RH				H=1 HX
Типич. рядъ	Li=7	Be=9,4	B=11	C=12	N=14	O=16	F=19				
Рядъ 1.	Na=23	Mg=24	Al=27,3	Si=28	P=31	S=32	Cl=35,5				
Рядъ 2.	K=39	Ca=40	—	Ti=48(50?)	V=51	Cr=52	Mn=55	Fe=56	Co=59	Ni=59	Cu=63
Рядъ 3.	Cu=63	Zn=65	— ?68—Eb?	— ?72—Es?	As=75	Se=78	Br=80				
Рядъ 4.	Rb=85	Sr=87	— ?88—Yt?92	Zr=90	Nb=94	Mo=96	— 100	Ru=104	Rh=104	Pd=106	Ag=108
Рядъ 5.	Ag=108	Cd=112	In=113	Sn=118	Sb=122	Te=125(128?)	I=127				
Рядъ 6.	Cs=133	Ba=137	— ?138—La?=Di(144)	Ce=140(138?)	— 142	— 146	— 148	— 150	— 151	— 152	— 153
Рядъ 7.	— 153	— 158	— 160	— 162	— 164	— 166	— 168				
Рядъ 8.	— 175	— 177	— ?178—Er?	— ?180—Di?—La(187)	Ta=182	W=184	— 190	Os=193 (199?)	Ir=195 (198?)	Pt=197	Au=197
Рядъ 9.	Au=197	Hg=200	Tl=204	Pb=207	Bi=208	— 210	— 212				
Рядъ 10.	— 220	— 225	— 227	Th=231	— 235	U=240	— 245	— 246	— 248	— 249	— 250

- Тѣло твердое, малорастворимое въ водѣ.
- Тѣло газообразное или летучее.

M=K, Ag.... M²=Ca, Pb ....
X=Cl, NO³, OH, OM.... X²=SO⁴, CO³, O, S....

H
Li Be B C N O F Na Mg Al Si P S Cl
K Ca — Ti V Cr Mn Fe Co Ni Cu Zn — — As Se Br
Rb Sr Yt? Zr Nb Mo — Ru Rh Pd Ag Cd In Sn Sb Te I
Cs Ba Di? Ce — — — — — — — — — — — — —
— — Er? La? Ta W — Os Ir Pt Au Hg Tl Pb Bi — —
— — — Th — U — — — — — — — — — —

찾아내려고 애썼다. 연구는 실패를 거듭했지만 그는 실망하거나 포기하지 않았다. 1862년에 바쿠 유전에서 액체에 대해 연구하던 그는 일부 원소의 원자량을 측정했고 이를 통해서 원소의 특징을 더 깊이 이해할 수 있게 되었다.

1869년에 멘델레예프는 원소를 성질에 따라 분리하는 작업을 하다가 일부 원소의 성질이 비슷하지만 원자량은 다르다는 것을 발견했다. 또 일부는 서로 성질이 달라도 원자량은 서로 비슷한 현상을 보이기도 했다. 멘델레예프는 이것이야말로 원소 관계의 비밀을 풀 수 있는 열쇠라고 직감하고, 원자량과 원소의 성질을 반복해서 측정하고 연구했다. 그는 카드에 원소의 이름과 원자량, 화학식과 주요 성질 등의 정보를 기록했다. 그렇게 만든 원소 카드를 이리저리 배열해 보다가 문득 같은 줄에 있는 원자들의 성질은 원자량에 따라서 변화한다는 것을 알아냈다. 즉 원소의 성질은 원자량이 커지거나 작아질 때마다 주기적으로 바뀐다는 것이었다. 첫 번째 원소 주기율표는 이렇게 해서 탄생했다.

멘델레예프가 원소 주기율표를 만들었을 때에는 아무런 원소도 적혀 있지 않은 빈칸이 많았다. 그는 자신의 이론을 바탕으로 앞으로 빈칸을 채울 새로운 원소들이 발견될 것이라고 예언했다. 실제로, 그로부터 4년 후 프랑스의 화학자 브와보드랑Boisbaudran이 스펙트럼 분석법을 이용하여 아연석에서 갈륨을 발견했다. 멘델레예프가 예측한 대로였다. 갈륨이 발견되면서 원소 주기율표는 그 객관성이 증명되었고, 이후의 원소 연구와 새로운 원소 및 신물질, 신소재 등의 발견에 뒷받침되는 규칙으로 인정받았다.

화학계에 미친 영향

멘델레예프의 주기율표는 화학계에 큰 충격을 던져 주었다. 그러나 당시의 시대적 한계로 원소 주기율표는 완벽하지 않았다. 1894년에 주기율표에 속하는 안정적인 기체인 불활성 기체가 발견되면서 멘델레예프의 주기율표는 한층 완전해졌고, 그 후 원소의 순서 관계가 화학적으로 밝혀진 것도 주기율표의 객관성을 뒷받침했다. 원자구조론도 주기율표를 바탕으로 탄생했다. 원소주기율표는 이렇게 인류가 자연을 이해하고 활용하는 데 큰 역할을 했다.

Russia

8 파블로프의 개

이반 파블로프는 러시아의 유명한 생리학자로 심장, 소화기와 신경계통 세 분야에서 커다란 업적을 남겨 '생리학의 아버지'로 불린다.

시기 : 1849~1936년
인물 : 이반 파블로프Ivan Petrovich Pavlov

세계적인 생리학 박사

파블로프는 1849년 9월에 모스크바 부근의 랴잔에 살던 정교회 사제 가정에서 태어났다. 어린 시절 파블로프는 동네의 또래 꼬마들과 같이 숲과 들을 뛰어다니는 호기심 많은 아이였다. 그는 넘치는 호기심으로 자신의 눈에 들어오는 모든 현상에 질문을 던졌다. 훗날 그가 학업과 연구에 전념한 것도 이런 성격에서 비롯되었다.

1870년에 파블로프의 소망이 드디어 이루어졌다. 우수한 성적으로 상

한눈에 보는 세계사

1854년 : 일본, 미국의 압력으로 개항
1861년 : 미국, 남북 전쟁
1876년 : 조선, 강화도 조약 체결
1903년 : 라이트 형제, 최초로 비행 성공
1910년 : 대한 제국, 국권 피탈
1911년 : 중화민국 건국
1914년 : 제1차 세계대전
1921년 : 중국, 공산당 성립
1929년 : 세계 대공황
1936년 : 에스파냐 내전

트페테르부르크 대학 물리·수학부 자연과학과에 입학한 것이다. 5년 동안 공부하면서 어린 시절에 품었던 의문들은 말끔히 해결되었지만, 또 다른 질문들이 생겼다. 그래서 그는 외과의학 아카데미에 진학하기로 했다. 1879년에 아카데미를 졸업하고 파블로프는 독일과 프랑스로 유학을 떠났다. 그리고 그곳에서 저명한 물리학자와 의학자들의 가르침을 받으며 1883년에 의학 박사 학위를 따냈다.

이듬해인 1886년에 러시아로 돌아와 파블로프는 군사 의학 아카데미 Imperial Medicine Academy의 부교수와 교수직을 거쳐 실험의학 연구소에서 연구를 이끌게 되었다. 생리과학 연구 활동에 전념한 그는 1936년에 세상을 떠나기 직전까지 연구 계획을 세웠다고 한다. 존경받던 노학자 파블로프는 그렇게 생의 마지막 순간에도 과학과 인류의 발전을 위해 최선을 다했다. 재능이 뛰어난 과학자였던 파블로프는 자연과학, 특히 생리학 연구에 평생을 바쳤다. 당시 체계적인 실험이 전혀 이루어지지 않았던 생리학 연구에 새로운 장을 연 업적을 인정받아 생리학자로서는 처음으로 노벨상을 받기도 했다.

한평생을 연구에 바친 과학자

18세기 중반 이후 사람들은 신경계통이 인체 각 기관의 활동을 조절한다는 사실을 인식하기 시작했다. 파블로프는 대학에 다닐 때부터 혈액 순환과 신경 작용의 상관관계에 의문을 품고 연구했다. 당시 러시아는 군사 발전에 모든 힘을 쏟고 있었고, 생물학은 체계적인 기초 이론조차 제대로 확립되어 있지 않았다. 이런 시대적 상황이 파블로프의 연구에 큰 방해가 되었지만 그는 포기하지 않고 연구에 매달렸다. 그 결과 췌장 신경에 대한 놀라운 연구 결과를 내놓기도 했다. 얼마 후 그는 동물의 심장에 있는 특수 신경이 심장박동의 강약을 조절하지만 심장박동의 속도와는 관계가 없다는 사실을 발견했다. 훗날 이 신경은 후배 과학자들에 의해 '파블로프 신경'이라고 명명되었다.

파블로프는 신경 계통의 조절 작용에 대해 실험을 거듭하면서 동물을 마취시켜서 실험하는 것이 몹시 잔인하다고 생각했다. 당시에는 실험 도중에 동물이 마취에서 깨어나기 일쑤여서 과학자들은 동물이 고통스러워하며 죽어 가는 것을 봐야 했기 때문이다. 이런 장면들은 어려서부터 종교 교육을 받으며 자란 파블로프에게 정신적으로 큰 부담이었다. 그래서 그는 새로운 실험 방법을 생각해 냈다. 건강한 동물을 마취하지 않고서 긴 시간에 걸쳐 관찰하며 연구하는 것이었다. 실험동물들은 피를 흘리거나 고통스러워할 필요가 없고, 과학자들은 건강한 동물의 정상적인 생리 과정을 지켜볼 수 있었다. 한편, 오늘날 일부 학자는 마취를 사용하지 않는 동물 실험은 오히려 동물학대로 볼 수 있다고 평가하기도 한다.

1902년에 파블로프(오른쪽에서 두 번째)가 조수 표트르와 함께 조건 반사 실험을 보여 주는 장면. 그는 개를 대상으로 한 연구를 토대로 조건 반사 학설을 창시했다.

파블로프는 다양한 외과 수술 방법을 고안하기도 했다. 그는 외과적 실

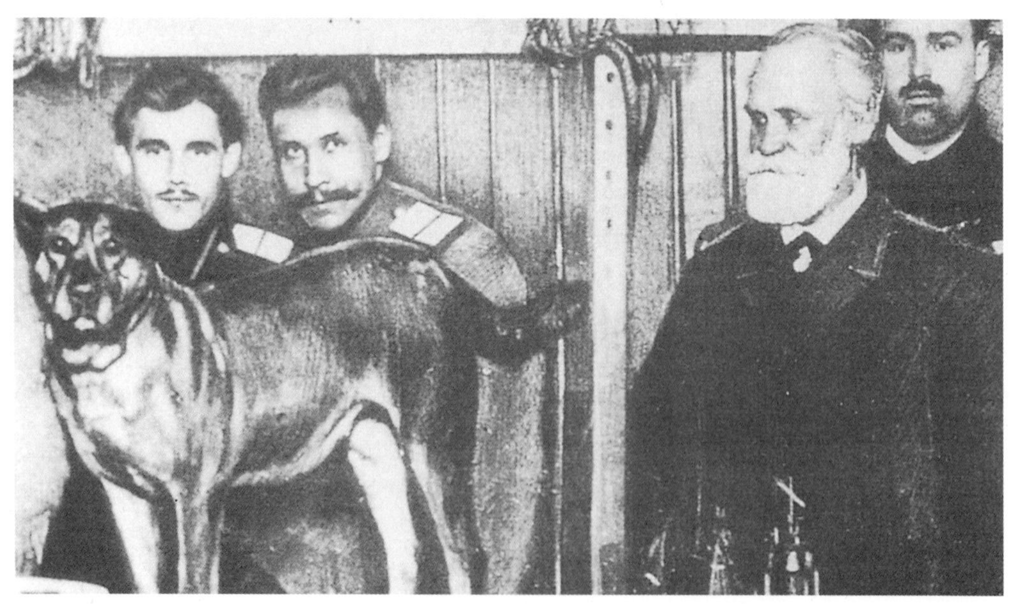

험을 통해서 정상적인 동물의 소화 작용을 관찰하고 신경계가 소화기의 기능을 조절한다는 사실을 밝혀냈다. 이 연구로 1904년에 노벨 생리학·의학상을 받았다. 1924년 당시 소련 학술원의 생리학 연구소장으로 있던 파블로프는 한층 깊이 있는 연구를 통해 신경계가 인체 각 기관의 활동을 조절한다는 사실을 실험으로 증명했다. 그는 대뇌와 높은 수준의 신경 활동을 무조건 반사와 조건 반사의 두 가지로 나눈 다음 조건 반사를 통해서 뇌 피질의 기능을 밝혀냈다. 또 인간과 동물의 복잡한 물리적, 심리적 활동을 단순한 실험을 통해서 객관적으로 정리하려고 노력했다. 그중에서 대표적인 것이 침샘 분비 연구이다. 1902년에 파블로프는 '파블로프의 개'로 유명한 조건 반사 실험으로 심리적 요소가 신경 계통은 물론이고 나아가 소화 계통에까지 영향을 미친다는 사실을 증명했다.

60여 년 동안 실험과 연구 활동에 몸담은 파블로프는 자신의 모든 시간을 실험실에서 보냈다. 당시 러시아는 10월 혁명의 성공으로 사회가 혼란스러워져 전기와 수도가 모두 끊기고 실험용 개까지 모두 굶어 죽는 상황에 이르렀지만, 그럼에도 파블로프는 연구를 멈추지 않았다. 오늘날 사람들은 세계 생리학에 크게 공헌한 파블로프를 가리켜 '생리학의 아버지'라고 부른다.

마르크스주의는 어떻게 전해졌을까?

18세기 말, 차르 정부의 가혹한 억압과 착취로 계층 간의 갈등이 끝없이 깊어졌다. 생각이 앞선 러시아 지식인들은 기존의 사회 제도를 유지한다면 러시아는 더 이상 발전할 수 없다는 사실을 인식했다. 가난과 고통에 몸부림치는 러시아 사람들을 구할 새로운 사상이 절실했다. 차르 정부의 억압을 피해 서유럽 일대를 떠돌던 러시아 지식인들은 조국의 미래를 위한 해답을 찾기 시작했다. 독일에서 탄생한 마르크스주의는 바로 이러한 필요에서 러시아에 전해졌다.

진보적인 사람들의 활발한 활동

19세기 들어 러시아에서는 선진 사상을 주장하는 사람들이 적극적으로 활동하기 시작했다. 당시는 자본주의가 성숙기로 접어들어 노동자의 수도 점차 늘어나 약 200만 명을 헤아리게 되었다. 또 제국주의 국가에 자본주의가 들어오면서 사회 갈등이 전에 없이 심각해졌다. 시장의 규칙을 바탕으로 하는 자본주의와 황제의 명령을 받드는 제국주의가 한데 어우러진다는 것이 애초부터 불가능했기 때문이다. 러시아 농노와 농민들은 차르의 전제 통치에 강하게 반발했다. 전국의 대도시에서는 하루가 멀다 하고 노동자와 농민들의 파업과 폭동이 잇따랐다. 19세기 후반에 러시아는 이렇게 마르크스주의를 받아들이기에 적당한 상황이었다.

1840년대에 러시아에서 '나로드니키' 운동이 탄생할 무렵 서유럽으로 망명했던 러시아 지식인들이 마르크스의 책을 들고 귀국했다. 처음에 사상 이론으로서 러시아에 소개된 마르크스주의는 1840년대 후반에서 1860년대까지 지식층에서 서서히 유행하기 시작했다. 일부 사람들은 마르크스와 개인적으로 만나 친분을 쌓기도 했다. 그리고 이 시기에 바쿠닌이 번역한 《공산당 선언》, 《프랑스 내전》, 《자본론》 등 마르크스의 저서들이 러시아에 대량 유입되었다. 그중 1869년에 출판된 《공산당 선언》이 가장 먼저 러시아 어로 번역되었다. 완벽하다고 말하기는 어려운 수준의 번역인 데다 그나마 많이 출판되지도 않았지만, 역사적으로는 큰 의의가 있는 사건이었다.

1870년대에 접어들어 마르크스와 접촉한 수많은 러시아 혁명가가 그의 저서를 가지고 귀국했다. 19세기 말 러시아에서는 마르크스주의가 선진 사상으로 대접받았다. 1870년대 초반에 러시아의 혁명가들은 스위스의 제네바에 처음으로 러시아 지부를 조직했다. 혁명에 대한 굳은 의지를 품은 이 혁명가들은 러시아의 혁명 운동을 유럽 프롤레타리아 운동에 포함해 마르크스의 관심과 지지를 얻었다. 그 후 서방 프롤레타리아 혁명 이론이 러시아 혁명가들의 연구 대상으로 자리 잡았다.

1883년 9월 25일(신력), 러시아의 망명 인사들이 스위스 제네바의 론Rhone 강가에 있는 카페에 모였다. 한때 나로드니키 운동에 참여했던 플레

마르크스

하노프Georgy Valentinovich Plekhanov, 자술리치, 악셀로트 등의 혁명가들은 이제 나로드니키 운동을 그만두기로 했다. 대신 전제 군주제와 투쟁하기 위한 강령을 만들고 노동해방단을 조직하여 본격적으로 러시아에 마르크스주의를 도입하기로 했다. 러시아 최초의 마르크스주의 단체인 노동해방단의 탄생이었다. 러시아와 마르크스주의의 깊은 인연은 여기에서 시작되었다.

1883년에 노동해방단을 창립한 러시아 혁명가들은 플레하노프를 대표로 세웠다. 그리고 가장 먼저 마르크스와 엥겔스의 저서들을 러시아 어로 번역하기 시작했다. 또 러시아에 사회주의 이론을 보급하고, 마르크스주의를 바탕으로 당시 러시아 사회의 주요 문제점을 연구했다. 1880년대에 노동해방단은 《사회 민주주의 총서》를 출판하고 서둘러 해결해야 할 러시아의 사회, 정치적 임무를 짚었다. 이와 함께 한편으로 서유럽 각국에서 벌어지는 프롤레타리아 운동을 소개했다.

노동해방단 단원들은 수많은 문헌을 바탕으로 마르크스주의를 더욱 설득력 있게 주장하고자 노력했다. 폭넓은 지식과 뛰어난 재능이 있는 작가들이 써 낸 책들은 러시아 사회주의 서적의 걸작으로 평가받으며 러시아의 마르크스주의자들에게 큰 영향을 끼쳤다. 노동해방단의 대표 플레하노프는 마르크스주의를 온전히 받아들인 최초의 러시아 인이었다. 그는 마르크스주의 관련 서적들을 통해 마르크스주의가 러시아에 뿌리내릴 수 있도록 했다.

마르크스주의의 발전

1890년대에 러시아의 공업이 빠르게 발전하면서 경제 및 정치에 대한 유산 계급의 요구도 점점 커졌다. 빠른 공업 발전에 따라 등장한 엔지니어, 경제학자, 법률가, 회계, 재정, 통계 전문가 및 기술자 등도 유산 계급의 자유주의에 새로운 동력이 되었다.

동시에 나날이 그 이론적 영향력을 더해가던 마르크스주의도 새로운 유산 계급 지식인들에게 영향을 미쳤다. 그중 일부는 마르크스주의 학설로 러시아 자본주의의 필요성과 가능성을 증명하려고 했다. 다시 말해 '마르크스주의의 합법화'를 시도하려는 움직임이 나타난 것이다. 그러나 선진 사상의 전파는 언제나 그것을 반대하는 세력과 충돌하기 마련이다. 1890년대에는 러시아에서 나로드니키 사상과 마르크스주의가 정면으로 맞서면서 러시아 사상의 발전과 변화를 자극했다.

플레하노프를 중심으로 한 러시아의 1세대 마르크스주의자

러시아 마르크스주의의 아버지인 플레하노프

들은 열악한 환경에서도 연구를 멈추지 않았다. 당시 러시아에는 이미 자본주의가 자리 잡고 있었다. 자본주의가 발전하면서 무산계급인 프롤레타리아도 나날이 늘어갔고, 이들은 곧 자신들의 권리를 주장하며 투쟁에 나서기 시작했다. 한편, 이때에는 마르크스주의자 그룹들도 활동하고 있었다. 덕분에 러시아의 젊은이들은 새로운 사상과 가치관을 스스로 생각하여 선택할 수 있었다. 그리고 바로 이 시기에 사회주의의 또 다른 대표 인물인 레닌이 나타났다. 레닌은 러시아의 진보적 사상가들이 쓴 저서들을 읽고 마르크스와 엥겔스의 학설을 연구하여 자신이 직접 경험한 혁명 활동에 접목했다. 이론과 실제를 결합한 마르크스주의자의 출현이었다.

1890년대에 레닌은 혁명 활동과 마르크스주의를 보급하는 데 적극적으로 나섰다. 그리고 러시아 혁명과 마르크스주의를 결합해 새로운 사상인 '레닌주의'를 탄생시켰다. 레닌주의의 등장은 마르크스주의가 러시아에서 뿌리를 내렸다는 것을 의미하는 사건이었다.

9 러일 전쟁

Russia

'러일 전쟁'으로 불리는 러시아-일본 전쟁은 1904~1905년까지 일본과 러시아 제국이 중국 동북 지방과 한반도를 차지하고 아시아·태평양 지역을 장악하기 위해서 벌인 제국주의 전쟁이다. 이 전쟁은 미국-스페인 전쟁, 영국-트란스발공화국의 보어 전쟁과 함께 전 세계적으로 제국주의의 식민지 쟁탈이 본격화되는 단계를 상징하는 사건이다.

시기 : 1861~1905년
인물 : 알렉산드르 2세, 알렉산드르 3세, 니콜라이 2세

전쟁의 예고

19세기에 더 이상 시대에 맞지 않는 구식 전제 군주제와 농노 제도가 러시아 경제의 발전에 발목을 잡았다. 나날이 쇠약해지던 러시아 제국의 경제는 알렉산드르 2세가 개혁을 시작한 1861년부터 조금씩 발전하기 시작했다. 1894년에 차르 알렉산드르 3세가 세상을 떠나고 그의 뒤를 이어 제위에 오른 니콜라이 2세는 대규모 자본을 투입해서 집중적으로 생산하기 시작했다. 표트르 스톨리핀Pyotr Stolypin 총리의 개혁이 효과를 발휘하면서

한눈에 보는 세계사

1861년 : 미국, 남북 전쟁
1870년 : 프랑스·프로이센 전쟁
1876년 : 조선, 강화도 조약 체결
1896년 : 제1회 근대 올림픽 개최
1897년 : 대한 제국 성립
1903년 : 라이트 형제, 최초로 비행 성공

러시아 산업은 좋은 성과를 거두었다. 그러나 군사력은 경제만큼 발전하지 못했다. 오히려 여러 해 동안 정복 전쟁을 치러 당시 유럽의 선진국들보다 뒤떨어졌다. 20세기에 들어서면서는 러시아 군사력의 퇴보가 더욱 뚜렷하게 드러났다.

19세기 말, 여전히 낙후된 봉건 통치 제도에서 벗어나지 못하던 중국은 러시아, 일본 등 주변 강대국들의 먹잇감이 되었다. 1895년에 중국은 일본과 전쟁을 치러 크게 패하고 불평등한 '시모노세키 조약'을 맺어 일본에 랴오둥 반도를 넘겨주었다. 이것이 러시아 제국의 불만을 샀다. 표트르 1세의 통치 시기부터 러시아의 역대 차르는 동쪽으로 세력을 확장하는 정책을 펼쳐 왔다. 태평양 일대를 장악하려는 기회를 항상 엿보았기 때문이다. 그런데 일본이 중국의 랴오둥 반도를 차지하면 러시아의 그러한 정책이 실현되기 어려워질 것이 뻔했다. 그래서 러시아는 남동쪽에 있는 중국의 뤼순旅順 지방을 차지하려고 했다. 사계절 내내 얼지 않는 항구인 뤼순을 빼앗기 위해 프랑스, 독일과 손을 잡고 일본이 랴오둥 반도를 포기하게 하려는 생각이었다. 또 중국 동북 지방의 철도를 이용할 생각으로 중국 정부로부터 강제로 뤼순과 다롄을 빼앗았다. 물론 두 도시를 일정 기간 빌린다는 명목이었다. 이 사건은 나중에 일본이 러시아에 복수전을 펼치려는 씨앗이 되었다.

20세기에 들어서서 러시아는 계속해서 남동쪽으로 세력을 확장하는 정책을 펼쳤다. 중국에 내란이 벌어진 것을 기회로 동북 지역의 국경을 침략하고 한반도까지 차지하려고 했다. 그러자 이번에는 영국, 독일 등 유럽 강대국들이 러시아를 못마땅하게 생각하기 시작했다. 영국은 1902년에 일본과 손을 잡고 러시아의 동쪽 확장을 막으려고 했다. 독일도 러시아와 전쟁을 치르도록 일본을 부추겼다. 한편, 일본과 러시아가 전쟁을 벌이면 이익을 얻을 수 있을 것으로 생각한 미국도 두 나라의 전쟁을 말리지 않았다.

다만, 프랑스는 러시아를 지지하며 영국과 일본의 동맹을 반대했다. 이렇게 열강의 얽히고설킨 관계 속에서 러시아와 일본이 전쟁을 준비하기 시작했다.

뤼순 항 전쟁

영국, 독일, 프랑스의 선동으로 마침내 일본과 러시아가 전쟁을 시작했다. 1904년 2월 8일(신력) 저녁, 몹시 추운 날씨였다. 부드러운 바닷바람이 불며 수면에 잔잔한 파도를 일으켰고, 뤼순 항에 정박한 러시아의 태평양 함대

러시아 군함이 일본군의 어뢰에 공격당하는 장면

는 깊은 어둠에 잠겨 있었다. 일본군이 설마 이곳까지 공격해 오리라고는 꿈에도 생각지 못한 러시아군은 망을 보는 보초병을 제외하고 각자 숙소에서 쉬었다. 이른 봄의 평화로운 밤이었다.

밤이 깊어 어둠이 짙게 내렸을 때, 일본 해군 제독 도고 헤이하치로가 이끄는 연합 함대가 항구에 정박한 러시아 함대 쪽으로 소리 없이 다가왔다. 경계를 늦추고 있던 러시아 보초병이 미처 알아차리기도 전에 일본군이 갑자기 대포를 쏘아대기 시작했다. 이렇게 선전 포고도 없이 전쟁이 시작되었다. 평화로운 밤바다에서 고향 생각에 잠겨 있던 러시아 병사들은 깜짝 놀라서 황급히 뱃머리를 돌려 뤼순 항 안으로 들어가려고 했다. 그러나 그들은 일본군이 미리 어뢰를 설치해 놓은 사실을 꿈에도 몰랐다. 결국

러일 전쟁 중 부상자를 호송하는 러시아군

일본의 공격으로 러시아 전투함 두 척과 순찰선 한 척이 침몰하고 말았다.

한밤의 격렬한 전투가 끝나고 날이 밝자 러시아 해군이 전쟁이 벌어진 장소에 도착했다. 그들은 러시아군 사령관 스테셀에게 일본군의 갑작스러운 공격 소식을 보고했다. 그러나 일본 제2군과 제3군은 일본 해군 함대의 엄호를 받으며 이미 랴오둥 반도에 상륙한 상태였다. 게다가 빠른 속도로 다롄을 점령해 뤼순 항에 있는 러시아군과 육지의 연결을 끊어 놓았다. 이제 뤼순 항은 꼼짝없이 고립되어 이곳의 방어를 책임진 스테셀은 일본과 결전을 치를 수밖에 없게 되었다.

중국 청나라의 북양 함대와 러시아 제국의 해군이 함께 지은 뤼순 요새는 방어벽이 탄탄하고 어디서든 봉화를 볼 수 있는 데다 각종 대포가 설치되어 있었다. 요새에 대한 자부심이 가득했던 러시아군 사령관 스테셀은 비록 고립되어 아무런 지원도 기대할 수 없는 상황이었지만 일본군에 요새를 빼앗기지는 않을 것이라고 믿었다. 1904년 8월, 일본의 해군과 육군이 뤼순 요새의 코앞까지 밀고 들어왔다. 수백 개에 이르는 대포가 오직 뤼순 요새를 겨누었다.

러시아군은 포위되었고 식량 보급도 모두 끊겼다. 포위망을 뚫지 못한다면 수만 러시아군이 다른 어떤 이유보다 모조리 굶어 죽게 될 형편이었다. 스테셀 사령관은 8월 중순에 러시아 함선 스무 척을 뤼순 항으로 출동시켜 포위를 뚫으려 했다. 그러나 일본군의 포위망은 쉽사리 뚫리지 않았고 러시아군의 시도는 연달아 실패로 돌아갔다. 그렇게 일 년이 눈 깜짝할 사이에 지나갔다. 그동안 러시아와 일본 양쪽 모두 큰 손실을 보았다. 특히 지원 부대나 식량 보급을 받을 수 없는 러시아는 늘어나는 피해를 견디지 못하고 결국 항복하고 말았다.

러시아군이 이미 뤼순에서 항복했지만 일본군은 모처럼 잡은 기회를 놓치지 않았다. 그들은 북쪽으로 후퇴하는 러시아군을 뒤따라가 공격하기 시작했다. 이미 사기가 떨어질 대로 떨어진 러시아군은 이제 적군에 맞설 힘도 남아 있지 않았다.

1904년 5월, 일본군은 사할린 지역에서 러시아를 크게 물리쳤다. 이런 식의 패배는 러시아 군대에 처음이었다. 잇단 패배에 충격을 받은 러시아 차르는 발트 함대를 쓰시마로 파견해서 일본군에 따끔한 맛을 보여 주게 했다. 러시아 함대가 일본을 물리치고 나면 유럽의 새로운 세력 구도에서 유리한 위치를 차지할 수 있을 것이고, 나아가 전쟁에서의 승리를 이용해 국내의 농민 반란을 진정시킬 수 있다는 것이 차르의 계산이었다. 그러나 안타깝게도 발트 함대와 일본군의 실제 군사력은 차르의 생각과는 많이 달랐다. 발트 함대는 쓰시마 해전에서 전멸했고, 전투에서 승리한 일본군은 사할린 지역 일부까지 손에 넣었다. 이때부터 러시아와 일본 사이에 대규모 군사 충돌은 일어나지 않았다. 양측은 서로 조용히 대치하며 다음 상황을 기다렸다.

쓰시마 해전에서 크게 패했다는 소식이 전해지자 러시아에서는 곧바로 혁명이 일어났다. 이에 러시아 군대는 혁명 진압에 동원되어 다시 전쟁을 치를 수 있는 여유가 없었다. 한편, 이번 전쟁으로 많은 힘을 소모한 일본 역시 서둘러 전쟁을 마무리 지으려고 했다. 그러자 일본의 세력이 과도하게 커지는 것을 원치 않은 미국이 중재에 나섰다. 그리하여 1905년 9월 5일(신력) 미국에서 러시아와 일본이 포츠머스 조약을 맺었다. 2년 동안 계속된 전쟁은 결국 러시아의 패배로 끝이 났다.

전쟁의 영향

러일 전쟁은 20세기 초에 러시아에 가장 중요한 전쟁이었다. 이 전쟁에서 패한 결과 러시아의 자본주의는 큰 영향을 받았고 이후 러시아는 두 번 다시 전쟁에 나설 수 없게 되었다. 또한 국내 유산 계급의 혁명에도 큰 영향을 주었다. 한편, 러시아와 일본이 동북아 지역에서 전쟁을 벌인 탓에 청나라와 조선이 전쟁으로 말미암은 고통을 떠안기도 했다. 이 전쟁으로 군사 봉건 제국 러시아의 폐단이 전 세계에 드러났을 뿐만 아니라 러시아 자체의 군사력도 크게 약해지는 결과를 낳았다.

포츠머스 조약

1905년, 러시아와 일본은 미국 루스벨트 대통령의 중재로 미국 뉴햄프셔 주 포츠머스에서 포츠머스 조약을 맺었다. 조약에 따라 러시아는 한반도에 대한 일본의 관리 감독 권한을 인정하고, 중국에서 '빌린' 뤼순 등 지역에 대한 모든 권리를 일본에 넘겼다. 장춘과 뤼순을 잇는 철도 부설권도 무상으로 일본에 주었다. 사할린 남부와 부근의 섬 중 일부도 일본에 넘겨주었고, 그 밖에 동북 각지의 철도에 1킬로미터 간격으로 군사 열다섯 명을 두어 방어하도록 하는 조약도 작성했다.

이로써 중국의 동북 지역은 러시아와 일본의 세력 범위가 되었다. 조약을 체결한 후 일본은 청나라 조정에 포츠머스 조약의 중국 관련 조항에 사인할 것을 강요하여 장춘(창춘)과 길림(지린)을 연결하는 철도 부설권 및 압록강 오른쪽 숲에서 목재를 채취하는 벌목권을 얻어 냈다. 청나라는 이 조약에 동의하면서 동쪽 세 개 성(省)의 항구 16군데를 개방하기도 했다.

Russia

맥을 잡아주는 세계사

The flow of The World History

제 4 장 | 사회주의 혁명과 소련의 성립

1. 제1차 러시아 혁명
2. 2월 혁명
3. 10월 혁명
4. 전시공산주의
5. 붉은 군대의 프룬제
6. 소련 신경제 정책
7. 레닌, 세상을 떠나다
8. 사회주의 소유제의 확립
9. 독학으로 이룬 꿈, 막심 고리키

Russia

1 제1차 러시아 혁명

19세기 말과 20세기 초, 러시아 차르 전제 정치의 폐단이 점점 심각하게 드러났다. 그런 한편으로는 세계적인 경제 위기와 러일 전쟁에서의 패배로 러시아 노동자들의 생활이 더욱 어려워져 전국적인 대중 운동이 일어났다. 차르 정권에 환상을 품고 있던 사람들을 잔인하게 제압한 '피의 일요일' 사건은 황제의 폭정을 드러내 대중의 분노를 샀다. 러시아 역사 최초의 혁명도 여기에서 시작되었다.

시기 : 1904~1907년
인물 : 니콜라이 2세, 레프 트로츠키Lev Trotsky

혁명의 불씨

19세기 말과 20세기 초, 러시아의 자본주의가 발전하여 제국주의 단계로 들어섰지만 정치 제도는 갈수록 부패했다. 1904년부터 1905년까지 치른 러일 전쟁에서 참패한 데다 차르의 강압적인 전제 정치로 백성이 고통 받았다. 게다가 유럽을 휩쓴 경제 위기까지 겹치면서 러시아는 혁명의 소용돌이에 휩쓸렸다.

20세기로 들어서면서 전 세계적인 경제 위기가 발생했다. 수많은 공장이 문을 닫고 러시아의 산업도 거의 생산을 중단한 상황이었다. 그러던

한눈에 보는 세계사
1903년 : 라이트 형제, 최초로 비행 성공
1905년 : 대한 제국, 을사늑약 체결

1905년 1월 9일 일요일의 이른 아침, 상트페테르부르크에 눈보라가 휘몰아칠 때였다. 일자리를 잃고 생계가 막막해진 노동자 15만 명과 그 가족들이 겨울 궁전으로 몰려들었다. 그들은 황제에게 바치는 청원서와 예수 성상, 차르 니콜라이 2세의 초상화를 들고 정교회 성가를 부르며 궁전 앞에 모였다. 이 시위대는 민주적인 의회 제도 도입과 무상 교육, 일일 8시간 근무제, 임금 인상, 노동 환경 개선 등의 내용을 담은 청원서를 차르에게 전달하려고 했다.

평화 시위를 하던 이들을 맞이한 것은 뜻밖에도 총과 칼로 무장한 군대였다. 궁전 앞에 모인 백성이 차르에게 협상을 요구하자 정부의 군대가 총을 쏘기 시작했다. 수천 명의 사람들이 그 자리에서 죽거나 부상당했다. 상트페테르부르크의 거리는 노동자들의 피로 온통 붉게 물들었다. 이 사건을 가리켜 '피의 일요일'이라고 한다.

전통적으로 차르를 '자애로운 아버지'로 생각하던 러시아 백성은 '피의 일요일' 이후 크나큰 배신감을 느끼고 분노했다. 차르를 중심으로 하는 귀족 계층과 억압받는 백성 사이의 갈등이 끊임없이 깊어지다가 마침내 폭발했다. 이로써 1905년부터 1907년까지 러시아를 뒤엎을 혁명의 불길이 타오르기 시작했다.

러시아 차르 니콜라이 2세

혁명의 소용돌이

'피의 일요일' 사건으로 러시아 백성은 크게 분노했다. 차르에 대한 신뢰도 한순간에 무너졌다. 생계가 어려워 차르에게 도움을 청하러 갔던 사람들을 잔인하게 제압한 정부의 행동을 보고 러시아 인의 분노는 극에 달했다. 그날 이후 수도와 주요 공업 단지에서 대규모 파업이 줄을 이었고 정부에 항의하는 시위가 끊이지 않았다. 이러한 백성의 분노를 잠재우기 위해 니콜라이 2세는 선거를 치러 정부 자문 기구를 세우겠다고 발표했지만, 노동자와 농민, 상인, 심지어는 지방 정부까지 이에 냉담한 반응을 보였다. 같은 해 4월에 제헌 의회를 소집하라고 요구한 러시아 백성은 5월 1일 노동절에도 파업했다.

1905년 6월, 러일 전쟁에서 크게 패한 러시아 군대는 전쟁에서 진 것도 모자라 평화 시위를 하는 백성을 잔인하게 진압한 정부의 행동에 불만을 품기 시작했다. 그러던 6월 14일, 러시아 흑해 함대 '포툠킨Potyomkin호'의 선원들이 반란을 계획했다. 그들은 6월 27일에 포악한 장교들을 죽이고 함선에 혁명의 깃발을 내건 후 한창 총파업이 진행 중이던 오데사로 향했다.

당시 포툠킨호는 러시아 해군 함대 중 가장 크고 강한 전투함인 데다 흑해 함대의 주력 함선이었다. 그런 포툠킨호에서 반란이 일어났다는 사실

상트페테르부르크에 있는 화려하고 웅장한 겨울 궁전의 광장. 1905년과 1917년 모두 세 차례 혁명이 일어난 곳이다.

은 차르에게 큰 충격이었다. 화가 난 차르가 흑해 함대의 다른 함선들에 포톰킨호의 반란을 막으라고 명령했다. 그러나 반란을 진압하러 출동한 해병들이 포톰킨호 선원들을 진압하는 것을 망설이자 지휘관은 뱃머리를 돌려 군대를 철수시켰다. 이렇게 해서 포톰킨호는 오데사에서 노동자들의 파업을 응원할 수 있었다. 그러자 얼마 후 러시아 정부가 카자크 기병들을 오데사로 보내서 반란을 진압하게 했다. 여러 가지 물자가 부족했던 포톰킨호는 결국 루마니아의 콘스탄차 항구로 가서 루마니아 정부에 도움을 청했다. 그러나 이들은 이듬해에 차르 정부에 넘겨져 중형을 선고받았다.

포톰킨호를 선두로 한 반란은 실패로 돌아갔지만, 러시아 해군 사이에서는 혁명의 불길이 더욱 거세게 일었다. 순양함 오차코프호에서도 반란이 일어났고 다른 함선의 해병들도 하나둘 혁명에 뛰어들기 시작했다. 훗날 레닌은 해병들의 봉기가 차르 군대에서 처음으로 발생한 집단 혁명 운동이었다며 포톰킨호 사건을 높이 평가했다.

포톰킨호의 반란이 일어났을 때 모스크바, 리가Riga, 바르샤바, 트빌리시Tbilisi 등 지역에서는 집단 파업이 일어났고 러시아 각지에서 농민 반란이 이어졌다. 이에 한발 물러서기로 한 차르 정부는 1905년 8월 6일에 자문기관에 불과한 불리긴 두마(의회)를 선출하는 선거와 관련된 법령을 발표했다. 그러나 이 조치가 더 큰 반란을 초래했다. 10월이 되자 백성의 반란이 최고조에 달해 노동자뿐만 아니라 사회 중산층과 하층민까지 폭넓게 총파업에 참여했다. 10월 7일부터 시작된 철도 노동자 파업이 총파업으로 번지면서 '소비에트'라고 불리는 최초의 민주적인 노동자 대표 의회가 결성되었다. 소비에트는 이후 모스크바, 상트페테르부르크, 오데사 등에서 잇따라 나타났다.

한편, 니콜라이 2세는 하루가 다르게 커지는 백성의 반反정부 움직임을 견디지 못하고 10월 17일에 '10월 선언'을 발표했다. 10월 선언은 러시아 인의 종교, 언론, 출판, 집회의 자유 등을 보장한다는 내용과 함께 입법적 성격의 두마를 소집하겠다고 약속한 선언이다. 이는 다시 말해 러시아가 입헌 군주제를 도입하겠다는 뜻이었다. 러시아 혁명이 1905년에 처음으로 거둔 성과였다. 당시 강력한 반란을 주장하던 혁명파는 차르 정부의 결정을 탐탁지 않게 여겼지만 대부분 중산층으로 구성된 온건파는 10월 선언에 만족하며 파업을 중단했다.

11월 말, 차르 정부는 상트페테르부르크에서 '소수파'라는 의미인 사회주의 우파 멘셰비키의 지도자를 체포했다. 그리고 12월에는 소비에트의 건물을 점령하고 고위 지도자 중 한 명인 레프 트로츠키를 잡아들였다. 차르의 전제 정치가 끝나지 않았다는 것을 보여 주는 사건이었다. 12월 10일, 파업을 중단했던 노동자들은 다시 무기를 집어 들고 시위에 나섰다. 모스크바 시가지에서는 시위대와 정부군의 싸움이 열흘 동안이나 이어졌지만, 결국 시위대는 패배하고 말았다. 다른 도시에서 벌어진 무장 시위도 마찬가지였다. 또 한 번 위기를 느낀 차르 정부는 시위대를 진압하는 데 박차를 가했다. 그리하여 1906년 봄에 전국적으로 5만 명이 넘는 사람이 감옥에 갇히거나 유배되었다. 정부군은 농민의 반란을 참혹하게 진압했고 군사 법정은 파업에 참여한 노동자들에게 사형을 선고했다. 게다가 정부는 서시베리아 철도와 군대를 더욱 강하게 옥죄어 다스리기 시작했다. 혁명은 이렇게 끝이 났다.

1905년에 불처럼 일어난 제1차 러시아 혁명은 2년간의 투쟁 끝에 종결되었지만 시위대도 정부도 진정한 의미의 승리를 거두지 못한 싸움이었다. 시위대는 차르 정부를 압박해서 '기본법'을 제정하고 두마를 소집하는 등의 개혁을 이끌어 냈다. 이로써 정부의 활동이 합법화되고 정당도 한층 발전할 수 있었다. 그러나 이후 총리 표트르 스톨리핀이 두 차례나 의회를 해산시키고 정부에 대한 의안도 통과되지 않으면서 노동자 혁명은 뜻하던 바를 이루지 못하게 되었다.

1905년의 혁명은 결국 실패로 돌아갔다. 그러나 역사적으로 큰 의의가 있는 사건이다. 차르 전제의 타도와 민주공화제 수립을 목표로 한 러시아 최초의 민주주의 혁명이기 때문이다. 이번 혁명에서 상트페테르부르크의 노동자들이 만든 혁명 조직인 노동자 대표 소비에트가 러시아 전체로 퍼져 나가서 모든 대도시에서 조직되었고, 1917년에 일어나는 사회주의 혁명에 기반이 되었다. 러시아 혁명의 지도자인 레닌 역시 "1905년의 '리허설'이 아니었다면 1917년 10월 혁명의 승리는 없었을 것"이라고 말하기도 했다.

맥을 잡아 주는 **러시아사 중요 키워드**

표트르 스톨리핀(Pyotr Stolypin)의 개혁

스톨리핀은 1906년부터 차르 정부의 지원을 바탕으로 개혁을 진행했다. 1906년 8월 19일에 그는 차르 정부가 무력으로 혁명 세력을 상대할 것이라는 방침을 분명히 하고, 전시 군사 법정을 설립할 것을 명령했다. 자신의 개혁을 추진할 기초를 마련한 것이다.

여러 가지 개혁 활동을 펼치던 스톨리핀은 러시아의 농업에 대한 지식을 바탕으로 현대화 개혁을 시도했다. 개혁은 굳건한 전제 정치 제도를 바탕으로 이루어져야 한다고 믿은 그는, 힘 있는 자영농의 양성을 개혁을 위한 첫 번째 목표로 삼았다. 그래서 먼저 농촌 공동체를 해체하고 부농 경제를 육성하기 시작했다. 그리고 아시아 지역의 국유지로 농민들을 이주시키는 정책을 시행하기도 했다. 그는 이러한 정책을 통해 점점 많은 노동력이 필요한 산업 현장과 자본주의화된 지주의 농장에 가난한 농민들을 투입하여 러시아의 자본주의 발전을 이끌 수 있을 것으로 기대하고, 토지 사유제를 바탕으로 농촌 공동체를 강제로 해산하고 부농을 육성했다.

그러나 스톨리핀의 개혁은 농민들의 삶을 황폐하게 했다. 수많은 부농을 독립된 경영인으로 만들어 귀족 지주들이 농민을 착취하기에 좋은 환경을 제공했다. 그러면서 두 계층 사이의 빈부 격차만 벌리는 결과를 낳았다. 하지만 다른 한편으로는 러시아 농업의 발전을 이끌고 농촌 자유주의자를 형성하여 자본주의 발전을 위한 토대를 마련하기도 했다. 어쨌든 스톨리핀의 개혁은 결국 실패로 돌아갔고 그는 1911년 9월 5일에 키예프에서 암살되었다.

Russia

2 2월 혁명

힘겨운 투쟁을 거쳐 1917년에 러시아 민중은 드디어 300년 넘도록 러시아를 통치해 온 로마노프 왕조를 무너뜨렸다. 이렇게 차르의 전제 정치가 막을 내리고 새로운 시대가 열렸다. 이 놀라운 역사적 사건의 시작은 러시아 2월 혁명의 승리에서 비롯되었다.

시기 : 1915~1917년
인물 : 니콜라이 2세, 그레고리 라스푸틴Grigory Efimovich Rasputin

혁명 전의 상황

1880년 이후 급속한 산업화의 길로 들어선 러시아는 20세기 초에 들어서면서 프랑스, 영국과 정치 동맹을 맺었다. 그리고 이 국가들이 독일 및 오스트리아–헝가리 제국과 대립하면서 1914년에 제1차 세계대전이 발발했다.

전쟁으로 막대한 돈과 노동력을 잃게 되면서 원래부터 산업 기반이 약했던 러시아의 국가 경제는 심각한 상황에 이르렀다. 각종 산업 발전이 둔화하고 농업 생산도 큰 타격을 입었다. 통계를 보면 1914년부터 1917년까지 러시아의 농촌 노동력은 47.4% 감소했고 농민들이 수확한 식량도 필요한

한눈에 보는 세계사

1911년 : 중국, 신해혁명(중화민국 건국)

1914년 : 제1차 세계대전

양보다 20% 부족했다. 게다가 춥고 배고픈 상황에서 전쟁 중인 군대에 식량을 날라야 했던 농민들은 엄청난 불만을 품게 되었다.

한편, 전쟁에 참여한 나라 중에서 러시아의 전선이 가장 길었다. 긴 전선에 필요한 많은 병력을 전쟁에 투입하면서 군수물자를 대는 것은 갈수록 어려워졌다. 무기, 탄약과 식량 등의 공급이 모두 부족해졌는데도 전투 범위는 점점 넓어졌기 때문이다.

1915년 5월에 독일과 오스트리아–헝가리 제국이 전면적으로 전쟁에 뛰어들면서 러시아는 절반이 넘는 병력을 잃었다. 동쪽 지역에서 이렇게 전투에 패해 크게 밀려난 것도 모자라 러시아 국내에는 전쟁을 반대하는 사람들의 시위가 끊이지 않았다. 귀족과 농민 사이의 갈등도 점점 깊어 갔다. 전쟁의 패배로 군사들의 불만이 높아졌고, 노동자들의 생활은 급격히 악화했으며, 물가가 치솟고 러시아 루블화의 가치는 떨어졌다. 가게 앞은

1917년 2월 혁명 후, 러시아 귀족들은 자발적으로 은제품을 기증하였다.

빵을 사려는 사람들로 장사진을 이루었고 투기와 부정부패가 만연했다. 그리고 이러한 문제의 해결을 위해 아무런 조치도 하지 못한 채 두 손을 놓아 버린 러시아 당국에 대한 불만이 하늘을 찔렀다.

나라 안팎으로 혼란스러운 이때, 러시아 정치권에서도 내부 싸움이 심해졌다. 급기야는 정권을 유지하는 것마저 위태로울 정도였다. 차르 니콜라이 2세와 황후 알렉산드라는 정치, 군사적으로 이렇다 할 해결책을 찾지 못하고 미신에 매달리기 시작했다. 당시 타락한 성직자이자 예언가였던 그리고리 예피모비치 라스푸틴이 페트로그라드 궁전에 들어갔다. 지친 차르와 황후의 마음을 미신으로 달래 주며 신임을 얻은 그는 나날이 세력을 키우다가 급기야는 황실의 모든 권력을 틀어쥐었다. 황제를 등에 업고 폭정을 일삼는 라스푸틴의 등장으로 그렇지 않아도 바람 앞의 촛불처럼 위태롭던 로마노프 왕조는 더 깊은 수렁에 빠졌다. 차르 정부가 곧 무너지리라는 것은 불을 보듯 뻔한 상황이었다. 그리고 드디어 러시아에서 새로운 혁명, 2월 혁명이 시작되었다.

군주 제도, 막을 내리다

1917년 1월과 2월 사이에 러시아의 식량, 원료, 연료의 생산이 전에 없이 심각한 어려운 상황에 놓였다. 공장들이 차례로 문을 닫으면서 실업자가 빠르게 늘어났고 노동자의 생활은 이루 말할 수 없이 어려워졌다. 더는 견딜 수 없는 상황에서 사람들의 선택은 오직 한 가지, 바로 차르 체제를 무너뜨리는 것이었다. 귀족과 자유주의자들 역시 전쟁에서 패할 것이 뻔한 차르 정부가 독일과 따로 강화 조약을 맺을 것에 대비해 군주의 폐위를 계획하기 시작했다. 혁명의 불길이 일어날 시기가 차츰 무르익어 갔다.

1917년 1월 22일, 수도 페트로그라드Petrograd에서 10만 명이 넘는 노동자가 파업을 시작했다. 이 소식을 전해들은 크렘린 궁의 차르는 몹시 놀라서 즉시 군대를 파견해 시위대를 진압하라는 명을 내렸다. 그러나 정부군은 황제의 명령을 받고 출동하기는 했지만 시위대에 정말로 총을 겨누지는 않았다.

세계 여성의 날이던 2월 23일, 여성 노동자들은 페트로그라드의 볼셰비키 위원회와 함께 거리로 뛰쳐나와 배고픔과 전쟁, 차르 전제 체제에 반대하는 시위에 동참했다. 볼셰비키는 구소련 공산당의 별칭으로 '다수파'라는 뜻이다. 레닌을 지지하며 온건파인 멘셰비키와 대립했다. 2월 24일, 페트로그라드의 노동자들은 대대적인 거리 시위에 나섰고 25일에는 총파업을 시작했다. 26일 새벽, 파업과 시위는 점차 반란으로 번져갔다. 노동자들은 '차르는 물러가라!', '전쟁을 그만둬라!', '빵을 달라!' 등의 구호를 적은 붉은 깃발을 들고서 무장 경찰, 헌병과 무력 충돌을 벌였다.

27일에 페트로그라드에서 시작된 농민 반란은 엄청난 기세로 번져 갔다. 정부가 보낸 군대의 병사들이 농민들에게 총을 쏘려고 하지 않자, 장교가 직접 무기를 들어 시위대를 겨눴다. 순식간에 백여 명이 페트로그라드의 거리에 쓰러졌다. 이 모습을 보고 분노한 병사들은 시위대와 함께 장교를 폭행하고 무기를 빼앗아 공관을 차지해 버렸다.

1917년 2월 혁명으로 러시아 봉건 전제 군주제는 막을 내리고 사회주의를 향한 환경이 마련되었다.

페트로그라드의 반란이 성공하면서 모스크바, 하리코프Kharkov, 바쿠Baku 등 대도시에서도 대규모 파업과 시위 행렬이 이어졌다. 그 밖에 농촌 곳곳에서도 차르의 통치에 반발하며 지방 자치를 위해 파견된 관리, 촌장, 마을 경찰 등을 몰아내려는 반란이 거세게 일어났다. 이와 함께 각지의 소수 민족 반란도 폭넓게 번져 나갔다.

2월 28일 새벽, 차르 정권의 마지막 보루였던 수도 해군 기지까지 무너졌다. 이런 상황에서 국가두마는 대표를 파견하여 차르 니콜라이 2세가 스스로 물러날 것을 제안했다. 그리고 1917년 3월 2일에 니콜라이 2세가 퇴위 조서에 서명하면서 군주 제도는 마침내 막을 내렸다. 이렇게 러시아의 두 번째 민주 혁명, 2월 혁명은 승리를 거두었다.

1917년 2월 27일, 2월 혁명이 확실한 승리를 거두었을 때다. 제4기 국가두마의 자유파 대표는 사회주의자–혁명가당과 멘셰비키가 주도한 비밀 협정을 통해 국가두마의 의장을 중심으로 하는 임시위원회를 서둘러 마련하고 정권을 먼저 장악하려고 했다. 한편, 혁명이 성공적으로 마무리되었다고 생각한 멘셰비키와 사회주의자–혁명가당은 정권을 자유주의자들에게 넘겨야 한다고 주장했다. 며칠 후 국가두마 임시위원회와 소비에트 집행위원회, 사회주의자–혁명가당, 멘셰비키의 대표들이 모여 러시아의 새로운 정부로 임시 정부를 조직하기로 했다. 이 자리에 볼셰비키는 초대받지 않았다. 나중에 사실을 알게 된 노동자·병사대표 소비에트는 불공평한 결정이라며 급히 소비에트 1차 회의를 소집했다. 군사위원회를 설립해서 군사 혁명을 이끌고 수도의 질서를 유지한다는 명목으로 국가의 군사력을 장악하려는 생각에서였다. 이렇게 해서 러시아에는 자유주의적 자본가와 귀족들의 대표로 구성된 새로운 정권과 군사력을 장악한 노동자·병사의 대표인 소비에트 정권이 동시에 탄생했다.

2월 혁명으로 러시아 로마노프 왕조가 무너지면서 봉건 전제 군주제 통치도 막을 내렸다. 혁명의 성공으로 러시아 정치 제도는 근본적인 변화를 겪었다. 그리고 러시아 프롤레타리아가 자유주의자에 대항하고 사회주의를 향한 투쟁을 벌일 환경이 조성되었다. 러시아에서 2월 혁명이 성공으로 끝나자 유럽 각국의 억압받던 민중도 잇따라 반反제국주의, 반反정부를 외치기 시작했다. 그러면서 민주적 권리와 민족 해방을 위한 혁명 운동의 기운은 날로 거세어졌다.

Russia

3 10월 혁명

10월 혁명은 2월 혁명을 토대로 일어난 계급 혁명으로, 노동자 대표 소비에트가 두 개의 정부 수립에 정면으로 대항한 사건이다. 혁명은 신력으로 1917년 11월 7일, 구력으로는 10월 25일에 발생하여 10월 혁명으로 명명되었다. 레닌과 볼셰비키가 주도한 이 무장 시위는 마르크스주의를 처음으로 실천에 옮긴 세계 최초의 노동자 혁명이다.

시기 : 1917~1918년
인물 : 블라디미르 레닌Vladimir Ilich Lenin, 라브르 코르닐로프Lavr Georgievich Kornilov
파벨 밀류코프Pavel Nikolaevich Milyukov

혁명의 성과는 누구에게로

2월 혁명 이후 러시아에는 노동자 대표 소비에트와 임시 정부가 각기 정권을 수립해 서로 대립했다. 이중권력이 등장한 것이다. 이러한 체제에서 러시아 경제가 조금씩 회복되어 갈 무렵이었다. 노동자 대표 소비에트는 임시 정부가 노동자의 이익을 대변할 수 없다는 사실을 깨달았다. 2월 혁명을 위해 피땀을 흘린 것은 노동자와 병사들이었지만 어찌 된 영문인지 정작 혁명의 열매는 자유주의자들이 차지한 것이다.

임시 정부는 정권을 잡고 난 후 경제와 사회 질서를 변화시키려고 하지

한눈에 보는 세계사
1914년 : 제1차 세계대전

않았다. 그들은 모든 기본적인 문제는 제헌 의회를 소집하여 해결할 수 있다며 지금은 혁명을 유지하면서 전쟁에 힘을 쏟을 때라고 주장했다. 그러나 당시 러시아 농민들이 가장 절실히 원한 것은 토지 문제의 해결이었다. 임시 정부가 내놓은 정책은 대중의 요구와 맞지 않았고, 이것이 바로 소비에트가 서둘러 정권을 통일해야 할 이유였다.

1917년 4월, 스위스에 망명해 있다 러시아로 돌아온 레닌이 볼셰비키 대표 회의에서 '4월 테제'를 발표했다. 4월 테제란 레닌이 당시 러시아의 혼란스러운 정치 상황을 분석하고 적절한 혁명 전술을 정리한 것으로 모두 10개 조항으로 이루어져 있었다. 그는 러시아가 자유주의자 혁명을 거쳐 사회주의 혁명을 향해 나아가야 한다고 주장했다. 프롤레타리아가 완전히 깨어나지 못했기 때문에 자유주의자에게 정권을 빼앗겼다는 설명이었다.

그러나 러시아의 새 정부인 임시 정부는 여전히 침략적인 제국주의 전쟁을 계속했다. 이 전쟁을 멈추고 민주적이고 자율적인 진정한 평화를 이룩하려면 먼저 자유주의자 계급을 무너뜨려야 했다. 이를 위해 레닌은 '어떠한 형태로든 임시 정부를 지지하지 말 것'을 주장했지만, 당시 소비에트의 지지를 얻고 있던 임시 정부를 무력으로 무너뜨리려 하

러시아 상트페테르부르크에 있는 스몰니 학원. 10월 혁명 당시 볼셰비키의 본부로 쓰였다.

10월 혁명의 시작을 알린 순양함 아브로라호

지는 않았다. 오히려 소비에트 사람들을 설득해서 힘을 모아 소비에트 정책을 바꾼 다음, 서서히 임시 정부 쪽 사람들을 끌어들여서 정부의 정책을 바꿔 나갔다.

레닌의 4월 테제는 임시 정부를 지지하던 볼셰비키의 정책을 완전히 바꾸어 놓았다. 1917년 4월 18일에 임시 정부 최초의 외무장관인 밀류코프가 연합국과 회의를 하는 자리에서 러시아의 새 정부는 과거에 차르 정부가 맺은 각종 조약을 그대로 이행하며 제1차 세계대전을 승리로 이끌겠다고 말했다. 이 소식을 들은 노동자와 병사들은 크게 분노했다. 4월 20일, 페트로그라드의 노동자들이 볼셰비키의 주도로 가두시위를 하며 임시 정부의 제국주의 정책을 비난했다. 임시 정부 위기의 시작이었다.

자유주의자들이 이끄는 임시 정부도 서서히 소비에트의 의도를 알아차렸다. 그리고 노동자들의 가두시위가 벌어지자 군대를 보내 진압했다. 이후 러시아에는 혼란한 상황이 계속되었다. 소비에트의 지도자 레닌은 혁명을 평화롭게 발전시키려던 희망이 완전히 짓밟히고 있다는 것을 느꼈다. 두 정부가 공존하던 시기가 끝나고 임시 정부가 모든 정권을 움켜쥐고 있었다. 1917년 7월 26일부터 8월 3일까지 볼셰비키는 페트로그라드에서 제6차 대표 비밀회의를 열었다. 그리고 무력을 이용하여 반란을 일으키기로 한 회의 결과에 따라 노동자와 농민, 병사들을 볼셰비키의 깃발 아래 모아 자유주의자와의 결투를 준비했다.

혁명의 진행

그해 7월, 토지 문제의 해결을 명분으로 소비에트가 이끄는 대對정부 반란이 시작되었다. 그러나 임시 정부의 가차 없는 진압으로 소비에트 지도자 대부분이 체포되었다. 이리하여 반란은 시작되기도 전에 실패하고 말았다. 이 7월 사건 이후 모스크바와 여러 도시에서는 잇따라 소비에트가 조직되었다. 이와 함께 토지 분배를 요구하는 농민들과 전쟁을 반대하는 병사들의 요구가 점점 높아졌다. 그러나 임시 정부는 이들을 점점 강하게 압박했다.

1917년 8월, 임시 정부의 총사령관 라브르 코르닐로프 장군이 '조국을 구하기 위해'라는 명목으로 공개적인 쿠데타를 일으켰다. 혼란스러운 러시아에는 더욱 강력한 군사 지도자가 필요하다는 이유에서였다. 이에 볼셰비키는 대중과 함께 코르닐로프에게 맞섰고, 쿠데타는 진압되었다. 그 후 볼셰비키는 영향력이 날로 커지며 페트로그라드, 모스크바를 포함한 여러 도시의 소비에트에서 세력을 얻었다. 상황의 흐름을 지켜보던 레닌은 10월 초에 비밀리에 페트로그라드로 가서 혁명을 일으키자고 제의했다.

10월 10일, 러시아 볼셰비키 중앙시회는 레닌의 주장을 받아들이고 군사혁명위원회를 조직했다. 이어서 10월 24일 새벽 볼셰비키는 본격적으로 행동하기로 결정을 내렸다. 마침내 25일 새벽 3시 30분, 2월 혁명에서 활약한 발트 함대 순양함 '아브로라Avrora호'가 겨울 궁전에 대한 공격 신호를 보냈다. 그리고 이에 호응하여 10월 혁명의 첫 번째 포탄이 발사되었다. 페트로그라드의 노동자들로 구성된 적위대赤衛隊와 병사들은 아브로라 호의 신호를 시작으로 페트로그라드의 주요 다리, 기차역, 우체국, 은행과 정부청사 등 요지들을 신속하게 점거했다. 그로부터 불과 몇 시간 안에 도시 전체가 반란군의 손에 들어갔다.

10월 25일 오후에 2만 명의 적위대와 병사들은 임시 정부가 소재한 겨울 궁전을 포위했다. 그날 밤 10시, 러시아의 모든 소비에트 대표가 스몰니Smolny 학원에 모여 제2차 회의를 열었다. 여기에서 대표들은 임시 정부가 무너졌으며 소비에트가 정권을 차지했다고 공식 선언했다. 그리고 레닌을 의장으로 하는 제1대 소비에트 정부, 즉 인민위원회를 조직했다. 10월 혁명은 이렇게 시작되었다. 다음날 새벽 2시에 겨울 궁전이 함락되고, 임시 정부의 관료들은 체포되었다. 수도에서의 봉기가 승리를 거둔 것이다. 페트로그라드 봉기가 성공한 후, 1917년 11월에 모스크바와 여러 도시에서 볼셰비키의 주도로 또 한 번 봉기가 일어났다. 이후 1918년 3월이 되자 소비에트 정권은 러시아 전역에 걸쳐서 수립되었다. 그리고 1917년 10월부터 이듬해 3월까지 다섯 달 동안, 세계에서 가장 넓은 영토를 가진 러시아는 자본주의 국가에서 사회주의 국가로 전환되었다. 새로운 정부는 1918년 3월 12일에 모스크바를 소비에트 러시아의 수도로 삼았다.

혁명의 의의

10월 사회주의 혁명이 성공하고 나서 노동자를 대표하는 소비에트 정부가 러시아의 정권을 잡았다. 이후 소비에트는 러시아 국민의 요구를 받아들여 신분에 따른 여러 가지 특권 및 차별을 모두 폐지했다. 여성에 대한 억압과 무시를 금지하고, 모든 사람에 대한 호칭을 인민으로 통일하여 평등한 지위를 보장하는 법령을 발표했다. 이 밖에 소비에트 정부는 국가 업무와 교육에 대한 교회의 간섭을 금지하고 프롤레타리아 계급이 국가와 교육을 주도하도록 했다. 또 최고국민경제회의를 전국 국민경제 관리기관으로 삼았다.

10월 혁명 이후 소비에트 정부는 사회주의 경제를 건설하기 위해 제1차 세계대전의 참여를 중단했다. 그리고 10월 혁명이 성공하자 여러 가지 조치를 시행해 당시 러시아의 사회적 상황들을 바꾸고자 했다. 이로써 러시아의 사회주의 발전과 세계 평화에 공헌했다.

10월 혁명은 노동자의 권익에 대한 마르크스주의 이론을 실천으로 옮긴 사건이다. 그리고 20세기에 세계적으로 일어난 공산주의 운동의 시작이기도 했다. 이 혁명이 성공하면서 세계 최초로 프롤레타리아 정부가 집권한 국가가 탄생했다. 그러나 새로운 사회 제도 때문에 소련은 서양 자본주의 국가와 대립하기 시작했다. 이러한 대결 구도는 훗날 소련이 해체되고 냉전 시기가 끝날 때까지 계속되었다. 10월 혁명 이후 마르크스주의가 많은 나라에 전해졌다. 그리고 세계적으로 프롤레타리아 혁명과 민족 혁명을 불러일으키기도 했다.

Russia

4 전시공산주의

소비에트 정부는 10월 혁명 이후 러시아에서 지주·자유주의자 계급과 제국주의를 몰아내기 위해 전쟁을 비롯해 사회·경제 분야에서 여러 가지 특수한 조치를 시행했다. 전시공산주의란 이를 통칭하는 말이다. 소비에트 정권을 더욱 안정시키기 위해 소비에트 정부는 전시 총동원을 명령하고 식량, 농산품 등에 국가 독점 제도를 시행했다. 인민들에 대한 의무노동제와 무료 급식 제도도 시작했으며 이 또한 전시공산주의에 포함되는 정책이다.

시기 : 1917~1921년
인물 : 레닌

내전이 시작되다

10월 혁명 이후, 레닌을 중심으로 새로이 수립된 소비에트 정부는 사회 개혁에 적극적으로 나섰다. 지난 수백 년 동안 농민들이 귀족 지주의 억압과 착취에 시달린 사실을 잘 아는 새 정부는 출범하자마자 제일 먼저 '토지 법령'을 제정했다. 토지 사유제를 폐지하고 과거에 지주와 수도원, 교회 등이 소유한 토지를 모두 해당 지방 소비에트가 몰수하여 농민들에게 평등하게 나누어 준다는 내용이었다. 이렇게 해서 농민들의 토지 문제를 해결한 소비에트 정부는 곧바로 전쟁으로 황폐해진 러시아 경제를 되살리기에 나섰

한눈에 보는 세계사
1914년 : 제1차 세계대전　　1921년 : 중국, 공산당 성립

다. 1917년 12월, 소비에트는 은행, 철도, 대형 기업을 모두 국유화하고, 일일 8시간 노동제를 마련했으며, 아동의 노동 참여를 금지하고, 기업 관리를 노동자위원회에 맡겼다. 동시에 소비에트 정권은 교회와 국가의 분리를 선언하고 모든 학교에 미치던 교회의 영향력을 없앴다. 또 러시아의 교육은 유럽 선진국의 제도를 따르도록 하고 새로운 알파벳 자모표 사용, 유럽에서 사용하는 신식 달력 도입 등의 조치를 펼쳤다.

군사적 방면에서 소비에트 정부는 정권을 안정시키고 국내의 경제 발전에 힘쓰기 위해 제1차 세계대전 참전을 중단했다. 덕분에 자국의 문제를 해결하는 데 더 많은 시간을 쏟을 수 있었다. 소비에트 정권이 러시아의 경제 발전에 뛰어들면서 새로이 발표한 토지 정책 등의 법령은 과거 정치 세력의 이익에 반하는 것이었다. 여기에 불만을 품은 일부 계층은 소비에트 정부에 대항할 방법을 찾기 시작했다.

1918년, 새 정권에 대항하는 옛 세력이 돈 강, 쿠반, 우크라이나 지역 및 동·서시베리아를 중심으로 하여 내전을 일으켰다. 남쪽 지방에서는 안톤 데니킨 사령관을 중심으로 하는 제정 러시아 시대의 장군들이 자원 부대를 조직했다. 시베리아에서는 제정 러시아에서 해군 장군이었던 알렉산드르 콜차크Aleksandr Vasilevich Kolchak 제독이 반란 세력을 이끌었다. 게다가 사회주의자–혁명가당원들까지 볼가 강 유역에서 자체 정부를 세웠다.

이렇게 내전 세력이 형성된 것도 모자라 국외의 상황까지 심상치 않게 돌아가면서 러시아의 새 정부는 전에 없던 위기를 맞았다. 제1차 세계대전 당시 같은 편이었던 영국, 미국, 이탈리아, 프랑스 등 자본주의 국가들이 볼셰비키에 적대적인 태도를 보이기 시작한 것이다. 이 국가들은 1918년 3월에 무르만스크Murmansk와 아르한겔스크Arkhangelsk를 잇따라 공격하며 새 정부를 위협했다. 또 프랑스군은 오데사에서 데니킨 사령관을 지원하고, 영국군은 프랑스군과 함께 시베리아의 콜차크 제독을 도왔다. 그뿐만 아니라 일본과 미국까지 극동 지역에서 러시아의 상황을 지켜보았다.

러시아 내전이 터지자 온 나라가 전쟁터로 변했고 새 정부는 심각한 위기를 맞았다. 대부분 지역이 강경파에 점령되면서 소비에트 정권은 수도와 그 주변 지역만 겨우 지켜낼 수 있었다. 상황이 복잡해지자 볼셰비키는 재빠르게 군대를 조직하고 '붉은 테러'로 정책의 방향을 바꾼 다음, 국가의 모든 체제를 공산주의 경제 시스템으로 한꺼번에 바꾸기로 했다. 전시공산주의는 이렇게 해서 탄생했다.

정책의 시행

전쟁이 발발한 후 국가의 식량, 석탄, 석유와 철강 등 주요 원자재의 생산이 적군의 손에 넘어갔다. 이로 말미암아 소비에트 정부는 혁명으로 어렵

러시아 인들의 사랑과 존경을 받던 레닌

게 얻어 낸 정권을 잃을 위기에 처했다. 정부는 이에 대응하여 확보할 수 있는 모든 인력을 전쟁에 투입하고, 특별 경제관리 정책을 시행하여 정권을 지키기로 했다. 이러한 정책들을 통틀어 전시공산주의라고 한다.

정부는 소비에트의 영향력이 미치는 모든 지역에서 식량을 징발徵發하도록 법으로 정했다. 이에 따라 곧 식량인민위원부와 노동조합에서 보낸 '식량 징발팀'이 각 지역에서 식량을 거둬 가기 시작했다. 국가는 식량을 가져가면서 농민들에게 일정한 기준에 따라 보상해 주겠다고 약속했다. 그러나 이후 물가가 크게 오르는 인플레이션 현상이 나타나 농민들에게 나누어 준 보상품의 가치가 뚝 떨어졌다. 결국 농민들은 아무 보상도 받지 못한 것이나 다름없었다. 그런 한편 산업의 국유화 정책을 펼치면서 대기업, 중소기업 할 것 없이 모든 기업이 정부의 집중관리를 받았다. 이와 함께 모든 상품과 생활필수품은 정부에서 정한 대로 필요한 만큼만 공급되었다. 1918년 11월부터 러시아는 신분과 나이에 따라 차등을 두어 식량을 배급했다. 그 후 어린이와 모든 노동자가 빵과 일상용품을 무료로 배급받게 되었다. 이렇다 보니 화폐가 여전히 통용되어도 사용할 일이 별로 없었다.

또 소비에트 정부는 모든 성인을 대상으로 "일하지 않는 자는 먹을 수 없다."를 원칙으로 한 의무노동제를 시행했다. 결론적으로 소비에트 정부는 나라가 위급한 상황에서 전시공산주의 정책이라는 강경책을 펼쳐 더욱 강력한 리더십을 보여 주었다. 국가의 모든 원료와 자원, 노동력을 모아서 붉은 군대에 필요한 무기와 군수품을 확보했다. 또 한편으로는 전시공산주의를 통해 그동안 자본주의적인 생산 및 유통 분야를 주도해 온 자유주의자를 압박하여 그들이 공개적으로 정부에 대항하는 것을 막을 수 있었다. 그리고 부농들의 투기를 막아서 혁명을 통해 얻어낸 이익이 농민들에게 돌아가도록 했다. 내전에서 승리하기 위해 온 나라를 큰 군대처럼 만든 것이다.

러시아 모스크바 붉은 광장에 있는 레닌 영묘

승리의 결과

전시공산주의는 비상시기에 채택한 특수 정책으로, 소비에트 정부가 내전에서 승리하는 데 큰 힘이 되었다. 사방으로 적에 둘러싸였던 볼셰비키 정권이 10월 혁명의 열매를 지켜 낼 수 있었던 것도 이 정책 덕분이었다. 붉은 군대가 식량이나 무기 걱정 없이 마음 놓고 싸울 수 있도록 뒷받침해 주었기 때문이다. 1919년에 붉은 군대는 동부, 북부, 남부, 서부 등 모든 지역에서 붉은 군대에 대응하여 이름 지어진 '하얀 군대'(백군)을 크게 물리쳤다. 1919년 말에는 반란군을 돕던 외국 군대들도 서둘러 러시아에서 물러났다. 1920년 11월, 붉은 군대가 크림 반도의 표트르 브란겔 Pyotr Nikolaevich Vrangel 남작이 이끄는 백군을 물리치면서 마침내 내전이 끝났다. 1921년부터 1922년까지 소비에트 정권은 자카프카지예, 중앙아시아와 극동 지역의 적을 모조리 몰아냈다.

한편, 소비에트 러시아의 전시공산주의 정책은 러시아 경제에 큰 어려움을 안겨 주었다. 산업과 농업 생산이 무너진 것이 가장 직접적인 피해였다. 1921년에 소비에트 지도자는 이런 상황을 주의 깊게 지켜보았다. 계획경제를 통해 러시아는 이때부터 새로운 방향의 정책을 검토하기 시작했다. 소비에트 정부는 곧 전시공산주의를 대신할 새로운 경제 정책을 마련했다. 이것이 바로 신경제 정책으로, 이로써 러시아 역사는 새로운 단계로 들어섰다.

Russia

5 붉은 군대의 프룬제

비시케크Bishkek에서 루마니아 출신 농민의 아들로 태어난 프룬제는 러시아 역사에 큰 공을 세웠다. 그는 수많은 좌절과 실패를 겪으면서도 포기하지 않는 강인한 정신력을 지닌 붉은 군대의 총사령관이었다.

시기 : 1885~1925년
인물 : 미하일 프룬제Mikhail Vasilevich Frunze

영화 같은 일생

1885년 1월 21일, 프룬제는 중앙아시아에 있는 비시케크의 루마니아 출신 농민 가정에서 태어났다. 어린 시절 프룬제는 다른 아이들과 마찬가지로 평범하게 자랐다. 1904년에 중학교를 졸업한 후 상트페테르부르크에 있는 종합기술학교에 들어가 공부했고, 그 후 사회민주노동당에서 활동하기 시작했다. 똑똑하고 아는 것이 많았던 프룬제는 조직 관리 능력이 뛰어나고 신념이 강한 사람이었다. 그래서 이바노보-보즈네센스크Ivanovo-Voznesensk

한눈에 보는 세계사

1876년 : 조선, 강화도 조약 체결
1903년 : 라이트 형제, 최초로 비행 성공
1910년 : 대한 제국, 국권 피탈
1911년 : 중화민국 건국
1914년 : 제1차 세계대전

등지에서 사회민주노동당 모스크바 위원회 활동을 했고 이때부터 그의 지하 활동이 시작되었다.

1905년 5월, 프룬제는 이바노보-보즈네센스크에서 정치적 파업과 첫 번째 노동자 대표 소비에트 조직을 성공적으로 완수하면서 소비에트 지도자가 되었다. 혁명 사업에 바친 그의 인생이 본격적으로 시작된 시점이다. 대학에 다니던 기간에 그는 각종 대학생 회의와 집회 및 볼셰비키 활동에 적극적으로 참여했다. 노동자들을 대상으로 한 선전 활동도 하면서 그는 점차 훌륭한 노동자 조직 전문가로 성장했다. 그렇게 다양한 학생 조직 활동에 참여하다 보니 자연스럽게 차르 정부의 경계심을 자극하게 되었다.

1905년, 대학 2학년이던 그는 차르 정부의 감시에도 아랑곳하지 않고 상트페테르부르크의 10만 노동자 청원 시위에 나섰다가 체포되어 추방되었다. 프룬제는 페트로그라드에서 추방된 후에도 자신의 신념을 포기하지 않았다. 몰래 돌아온 그는 지하당을 조직해서 프롤레타리아 혁명을 도왔다. 그리고 혁명에서 보여 준 활약상으로 프룬제는 1906년 4월에 이바노보-보즈네센스크 볼셰비키 당 대표가 되어 러시아 사회민주노동당 제4차 대회에 참여했다. 바로 이때 프룬제는 그의 인생에서 큰 사건을 겪었다. 러시아의 최고 지도자였던 레닌을 직접 만나 그와 군사 투쟁에 대해 긴 대화를 나눈 것이다. 당시 레닌은 볼셰비키가 황제의 군사령관보다 뛰어난 군사력을 갖추어야 한다고 말했다. 프룬제는 이 말에서 큰 깨달음을 얻었다. 군사에 대해 연구하고 군대식 훈련을 통해 노동자와 농민을 군인으로 기르자는 생각도 이때부터 시작되었다.

1906년 5월에 회의가 끝나고 프룬제는 이바노보-보즈네센스크로 돌아와 다시 혁명 조직 활동을 시작했다. 그러나 또다시 차르 정부에게 발각되어 1907년 3월 서른두 살이던 프룬제는 두 번째로 체포되었다. 이때부터 죽음의 그림자가 시시각각 그를 위협했다. 1907년부터 1910년까지 그는 두 차례나 사형 선고를 받았으나 다행히도 행운의 여신은 아직 그를 저버리지 않았다. 사회 여론과 노동자들의 항의가 전에 없이 거세져 차르 정부도 한 발 물러설 수밖에 없었던 것이다. 프룬제는 10년 강제노동형으로 감형되었다가 나중에 시베리아 종신 유배형을 받았다.

그러나 프룬제는 시베리아에서 탈출해 다시 혁명 활동에 참여했다. 1914년에 이르쿠츠크Irkutsk 현의 한 마을에서 유배자들로 구성된 '군사연구원'을 조직했다. 1915년 초에 그는 렌스크Lensk로 쫓겨났으나 8월에 다시 탈출해 이르쿠츠크로 돌아왔다. 그리고 나중에 다시 치타Chita로 몸을 피했다. 프룬제는 그곳에서 바실렌코로 이름을 바꾸고 치타 이민국에서 일했다.

1916년, 농노 혁명의 기세가 마른 장작에 옮겨 붙은 불꽃처럼 빠르게 타올랐다. 이때 볼셰비키는 오랜 세월 혁명을 위해 일하며 많은 경험을 쌓은 프룬제를 작전 부대로 보냈다. 프룬제는 미하일로프라는 이름으로 볼셰비키 서쪽 군대의 비밀 작업과 군사 업무를 맡았다. 1917년에 페트로그라드 봉기가 시작되었을 때, 프룬제는 한 마을의 소비에트 의장으로 일하고 있었다. 혁명이 성공했다는 소식을 들은 그는 바로 노동자와 병사들로 구성된 지원군 2,000여 명을 모스크바로 보냈다. 이 군대는 혁명에 큰 역할을 했고, 프룬제도 이때부터 군사 지도자의 길을 걷기 시작했다.

1918년에 발발한 러시아 내전에서 프룬제는 본격적으로 뛰어난 군사 지도력을 발휘하기 시작했다. 그는 중요한 작전 계획을 세우고 지휘하면서 적군을 크게 무찌르는 공을 여러 번 세웠다. 1918년 12월, 프룬제는 동부 붉은 군대 제4부대의 사령관으로 임명되었다. 그는 새로 짜인 군대 조직을 정규 부대로 편성한 다음 1919년 3월에 부구루슬란Buguruslan, 벨레베이Belebei, 우파Ufa 등 지역에서 성공적으로 전투를 치러 콜차크 제독의 군대를 무찔렀다. 그 후 프룬제는 뛰어난 지휘 능력을 펼쳐서 우랄 지역과 투르키스탄Turkistan에서 백군의 세력을 완전히 몰아냈다. 또 히바Khiva한국과 부하라Bukhara한국의 가혹한 통치에 시달리던 사람들을 해방해 주었다.

붉은 군대의 총사령관 미하일 프룬제

러시아 내전 시기에 프룬제는 외국 군대의 개입을 막아 내기도 했다. 그중 크림 전투가 가장 유명하다. 프룬제는 시바시 늪 지역을 가로질러 극적인 승리를 거두었다. 비현실적일 만큼 훌륭한 전투였다. 이 소식을 들은 레닌은 '붉은 군대의 전투 역사상 가장 빛나는 페이지일 것'이라며 크게 칭찬했다. 프룬제의 업적에 대한 보답으로 소비에트 정부는 그에게 '인민의 영웅'이라는 글자가 새겨진 검을 수여했다. 그렇게 그는 1925년에 병으로 세상을 떠나기 직전까지 군대를 위해 일했다.

프룬제는 러시아의 독립은 물론 중앙아시아의 여러 나라가 차르의 통치에서 벗어나도록 하는 데 큰 역할을 했다. 그는 또 군사에 관한 수많은 저서를 남기기도 했는데, 이론과 실전을 결합한 그의 군사 교육 방식은 소련의 군사 이론과 군대 양성에 크게 공헌했다.

프룬제 군사 아카데미

프룬제 군사 아카데미는 프룬제가 직접 세운 학교가 아니다. 1918년 10월 7일에 레닌은 공화국 혁명위원회의 명령을 받들어 고급 군사 지휘관을 양성하기 위한 '참모 아카데미'를 세웠다. 1921년에 이 아카데미는 '붉은 군대 아카데미'로 이름을 바꾸고 군관 훈련소를 차례로 개설했다.

내전이 끝난 후 붉은 군대 아카데미는 교육과 연구 등의 부분을 조금씩 개선했고, 1924년 4월에 프룬제를 원장으로 임명했다. 프룬제는 아카데미의 체계를 정비하고 군관의 교육 방향 및 방식을 개선해 나갔다. 또 야외 훈련과 연구를 중시한 그는 군사과학협회와 대학원 활동에 적극적으로 나서기도 했다. 이후 장갑차와 기계화부대, 포병, 항공부대 등이 발전하면서 여러 분야에 걸쳐 폭넓은 지식을 갖춘 지휘관이 필요해졌다. 이러한 변화를 인식한 프룬제는 기계화, 공군 및 전투 훈련 등에 대한 연구실을 설립했다.

이렇듯 프룬제는 러시아의 군대 발전과 군사 교육에 크게 공헌했다. 1925년 11월 5일 프룬제가 세상을 떠난 후, 붉은 군대 아카데미는 그를 기리는 의미로 프룬제 군사 아카데미로 이름을 바꾸었다. 이 아카데미는 이후 수만 명에 달하는 고급 군관을 길러 냈다. 육군 원수였던 바그라먄, 고보로프, 비류조프, 예료멘코, 주코프, 추이코프, 자하로프, 공군 사령관 노비코프 등 유명한 지휘관들이 모두 프룬제 군사 아카데미 출신이다.

러시아 1세대 군사 학교를 대표하는 프룬제 군사 아카데미는 소련의 군대 양성과 군사력 향상에 크게 기여한 것은 물론이고, 자유와 독립을 위해 싸운 인민의 역사와도 뗄 수 없는 관계이다. 갓 탄생한 소비에트 공화국은 백군와 러시아 내부 문제에 간섭하려 드는 외국 군대에 맞서며 어려운 시기를 겪었다. 이때 프룬제 군사 아카데미가 배출한 우수한 군관들은 소비에트 공화국의 발전을 이끈 주역이 되었다.

1925년 세상을 떠난 프룬제의 정례식에서 연설하는 스탈린

6 소련 신경제 정책

Russia

1921년에 러시아 내전에서 승리를 거두었지만 러시아의 경제는 전시공산주의로 말미암아 막대한 피해를 보았다. 이에 대한 사람들의 불만도 갈수록 커졌다. 이 사실을 잘 알고 있던 소비에트 지도자들은 1921년에 공업과 농업의 발전을 촉진하기 위한 신경제 정책을 시행했다. 신경제 정책은 사회주의라는 목표를 이루기 위한 방법의 하나로 러시아의 사회적 상황에 맞춘 경제 정책이다. 러시아는 이 정책으로 소련 사회주의 경제의 기반을 닦았다.

시기 : 1920~1923년
인물 : 레닌

소련의 성립

1921년에 러시아 내전이 끝난 후 차르 시대에 러시아의 지배를 받은 각 지역과 민족이 하나둘 독립 국가 및 자치 공화국을 세우기 시작했다. 그러나 서서히 경제가 회복되고 사회주의가 자리를 잡아 가면서 문제점도 드러나기 시작했다. 이 신생 국가들에는 나라를 이끌어 갈 선진 사상이 없다는 것이었다. 또한 통일된 국방과 경제의 기반을 마련하기 위해 각 소비에트 공화국과 공산당은 소비에트들의 연합 문제를 거론하기 시작했다. 이것이 소비에트 사회주의 공화국 연방, 즉 소련 성립의 첫걸음이었다.

한눈에 보는 세계사
1921년 : 중국, 공산당 성립　　　1929년 : 세계 대공황

1922년 8월에 스탈린이 주도한 전문위원회는 각 소비에트 공화국이 자치 공화국의 신분으로 러시아 연방에 가입하는 방안을 제시했다. 그러나 내전 시기에 조직된 군사정치연맹의 회원이던 그루지야가 강력하게 반대했다. 당시 병석에 있던 레닌은 이 소식을 접하고 중앙정치국에 곧바로 편지를 써서 '자치화' 방안과 지도부의 맹목적인 애국주의, 즉 쇼비니즘Chauvinism을 크게 꾸짖었다. 소비에트 공화국의 설립은 모든 구성원이 평등한 위치에서 각자의 의지로 결정하는 것을 원칙으로 해야 한다는 것이었다.

연합공산당회의는 레닌의 의견대로 1922년 10월에 새로운 문건을 통과시켰다. 이 문건은 소비에트 사회주의 공화국의 공산당과 소비에트의 열렬한 호응과 지지를 얻었다. 1922년 12월에 제10회 전 러시아 소비에트 대표 대회에서 레닌, 스탈린 등 최고위층 인사들의 주도로 러시아 연방, 우크라이나, 벨라루스 및 자카프카지예 소비에트 연방 사회주의 공화국 등 4개 소비에트 사회주의 공화국 대표들이 이 문건에 서명하면서 소비에트 사회주의 공화국연방이 정식으로 성립되었다. 이 대회는 또한 최고 소비에트 회의와 인민위원회를 각각 국가 최고의 권력 기관과 집행 기관으로 삼고 모든 가맹국은 자유로이 연방에서 탈퇴할 수 있게 한다는 내용의 연방 조약도 통과시켰다. 소비에트 연방에 가입하고자 하는 국가들을 위한 가입 방식도 규정했다.

소비에트 사회주의 연방 공화국은 줄여서 '소련'이라고 부른다. 4개 국가로 출발한 소련은 나중에 15개 국가로 구성된 연방국으로 발전했다. 이러한 성과는 오랜 기간의 노력에 따른 결실이었다. 1922년에 4개국 연방이 성립된 이후 다른 나라들이 잇따라 연방에 가입했다. 1925년에는 중앙아시아 지역의 신생국 타지키스탄과 우즈베키스탄이 소련에 가입했다. 그리고 1929년에 우즈베키스탄에 속했던 투르크메니스탄 자치 공화국의 인구가 급속히 증가하고 경제가 발전하면서 사회주의 공화국 자격으로 정식 소련 구성원이 되어 1931년에는 소련의 가입국이 7개국으로 늘어났다. 이후 1936년에 카자흐스탄과 키르기스스탄, 자카프카지예에 속해 있던 그루지야, 아르메니아, 아제르바이잔이 자카프카지예 소비에트 연방에서 탈퇴하고 소련에 가입했다.

그 후 사회주의 연방의 가입국을 늘리고 제2차 세계대전에서 독일에 맞서기 위해 소련은 발트 해에서 흑해에 이르는 동방 전선을 구축했다. 이 시기에 핀란드가 소련의 새 구성원이 되었다. 리투아니아, 에스토니아, 라트비아 등 국가들이 잇따라 소련에 가입하면서 1956년에 소련 가입국은 15개로 늘어났다.

신경제 정책

내전 시기에 시행된 강력한 전시공산주의로 소련의 국가 경제는 심각한 손상을 입었다. 공장들이 문을 닫고 농민들은 굶주렸다. 1921년과 1922년에는 볼가 강과 돈 강 유역, 우크라이나 지역에 유례없는 가뭄이 극성을 부리면서 국내 사정이 심각해지기 시작했다. 많은 지역에서 농민 폭동이 일어났다. 한때 러시아 사회주의 혁명에 앞장섰던 노동자와 농민은 이제 사회주의 공화국을 수립한 국가의 정치와 경제 정책을 바꾸라고 요구했다.

모스크바 크렘린 궁을 방문한 레닌

당시 소비에트 지도자였던 레닌은 경제 정책을 개혁할 필요성을 깨달았다. 그래서 1921년 3월에 열린 공산당 제10차 대회에서 러시아 경제를 전시

공산주의에서 혼합 경제 체제로 전환하자고 건의했다. 이때부터 결정적인 변화가 시작되었다.

신경제 정책은 가장 먼저 전시공산주의 시절의 식량징발제를 식량세제 稅制로 바꾸었다. 국가가 정한 식량세 납부 기준에 따라 식량세를 내고, 남는 식량은 개인의 소유로 한다는 내용이었다. 이는 농민들을 위한 결정이었다. 이 밖에 정부는 1922년에 '토지법령대강'을 통과시켜 농민들이 자유롭게 토지를 사용하되 소비에트의 감독 아래 토지를 빌리거나 노동자를 고용할 수 있도록 했다. 이 방안이 농민의 부담을 크게 덜어 준 것은 두말할 것도 없다.

신경제 정책은 산업 분야에도 적용되었다. 큰 자본주의 기업을 국유화하고, 국가 경제의 기둥이 되는 중요한 광산 기업은 전부 국가에 귀속시켜 국가가 직접 관리했지만, 자본주의도 일부 받아들였다. 중소기업이나 국가가 관리하기 어려운 기업은 모두 개인이 운영할 수 있게 했다. 1920년 11월에 인민위원회는 임대에 관련된 법령을 발표하여 외국 자본가가 소련에서 기업을 경영하거나 소비에트 회원국과 합작 기업을 세울 수 있게 했다. 그리고 농민들이 세금을 내고 남은 농산품을 자유롭게 판매할 수 있게 되었다.

1921년 9월, 인민위원회는 노동자의 임금 문제를 규정했다. 과거에 무조건 동일한 임금을 주던 방식을 바꾸어 생산성과에 따라 임금을 주도록 한 것이다. 1921년 10월에 정부는 합작 회사들이 완전히 독립적인 경영을 할 권리를 보장해 주었다.

신경제 정책은 시장의 자율적인 움직임을 인정하면서 사람들이 노동에 더욱 적극적인 자세로 임할 수 있게 하여 국가의 경제 상황을 변화시켰다. 신경제 정책은 유통 방면에도 개혁을 불러왔다. 농민들이 세금을 내고 남은 농산물을 자유롭게 사고팔 수 있게 한 동시에 합작 회사의 제품과도 교환할 수 있게 한 것이다. 이 밖에도 개인이 일정 지역에서 상업 활동을 할 수 있게 허용했다. 나중에 산업이 회복되면서부터는 이런 교환 방식이 점차 사라졌다. 그러나 정부가 상업 활동 지역 제한을 폐지하여 이제 개인들도 러시아 어디에서나 물건을 사고팔 수 있게 되었다. 소련 정부는 시장과 무역을 활성화하기 위해 1921년 10월에 국가은행을 세우고 돈의 흐름을 일관성 있게 관리하기 시작했다. 이렇게 해서 여러 해 동안 사용되지 않던 화폐가 제 역할을 되찾았다.

1921년 가을, 러시아의 신경제 정책은 시장 체계를 변화시켰다. 러시아 상업과 소상인들이 발전하고, 1920년대 중엽부터는 경공업과 식품 공업이 전쟁 이전의 수준으로 회복되었다. 또 1924년에 신경제 정책이 한층 탄력을 받아 중공업의 상황도 호전되기 시작했다. 이렇게 기업들이 빠르게 발전하고 농민의 생활도 개선되었으며 농촌의 빈민은 갈수록 줄어들었다.

레닌은 신경제 정책의 의의를 여러 차례 강조하면서 소련이 신경제 정책을 '진지하고 지속적으로' 시행해야 한다고 주문했다. 그러나 그는 1923년에 건강이 악화하면서 국가 정책에 직접적으로 참여하기 어렵게 되었다. 그리고 이 시기에 스탈린이 정치적으로 큰 힘을 얻으면서 경제 정책은 고도 집중화 방향으로 발전했고 이에 따라 신경제 정책은 점차 약화되었다.

맥을 잡아 주는 **러시아사 중요 키워드**

소련의 교육

러시아는 소련 시기에 급속히 발전하면서 교육 및 문화 수준도 크게 향상되었다. 소련은 10년 의무 교육을 시행하여 문맹 문제를 기본적으로 해결하고, 여러 문화 교육 기관도 적극적으로 육성했다. 모스크바 대학, 레닌그라드 대학, 하리코프 대학, 키예프 대학 등 유명 대학들이 모두 이 시기 동안 더욱 발전했고, 세계 경제와 국제 관계 연구소 등 새로운 고등교육 기관이 설립되었다. 또한 소련은 인류 최초로 달에 우주인을 보낸 국가이다. 이 역사적인 프로젝트의 성공은 영원히 기억될 중대한 사건이었다.

모스크바에 있는 러시아 연방 박람회장. 옛 명칭은 소련 국민경제 박람회관이다.

신경제 정책의 영향

1921년에 실행된 러시아의 신경제 정책은 러시아 역사와 세계 경제 발전사에 큰 영향을 미쳤다. 러시아 국내에서 신경제 정책은 러시아의 공업과 농업 사이에 정상적인 관계를 형성하는 데 많은 힘을 쏟았다. 그 결과, 공업과 농업의 연계를 강화하고 소비에트 정권을 안정시키면서 생산력이 향상되고 수많은 사람의 환영을 받았다. 신경제 정책은 또한 1921년에 러시아에 닥친 위기를 신속하게 해결하면서 국민 경제가 회복되고 러시아 경제가 순조롭게 발전하도록 했다. 사회주의 산업화와 농업의 발전을 이루는 데 큰 역할을 한 이 정책 덕분에 소련은 자본주의에서 사회주의로 전환할 환경을 마련할 수 있었다.

1921년의 신경제 정책은 마르크스주의와 국내 상황을 잘 결합한 성공 사례라고 할 수 있다. 소규모 생산이 주를 이루던 경제를 간접적으로 사회주의 방향으로 유도하고 공업과 농업의 연계를 통해 사회주의 국가를 건설하려는 목적에서 실행된 정책이었다. 상품 생산과 시장 교역에 사회주의적 정책의 특징을 접목하여 당시 사회주의 개혁을 진행하던 국가들에 모범 사례가 되었다.

Russia

7 레닌, 세상을 떠나다

레닌은 세계 역사의 한 시대를 대표하는 인물이다. 그의 본명은 블라디미르 일리치 울리야노프 Vladimir Ilich Ulyanov이고, 레닌이라는 이름은 나중에 그가 사용하기 시작한 필명이다. 그는 러시아의 발전과 독립에 큰 공을 세웠으며 프롤레타리아 혁명에 대한 훌륭한 저서를 남겼다. 세상 모든 프롤레타리아의 지도자였던 레닌은 1924년 1월 21일에 병으로 세상을 떠났다.

시기 : 1870~1923년
인물 : 레닌

특별한 소년

레닌은 1870년 4월 10일에 볼가 강변의 심비르스크에서 태어났다. 그의 아버지 일리야 니콜라예비치 울리야노프는 중학교 교사로, 나중에 심비르스크 현縣 인민학교 총감이 되어 귀족의 칭호까지 얻었다. 어머니 마리야 알렉산드로브나 블랑크는 초등학교 교사였다. 훌륭한 가정에서 태어난 레닌은 어려서부터 좋은 교육을 받으며 자랐고 아홉 살 때에는 우수한 성적으로 심비르스크 중학교에 입학했다. 학교에서 늘 우등생이었던 그는 뛰어난

한눈에 보는 세계사

1876년 : 조선, 강화도 조약 체결
1897년 : 대한 제국 성립
1903년 : 라이트 형제, 최초로 비행 성공
1910년 : 대한 제국, 국권 피탈
1911년 : 중화민국 건국
1914년 : 제1차 세계대전
1921년 : 중국, 공산당 성립

성적으로 상을 받기도 했다.

1887년 8월, 레닌은 가족과 함께 카잔으로 이사했다. 열일곱 살에 카잔 대학 법학과에 들어간 레닌은 얼마 지나지 않아 대학의 경찰 제도에 반대하는 집회에 참석했다는 이유로 퇴학당하고 카잔에서 쫓겨났다. 어린 시절에 레닌은 자신이 옳지 않다고 생각하면 쉽게 굽히지 않는 성격이었다. 일 년 후 카잔으로 돌아온 그는 마르크스주의를 연구하는 단체에 참여하며 《자본론》을 공부하기 시작했다. 훗날 러시아는 물론이고 전 세계적으로 위대한 지도자로 성장하는 레닌의 운명은 이미 이때부터 예고되었다.

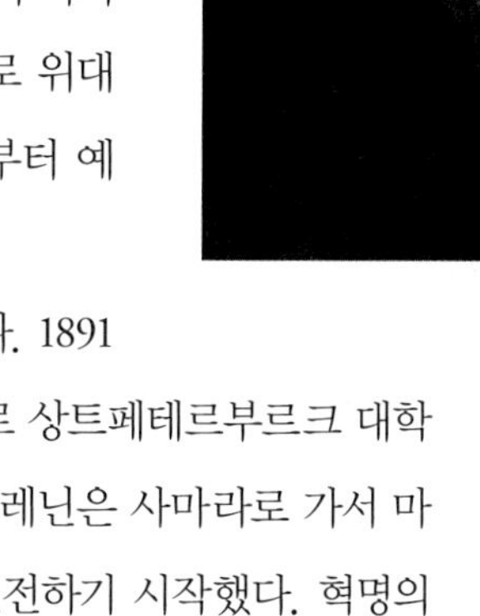

프롤레타리아 혁명가 레닌

1889년 5월에 레닌의 가족은 사마라로 이사했다. 1891년 11월, 스물한 살이었던 레닌은 청강생 자격으로 상트페테르부르크 대학의 졸업 시험을 치러 우수 졸업생으로 통과했다. 레닌은 사마라로 가서 마르크스주의 단체를 조직하고 마르크스주의를 선전하기 시작했다. 혁명의 삶이 시작된 것이다.

마르크스주의의 영향을 받은 청년기

러시아 사회의 상황이 악화되어 가면서 레닌은 혁명을 피할 수 없다는 사실을 깨달았다. 그는 1890년대에 이미 마르크스주의 단체 여러 곳과 연합해서 노동자의 해방을 위한 투쟁을 약속하고 러시아 최초로 사회주의와 노동자 운동을 결합시켜서 파업을 이끌었다. 그러나 봉기는 실패로 돌아갔고 레닌은 이 일로 유배되었다.

1900년 초, 유배를 마친 그는 당시의 러시아에서 사회주의 혁명을 일으키는 것은 불가능하다는 사실을 인식했다. 그래서 그해 7월에 외국으로 나가 마르크스주의를 공부하며 외국에서 일어난 혁명 운동의 사례를 연구하기 시작했다. 1903년에 레닌은 런던에서 열린 사회민주노동당 제2차 대회에 참석했다. 당시 그 대회에서는 볼셰비키의 대표였던 레닌과 멘셰비키의 대표였던 마르토프Yuly Martov가 당이 나아갈 방향을 놓고 격렬한 논쟁을 벌였다. 팽팽하게 맞선 양측은 끝까지 서로의 의견을 굽히지 않았고, 결국 러시아 사회민주노동당은 성립되자마자 볼셰비키와 멘셰비키 두 당파로 나뉘었다.

1905년에 러시아 혁명이 시작된 후, 레닌이 이끄는 볼셰비키는 마르크스주의를 노선으로 정하고 프롤레타리아가 농민과 연합해서 혁명을 함께해야 한다는 방침을 정했다. 11월 이후 러시아로 돌아온 레닌은 직접 투쟁을 이끌었다. 그러나 1907년, 혁명에 실패한 그는 다시 외국으로 망명할 수밖에 없었다. 이 시기에 그는 《유물론과 경험론》을 집필했다. 1912년에 러시아 사회민주노동당은 프라하에서 당 대회를 열어서 멘셰비키를 볼셰비키와 완전히 분리된 정당으로 선언하고 프롤레타리아 정권이라는 점을 명확히 했다.

신문을 읽고 있는 레닌

1917년 러시아 2월 혁명 이후에 자유주의자 계층이 정권을 잡았다. 복잡하고 혼란스러운 이 역사의 길목에서 레닌은 유명한 4월 테제를 발표해 프롤레타리아 임시 정부를 무너뜨리고 소비에트 공화국 건설을 혁명의 목표로 제시했다. 9월에 레닌은 《국가와 혁명》을 집필하고 무장 봉기를 계획했다. 그는 중앙시회의 동의를 얻은 후 1917년 10월에 노동자와

레닌 영묘를 방문한 관광객들

농민을 이끌고 러시아 10월 혁명을 일으켰다. 10월 혁명은 성공을 거두었고 러시아는 새로운 역사의 장을 열었다. 이로 인해 마르크스-레닌주의가 러시아에 뿌리내릴 수 있게 되었다.

마르크스-레닌주의란 레닌이 마르크스주의를 러시아의 구체적인 실정과 결합시키면서 탄생한 사상으로, 스탈린의 통치 시기에 소련의 사상적 체계가 되었다. 마르크스-레닌주의는 또한 러시아 노동자 운동이 녹아 있는 사상으로 러시아 프롤레타리아 혁명 운동의 발전 및 전 세계 프롤레타리아 운동에 엄청난 영향을 미쳤다.

레닌은 러시아 혁명을 이끌면서 마르크스주의와 새로운 프롤레타리아 혁명 운동을 결합시켰다. 자본주의가 제국주의로 발전해 가는 과정을 자세히 연구한 그는, 프롤레타리아와 자유주의자 간의 투쟁에서 얻은 새로운 경험들을 정리했다. 또한 20세기 초 사회과학, 자연과학의 최신 연구 결과들을 모아서 마르크스주의를 발전시키는 데 창의적으로 활용했다. 덕분에 마르크스주의 이론은 새로운 단계로 발전했고, 세계 프롤레타리아와 그들의 권익을 위한 정당을 결성하는 데 이론적 기초를 마련해 주었다.

사회주의 세계의 큰 별이 지다

당시 러시아에서 레닌의 영향력은 엄청났다. 그는 세계 최초의 사회주의 국가인 소련을 건설한 주역이었을 뿐만 아니라 프롤레타리아와 노동자들의 지도자이자 억압받던 민족들의 친구였다. 그런 레닌의 사망은 전 세계 프롤레타리아에게 큰 손실이었다. 또한 러시아 역사에서 레닌의 죽음은 또 다른 혼란을 낳았다.

레닌은 항상 활력이 넘치던 인물이었다. 1893년에 페트로그라드로 옮겨 온 이후로 그는 매일 같이 10시간 이상 일에 몰두했고, 10월 혁명 전후로는 20시간이 넘도록 일하기도 했다. 키는 작았지만 강철 같은 의지와 날카로운 두뇌를 가진 거인이었다. 인류의 역사를 바꾸어 보려던 레닌은 결국 과도한 업무로 건강을 잃고 말았다.

1922년 겨울, 소비에트 정권이 막 안정을 찾아가고 있을 때였다. 건강이 좋지 않은 상태였던 레닌은 제10차 볼셰비키 당 대회에서 보고서를 읽으며 신경제 정책을 지속해 나가겠다는 의지를 보였다. 회의가 끝난 후, 매일 같이 불면증과 두통에 시달리던 그는 더 이상 버티지 못하게 되었다. 강한 의지로도 병은 이길 수 없었던 것이다. 그해 5월, 레닌은 모스크바에서 조금 떨어진 고리키 마을로 요양을 갔다. 동맥경화로 실어증까지 앓을 정도로 심각한 상태였다. 그러나 그는 두 달 후 상태가 조금 호전되자 또다시 업무를 보기 시작했다. 온갖 정부 업무를 처리하느라 몸이 남아나지 않을 정도였지만, 평생 일에 매달려 온 습관은 쉽게 바꿀 수 없었다. 병상에 누워 스스로 글을 쓰지 못하는 상황이 되자 그는 조수들에게 자신이 이야기하는 내용을 일기 형식으로 받아 쓰게 했다.

1923년 봄, 레닌은 다시 병석에 누웠다. 이번이 세 번째였다. 그의 상태는 말을 전혀 할 수 없을 만큼 심각했다. 그러나 그해 가을에 특유의 강한 의지력으로 병마와 싸운 레닌은 기적처럼 말을 하기 시작했고, 스스로 걸을 수도 있을 만큼 회복되었다. 그는 모스크바에서 마르크스주의에 관한 연설을 하기로 했다. 그것이 바로 레닌의 마지막 모스크바 여행이 되리라고는 아무도 생각하지 못했다.

1923년 10월 18일, 모스크바로 돌아온 레닌은 빠르게 발전하는 모스크바의 모습을 보고 크게 기뻐했다. 그는 연설대에 올라서 인민들이 열심히 일한다면 반드시 좋은 날이 올 것이며, 러시아는 사회주의를 향해서 발전해 가고 있다고 사람들을 격려했다.

레닌이 건강한 모습으로 군중을 향해 손을 흔들자 사람들은 그가 또 한 번 기적처럼 회복되었다고 기뻐했다. 그러나 이틀 후 레닌은 크렘린 궁에 도착하고 나서 갑작스럽게 쓰러졌다. 그리고 석 달 후 세상을 떠났다. 회복된 줄 알았던 레닌의 사망 소식이 발표되자 온 러시아는 충격과 슬픔에 빠졌다. 심지어 어떤 사람들은 레닌이 사실은 어딘가에 살아 있는 것이 아니냐는 의혹을 제기하기도 했다. 정부 당국에서 레닌은 병세가 악화되어 사

맥을 잡아 주는 **러시아사 중요 키워드**

레닌의 명언들

- 진실하지 않은 우정은 쓰라린 상처이고, 거짓된 동정은 날카로운 독화살이다.
- 책은 힘이다.
- 과학의 목적은 진정한 우주의 모습을 보여 주는 데 있다.
- 억지로 외우지 마라. 기본적인 지식을 바탕으로 사고력을 키워야 한다.
- 배우고자 하는 의지가 있어야 배울 수 있다.
- 그 사람의 말이나 의견이 아니라 행동으로 판단하라.
- 냉혹한 진리를 용감하게 직시하라.
- 애국주의란 사람들이 오랜 세월 쌓아 온 조국에 대한 가장 깊은 감정이다.

망한 사실을 확인했지만, 그가 정적에 의해 독살되었다는 등의 소문은 가라앉지 않은 채 아직도 풀리지 않는 미스터리로 남아 있다.

레닌은 마르크스주의를 행동으로 옮긴 최초의 인물이자 최초의 사회주의 국가를 세웠다. 또한 러시아 10월 혁명을 승리로 이끌어 전 세계적인 프롤레타리아 혁명에 큰 영향을 끼치기도 했다. 레닌주의Leninism는 자본주의 국가들에도 적지 않은 영향을 주었다. 레닌이 주도한 10월 혁명의 성공은 완전 자유 시장 경제 제도를 채택한 국가들도 정부가 시장의 흐름에 개입하는 시장 경제 체제를 도입하고 노동자의 지위와 권익을 향상시키는 데 역시 일정한 영향을 미쳤다.

8 사회주의 소유제의 확립 Russia

사회주의는 프롤레타리아 정권의 관리 제도로, 1917년에 러시아 10월 혁명이 성공한 이후 러시아에 빠르게 자리 잡았다. 이어서 신경제 정책 및 산업화, 농업 집약화와 같은 여러 경제 회복 조치가 성공적으로 실행되면서 러시아 사회주의 소유제가 안정적으로 확대되기 시작했다.

시기 : 1922~1937년
인물 : 레닌, 이오시프 스탈린Joseph Stalin, 레온 트로츠키Leon Trotsky
니콜라이 부하린Nikolai Ivanovich Bukharin

스탈린 정권의 강화

1922년부터 레닌의 병세가 악화하자 당 내에서는 강력한 결단력과 추진력을 갖춘 스탈린이 능력을 인정받기 시작했다. 스탈린은 조금씩 자신의 입지를 넓히며 볼셰비키의 당 서기장 자리에 올랐다. 1924년 1월에 레닌이 세상을 떠난 후, 볼셰비키는 러시아의 발전 방향을 놓고 격한 논쟁에 휩싸였다.

사실 트로츠키와 스탈린은 1923년 말부터 이미 새로운 정책을 둘러싸고 팽팽하게 맞선 적이 있었다. 트로츠키는 공업 중심의 발전을, 부하린은 농

한눈에 보는 세계사

1921년 : 중국, 공산당 성립
1929년 : 세계 대공황
1936년 : 에스파냐 내전

업 경제의 육성을 각각 주장했고, 스탈린은 세계적인 혁명 없이도 러시아만의 사회주의 건설이 가능하다는 '일국 사회주의론'을 내세웠다. 당시 고리키 마을에서 요양하고 있던 레닌은 1923년 11월과 12월에 조수를 불러서 당 건설에 대한 논쟁과 관련된 문서를 그가 들을 수 있도록 소리 내어 읽게 했다고 한다. 1924년에 열린 러시아 공산당 제13차 대회에서 트로츠키의 주장은 자유주의자적인 생각이라는 비판의 목소리가 나오기 시작했다. 사실 트로츠키의 의견은 레닌주의를 바탕으로 한 것이었다. 회의에서는 또한 제10차 대회의 '당의 통일에 관하여' 결의안 제7조를 공표했다. 당의 파벌을 나누는 행위를 하는 중앙위원은 그 자격을 빼앗고 당에서 퇴출시킨다는 내용이었다. 나중에 이 결의안을 근거로 트로츠키와 부하린은 지위를 박탈당하고 쫓겨났다.

1925년에 당 서기장이었던 스탈린은 트로츠키 및 그를 따르는 사람들과 공개적인 싸움을 시작했다. 1927년 말이 되자 '우익' 반대파의 대표인 트로츠키가 볼셰비키에서 퇴출당했다. 1928년 7월에 열린 중앙 회의에서 스탈린은 신경제 정책은 이미 그 효력이 다했으며 농민들에게 특별세를 거두어 공업을 빠르게 발전시켜야 한다고 강조했다. 이에 대해 부하린은 신문 〈프라우다〉에 기고하여 신경제 정책의 폐지를 비난했다. 그러자 이번에는 당내에서 부하린을 중심으로 일고 있는 '우경右傾' 움직임에 반대하고 나섰다. 1929년 11월, 결국 부하린까지 정치에서 물러나면서 스탈린의 주장이 최종적으로 받아들여졌다.

공업화가 시작되다

스탈린이 소련의 정권을 잡은 후, 그의 '일국 사회주의론' 이론이 본격적으로 시행되기 시작했다. 20세기 초의 러시아는 자본주의를 채택하고 있었고, 소련에 반대하는 제국주의자들이 반反소련 전쟁을 일으킬 위험을 안고 있었다. 스탈린은 소련이 사회주의 국가를 건설하려면 국민 경제를 현대화한 다음 완전하고 독립된 사회주의 경제 체제를 마련해야 한다고 생각했다. 즉 농업국에서 산업국으로 전환하고 당시 수입에 의존하던 기계 설비를 직접 생산할 수 있도록 해야 한다는 것이었다.

낙후된 농업 국가였던 러시아를 산업 강국으로 발전시키는 것이 가장 시급한 임무였다. 이에 따라 러시아 경제의 산업화와 농업 집단화가 국가 발전의 중요한 과제로 떠올랐다. 1925년 12월, 제14차 당 대회 결과 사회주의 산업화 방침을 발표하면서 소련은 대규모 계획을 바탕으로 한 사회주의 산업화의 시작을 알렸다.

소련은 사회주의 공업화를 추진하는 과정에서 '5년 계획'을 마련하고 계획적인 경제 건설을 시도했다. 1928년부터 5년마다 구체적인 목표를 세워

1929년에 러시아 집단 농장의 농민들이 부농의 집으로 이사 와 짐을 정리하고 있다. 당시 스탈린이 실시한 농업 집단화 정책으로 부농들은 모든 재산을 잃었다.

서 사업을 추진하는 것이다. 경제 구조의 전환을 목적으로 여러 가지 목표를 세우고, 그 목표들을 달성하기 위한 각종 조치를 구상했다.

5년 계획은 소련의 산업화를 발전시키는 데 큰 효과를 발휘했다. 독일과의 전쟁을 벌이기 전에 소련에는 이미 6,000개 이상의 대기업이 있었고 비행기, 자동차, 트랙터, 석유화학, 소형 및 중대형 기계 설비 제조 등 다양한 분야에서 큰 발전을 거두었다. 산업 구도에서도 철강 공장, 수력 발전소 등 대형 사업과 자동차 제조 공장 등을 완성하면서 비교적 고른 산업 시스템을 마련했고, 중공업 위주의 국가 산업화를 일차적으로 이루어 냈다. 1937년에 이르러 두 번째 5년 계획을 시작했을 때, 소련 전체는 거대한 산업 기반을 갖추고 끊임없이 항공, 화학과 같은 새로운 선진 산업을 도입했다. 이 대형 기업들은 오랫동안 소련 경제, 특히 공업과 군사력을 뒷받침하는 큰 힘이 되었다.

소련의 산업화는 "자본주의 국가의 군사적 위협에 맞선다."라는 구호와 함께 진행되었다. '뒤떨어지는 순간 공격당할 것'이라는 생각을 바탕으로 한 정책 덕분에 불과 10년 만에 온갖 불리한 환경을 극복하고 사회주의 산업화를 이루어 낼 수 있었다. 자본주의 국가 중에서는 이런 사례를 찾아볼 수 없다. 이런 이유로 나중에 여러 사회주의 국가가 소련의 5년 계획을 자국에 도입하기도 했다.

농업 집단화

급속한 산업화가 진행되면서 식량 수요가 많이 늘어나 기존의 러시아 농업 생산력이 공업의 수요를 따라가지 못했다. 심지어 국가의 식량 확보에 빨간불이 켜졌다. 그래서 스탈린은 산업화를 지속적으로 이끌기 위해 농업을 통째로 집단화해서 식량 위기를 극복하려는 시도를 했다. 1927년 12월, 제15차 대회에서 농업 집단화 방침을 통과시켰고 2년 후 소련 정치국의 결정에 따라 러시아 농업의 전체적인 집단화가 시작되었다.

1929년 하반기부터 농장 집단화 운동이 대규모로 일기 시작했다. 과거에는 각 농민과 농가가 스스로 집단 농장에 참여하던 수준에서 이제 마을과 지역 전체가 집단 농장에 소속되었다. 전국 각지에서 한꺼번에 집단화가 시작되자 일부 지역에서는 농민들을 강제로 집단 농장으로 밀어 넣는 상황이 생기기도 했다. 예를 들어 집단 농장 가입을 원하지 않는 일부 중산층 농민들이 부농이라는 꼬리표를 단 채 모든 재산을 빼앗기고 쫓겨나는 현상이 벌어졌다. 이렇게 과도한 조치가 농민들의 불만을 불러와 정책에 대한 협조율이 낮아졌고 결국 농업 집단화는 어려움을 겪게 되었다.

1930년 3월, 소비에트 정부는 농업 집단화가 너무 성급하게 진행되고 있다고 판단했다. 그래서 스탈린이 농업 집단화를 다시 한 번 정돈하고 수정해서 시행하자 집단화 움직임이 다시 활발해졌다. 그러나 그대로 순탄하게 흘러가지만은 않았다.

1932년부터 1933년 겨울까지 무서운 재해가 우크라이나와 카자흐스탄, 볼가 강 유역 및 북캅카스를 덮쳐서 수백만 명의 목숨을 앗아갔다. 이에 농민들의 불만이 또 한 번 폭발하면서 시위가 벌어졌다. 이러한 상황에 놓이자 소련 정부는 농업 집단화 정책을 조금 느슨하게 바꿨다. 이에 따라 농민들은 자신의 땅에서 일정한 수의 가축을 기르고 자신이 생산한 농산물을 시장에 내다 팔 수도 있게 되었다. 그러나 전체적인 농업은 여전히 정부의 명령에 따라 움직였다.

소비에트 정부의 노력으로 1937년에 소련은 소규모 농민 경제에서 사회주의 대형 농업 체제로 전환하는 목표를 성공적으로 이루어 냈다. 스탈린은 러시아 전국 경작지의 98%가 사회주의 소유제로 전환되었고 집단 농장이 소유한 토지가 전체 경작지 면적의 99.1%라는 통계를 자랑스럽게 발표했다.

소련은 산업 개혁으로 경제 발전을 이루었고, 농업 집단화로 농업의 기계화가 빠르게 향상되었다. 도시 주민들에 대한 식량 공급과 공업 원자재 공급도 확보되었으며 사람들의 생활수준도 전체적으로 개선되었다. 집단 농업은 또한 공업이 발전하는 데 상당한 자본과 노동력을 제공해 주어 소련의 국방력과 종합 국력을 크게 강화시키기도 했다. 사회주의 산업화를 위해 좋은 환경을 마련한 것이다. 또한 소련은 국가 산업화와 농업 집단화를 통해 사회주의 제도의 기반을 다졌다. 1936년에 새로 제정한 헌법은 소련을 공업과 농업을 중심으로 하는 사회주의 국가이며 모든 노동자를 정치적 기초로 한다고 규정했다. 새로운 헌법의 공포는 세계 최초의 사회주의 국가가 건설되었다는 사실을 상징하는 동시에 스탈린에 의해 탄생한 중앙집권적 경제·정치 제도의 형성을 나타낸다.

소련의 산업화, 집단화 정책은 뛰어난 성과를 거두었으나 그와 더불어 심각한 문제도 안고 있었다. 사회주의 제도를 확립하는 과정에서 중공업의 우선 발전을 강조하다 보니 농업과 경공업이 오랫동안 침체하고 결국 중공업의 발전까지 가로막는 부작용이 나타난 것이다. 1930년대 말과 1940년대 초에 이르러 소련의 산업 성장 속도는 눈에 띄게 떨어졌다. 과도한 중공업 키우기는 인민들의 생활수준 향상에도 영향을 미쳤고, 국가 전체의 경제가 고르게 성장하지 못하는 결과를 낳기도 했다.

9 독학으로 이룬 꿈, 막심 고리키

Russia

고리키는 소련의 유명한 문학가로, 평생 곧고 강인한 의지를 보여 준 인물이다. 그는 전 세계 인민을 위한 자유의 노래를 썼다. 《유년 시대Detstvo》, 《나의 대학Moi universitety》, 《사람들 속에서V lyudyakh》 등에서는 고달픈 삶과의 싸움을, 그리고 소설 《어머니Mat》에서는 혁명의 시대를 살아가는 모자의 정을 그렸다.

시기 : 1868~1936년
인물 : 막심 고리키Maxim Gorky

힘겨운 어린 시절

고리키의 본명은 알렉세이 막시모비치 페슈코프Aleksey Maksimovich Peshkov이다. 1868년에 볼가 강 근처의 목수 집안에서 태어났으며, 네 살 되던 해에 아버지를 여의었다. 이후 고리키는 할아버지의 손에서 자랐다. 그의 할아버지는 러시아에 이민 온 미국인으로, 배를 끄는 인부에서 시작해서 온갖 고생 끝에 큰 재산을 모은 인물이었다. 고리키는 이렇게 강인한 성격으로

한눈에 보는 세계사

1870년 : 프랑스·프로이센 전쟁
1876년 : 조선, 강화도 조약 체결
1897년 : 대한 제국 성립
1903년 : 라이트 형제, 최초로 비행 성공
1910년 : 대한 제국, 국권 피탈
1911년 : 중화민국 건국
1914년 : 제1차 세계대전
1921년 : 중국, 공산당 성립
1929년 : 세계 대공황
1936년 : 에스파냐 내전

러시아 모스크바의 노보데비치 공동묘지에는 소련 프롤레타리아 작가 고리키의 무덤이 있다.

자수성가한 할아버지에게서 많은 영향을 받았다. 인색하고 엄격한 할아버지는 고리키를 혹독하리만큼 엄하게 교육했다. 일례로 그가 여덟 살이 되자 신발 수리공의 조수로 취직시켜서 스스로 생활을 해 나가게 했을 정도였다.

어린 고리키는 그렇게 집에서 독립한 후 많은 좌절과 고통을 겪었다. 신발 수리공 조수 외에도 선박 주방에 들어가 접시를 닦고, 부두에서 짐 나르기, 철도 노동자, 문지기, 정원사 등 그 나이에 할 수 있는 일은 모두 했다. 그렇지만 막노동으로는 배불리 먹기 어려웠다. 그렇게 춥고 배고픈 나날을 보내면서도, 고리키는 학업에 대한 뜻을 접지 않았다. 밤늦게까지 일하고 나서 숙소로 돌아오면 아끼고 아낀 돈으로 마련한 책을 읽었다. 고리키는 그렇게 독학으로 유럽 고전 문학과 철학, 자연과학 등의 지식을 쌓았다. 그가 외롭고 힘든 나날들을 버틸 수 있게 해 준 것은 바로 이 책들과 학업에 대한 열정이었다. 당장 먹고사는 것이 급했던 고리키는 일자리를 찾아서 여기저기를 떠돌아다녔다. 그리고 낯선 땅에서 낯선 사람들과 우정을 나누고, 때로는 뜻하지 않은 배신과 증오를 겪기도 했다. 이때의 경험은 훗날 작가가 될 그에게 풍부한 소재가 되었다.

청년기의 작품 활동

1892년에 정식 교육이라고는 초등학교에서 2년 동안 공부한 것이 전부인 스물네 살의 청년 고리키가 첫 번째 소설을 발표했다. 바로 〈캅카스 일보〉

에 실린 단편 소설《마카르 추드라Makar Chudra》였다. 생동감 넘치는 줄거리와 현실적인 캐릭터가 돋보이는 작품이었다. 이 작품을 읽고 크게 감명해 작가에게 신문사 방문을 요청한 편집장은 깜짝 놀랐다. 웬 떠돌이가 누더기를 걸치고 나타난 것이다. 이야기 중에 편집장이 고리키에게 작품을 신문에 실으려면 이름을 알아야 한다고 하자 잠시 조용히 생각하던 그가 대꾸했다. "막심 고리키. 그렇게 올려 주십시오." 러시아 어에서 '고리키'는 '고통'이라는 뜻이고, '막심'은 '가장 큰'이라는 의미가 있다.

독학으로 지식을 쌓은 고리키는 1900년에 어느 출판사에 취직했다. 이 시기에 그는 당시 러시아 민주주의 성향 작가들의 작품을 모은《지식》을 출판하고, 잡지에 산문시를 발표하기도 했다. 1901년에 그는 상트페테르부르크에서 차르 정권이 학생 시위대를 무자비하게 진압한 사건을 고발하는 전단을 쓰고, 전제 정치를 무너뜨릴 것을 주장했다. 같은 해에 발표한 산문시 〈바다제비의 노래〉는 혁명에 대한 열정으로 가득 차 있어 '혁명 선언서'라고도 불린다. 그해에 그는 혁명 정당의 의뢰를 받아서 비밀 인쇄소를 세웠다가 정부에 발각되어 유배되었다.

고리키는 청소년기의 유랑 생활을 통해 차르 정부에 핍박받던 러시아 인들의 생활을 가까이에서 지켜볼 수 있었다. 그가 일찍부터 낡고 부패한 제도를 혐오하기 시작한 것도 이런 이유에서였다.《첼카슈Chelkash》 등의 소설에서 고리키는 하층민의 어려운 생활을 구체적으로 묘사하며 현실에 대한 사람들의 분노를 표현했다. 또한《소녀와 죽음》,《매의 노래》와 같은 작품은 암흑과 빛의 뚜렷한 대비를 묘사하

1930년대 소련의 잡지 표지에 망명 생활을 마치고 돌아온 막심 고리키가 문학을 통해 혁명을 돕는 장면이 묘사되어 있다.

러시아 모스크바에 있는 고리키 거리의 차량 행렬

며 빛을 향해 나아갈 것을 다짐하고 대중을 위해 희생하는 영웅들을 찬양했다. 더 나은 세상과 혁명을 꿈꾸던 고리키의 생각이 그대로 녹아 있는 작품들이다.

고리키는 문학을 통해서 부패한 차르 통치 제도를 비판하고 자본주의 사회의 착취를 고발하며 수많은 독자의 사랑을 받았다. 하지만 이 때문에 황제의 노여움을 사서 감시와 체포, 구금 등에 시달리다가 결국에는 유배까지 가게 되었다. 그러나 그는 온갖 탄압을 받으면서도 자신의 뜻을 포기하지 않았다. 오히려 투쟁의 의지와 결심은 더욱 단단해졌다.

1905년에 러시아 사회민주노동당에 가입한 고리키는 1906년 초에 몰래 러시아를 떠나 미국으로 가서 혁명을 호소하며 모금 활동을 펼쳤다. 그곳에서 그는 희곡 〈적敵〉과 장편 소설 《어머니》를 집필했다. 역사는 반드시 올바른 방향으로 발전한다는 굳은 신념이 엿보이는 작품들로, 오늘날 사회주의와 현실주의 문학의 대표작으로 손꼽힌다. 한편, 이 시기에 그는 자본주의 제도를 비판하는 내용의 《나의 방문기》와 《미국에서》를 쓰기도 했다.

1906년에 저 멀리 미국에 머물던 고리키는 러시아 혁명이 실패로 돌아갔다는 소식을 들었다. 그러자 이탈리아로 건너가서 카프리 섬에 정착했다. 그리고 이듬해 5월, 레닌과 함께 현지에서 열린 러시아 사회민주노동당 제5차 당 대회에 참석했다. 그로부터 몇 년 후 고리키는 《어느 쓸모없는 인간의 삶》, 《여름날》 등의 훌륭한 작품들을 완성했다.

1913년에 러시아 사회주의 혁명이 진행되는 중에 고리키는 8년이라는 기나긴 망명 생활을 마치고 고국으로 돌아왔다. 그리고 자전적 성향의 작품인 3부작 중 《유년 시대》와 《사람들 속에서》를 완성했다. 1921년 여름에 병을 얻어 치료를 위해서 외국으로 간 고리키는 1928년까지 이탈리아에 머물렀다. 요양하며 몸을 추스른 그는 이 시기에도 회고록 《레닌》을 집필하고 3부작 《유년 시대》, 《사람들 속에서》, 《나의 대학》을 완성했다.

노후의 고리키

1924년부터 1925년까지 고리키는 19세기 중엽 러시아 농노제의 개혁부터 10월 혁명까지 격동의 역사를 배경으로 한 장편 소설 《아르따모노프가의 사업》을 썼다. 한 집안의 삼대가 불안정한 사회에서 변화해 가는 과정을 현실감 있게 묘사한 작품으로, 여기에는 심리적, 도덕적으로 자유주의자는 반드시 몰락하고 만다는 그의 견해가 녹아 있다.

1928년에 러시아로 돌아온 그는 두 차례에 걸쳐 전국 각지를 여행했고, 이때 또 다른 작품 〈러시아 순례〉를 썼다. 스탈린의 영향으로 이 시기에 고리키가 쓴 작품 대부분은 자본주의의 몰락과 사회주의의 승리에 대한 내용이었다. 다양한 시각으로 세계를 바라보던 그만의 독창성은 찾아볼 수 없었다. 이렇게 짙어진 정치적 색채는 1936년에 그가 세상을 떠날 때까지 이어졌다.

Russia

맥을 잡아주는 세계사

The flow of The World History

제 5 장 |

제2차 세계대전과 부상하는 소련

1. 20세기 소련의 외교 정책
2. 모스크바 공방전
3. 레닌그라드의 영광
4. 스탈린그라드 전투
5. 쿠르스크 전투
6. '소련의 영웅' 주코프
7. 바실렙스키
8. 추이코프의 빛나는 인생
〈테마로 읽는 러시아사〉 소련과 제2차 세계대전 이후의 새로운 세계 경제 질서

Russia

1 20세기 소련의 외교 정책

1930년대에 스탈린이 이끄는 소련은 사회주의 건설에 모든 힘을 쏟으며 경제 발전을 이뤄 냈다. 그런 한편 서유럽에서는 일부 국가가 독일을 중심으로 한 파시즘 세력의 공격을 받아 중대한 위기에 처해 있었다. 이에 소련은 파시즘에 맞서고 세계 평화와 각국의 안전을 위한 정책을 제안했다.

시기 : 1931~1939년
인물 : 스탈린, 아돌프 히틀러Adolf Hitler, 장 바르투Jean-Louis Barthou

심상치 않은 국제 정세

10월 혁명 이후 사회주의 국가 체계를 세운 러시아는 마르크스주의에 입각한 국가 발전 노선을 따랐다. 사회주의 건설은 자본주의를 완전히 몰아내는 것을 전제로 해야만 가능했기 때문에 소련의 건립은 러시아와 서방 국가 사이의 국제 관계를 깨뜨리고 마찰을 일으킬 수밖에 없었다.

1918년, 제1차 세계대전 이후 각국은 베르사유 조약, 국제연합헌장, 워싱턴 체제, 로카르노 조약, 켈로그-브리앙 조약 등 세계 평화를 위한 조약

한눈에 보는 세계사

1931년 : 만주사변 발발
1932년 : 이봉창, 윤봉길 의거
1933년 : 미국, 뉴딜 정책 실시
1934년 : 중국, 공산당 대장정
1936년 : 에스파냐 내전
1939년 : 제2차 세계대전 발발

들을 맺었다. 그러나 이 조약들은 1920년대와 1930년대에 들어서면서 아무런 힘도 발휘하지 못하고 무용지물이 되어 갔다. 1931년에 일본이 중국과 한반도를 침략하면서 20세기 들어 처음으로 극동 지방에 위기가 찾아왔다. 제1차 세계대전 이후 형성된 베르사유 체제가 실질적으로는 전쟁을 막을 힘이 없다는 사실이 드러났고, 당시 세계 최대의 안보 조직이었던 국제연맹 또한 회원국의 안전을 보장해 주지 못했다.

1931년에 일본이 중국을 침략하고 1933년에 독일에 히틀러 정권이 들어서면서 세계의 정세는 혼란 속에서 점점 악화되어 갔다. 게다가 소련 내부의 사회주의 제도 또한 단단하게 뿌리내리지 못한 상황이었다. 우크라이나, 돈 강, 볼가 강 유역에서 농민들의 시위가 잇따르자 새로운 정권도 위협당하고 있었다.

1939년, 소련 모스크바에서 스탈린(왼쪽)과 독일 외상 리벤트로프(오른쪽)가 악수하고 있다. 제2차 세계대전이 시작되기 전에 소련은 영국, 프랑스와 함께 독일의 파시즘에 맞서 싸우려 했다. 그러나 두 나라는 별다른 반응을 보이지 않은 채 서양 세계를 위협하는 독일의 눈을 동쪽으로 돌릴 방법만 궁리했다. 소련은 자국의 이익을 위해 결국 독일과 '독일-소련 상호 불가침 조약'을 맺는다.

한편, 소련과 서유럽 각국 간에도 복잡 미묘한 상황이 펼쳐지고 있었다. 영국과 프랑스에 소련은 가장 먼저 처리해야 할 적이었다. 그러나 당시 동유럽에서 독일과 한창 충돌하고 있던 탓에 일단은 그곳에 모든 신경을 쏟았다. 독일도 마찬가지로 공산주의를 무찔러야 할 입장이었지만 체코, 폴란드 등 동유럽 지역에서의 일로 정신이 없었다. 게다가 소련을 공격하려면 동유럽을 반드시 거쳐야 하는 것도 문제였다. 전통적인 자본주의 국가인 영국과 프랑스는 공산주의 국가인 소련의 적이었다. 그런데 역시 반공주의인 독일까지 급부상하면서 직접적으로 소련을 위협하는 상황이었다. 이런 상황에서 서유럽과 독일, 소련의 싸움이 시작되었다.

자신을 지키려는 노력

1933년에 독일 총리직에 오른 히틀러는 곧바로 침략 전쟁을 일으킬 준비를 시작했다. 그러면서 제2차 세계대전이 벌어질 위기가 서서히 다가오고 있었다. 유럽의 동쪽에 있는 소련도 자국의 안전이 위협받는 것을 느끼고 영국, 프랑스 등 서유럽 국가들에 더 가까이 다가가고자 시도했다. 그러나 이 국가들은 선불리 움직이지 않고 보수적인 유화 정책을 펼치며 '위기를 동쪽으로 넘기려' 했다. 국제 정세가 하루가 다르게 변하는 만큼 소련의 외부 환경도 크게 변화하고 있다는 사실을 보여 주려는 생각이었다. 파시스트가 권력을 잡은 독일과 일본이 이미 직접적으로 소련을 위협하고 있었다. 게다가 서양 민주주의 국가들까지 소련에 대한 정책을 바꾸기 시작한 형편이었다. 이런 상황에서 1933년 12월에 소련 정치국은 국가와 인민의 안전을 위해 싸우자는 결정을 내렸다. 그리고 국제연맹에 가입하여 독일의 침략에 맞서는 지역적 합동 방어 협정에 참여했다. 프랑스와 폴란드 등도 참여한 협정이었다.

1933년에 소련은 공산당 정치국 회의 결과 다른 나라들과 연합하는 방안을 결정한 후 다음과 같은 두 가지 방법을 통해 자국의 안보를 지키기로 했다. 첫 번째는 영국, 프랑스 등 서유럽 국가들과 긴밀히 연계하여 독일의 침략을 막을 수 있도록 하는 것이었다. 두 번째는 많은 물자를 후방으로 모아 갑자기 전쟁이 벌어질 것에 대비하는 방안이었다. 두 가지 조치 중에서도 소련은 서유럽 국가들과의 협력, 즉 전 세계 공동의 안보 정책에 대해 큰 기대를 품었다.

그러던 1934년 2월, 소련을 도우면 독일을 견제할 수 있다고 주장하는 사람이 나타났다. 바로 프랑스 외무장관이던 장 바르투였다. 그는 유럽 국가들이 힘을 합쳐 침략 대비 시스템을 마련할 것을 제안했다. 이와 함께 소련과의 협력도 자연히 화제에 올랐고, 이후 소련과 프랑스의 관계가 자연스럽게 크게 진전되었다. 1934년 5월에 바르투는 프랑스와 소련의 협상 회의에서 조약의 초안을 제시하며 두 나라가 협력하자고 건의했다. 그가 제안한 조약은 소련을 중심으로 반파시즘 동맹을 맺는 것이었다. 먼저 소련과 독일, 폴란드, 체코슬로바키아, 에스토니아, 핀란드, 라트비아가 협정을 맺은 다음 프랑스와 소련이 상호 협력 조약을 맺는다는 내용이다. 비록 독일과 이탈리아, 폴란드가 조약의 가입을 거절하고 영국도 가입을 보류한다는 태도를 보였지만 그래도 진정한 의미의 프랑스-소련 연맹이 결성될 가능성이 있었다. 줄곧 세계 공동의 안보 정책을 원하던 소련은 1934년 9월에 국제연맹에 가입했다. 모든 것이 소련의 생각대로 순조롭게 풀리는 듯했다. 그러나 1934년 10월에 바르투 외상이 암살당하면서 그가 추진하던 조약은 방향을 잃어버렸다. 예정되어 있던 협상은 결렬되었고, 반파시즘 국제 동맹의 결성도 좌절되었다.

영국, 프랑스와의 합동 안보 정책 협상이 실패로 돌아가자 소련은 서방 민주주의 국가들에 대해 크게 실망했다. 게다가 그들이 독일을 이용해서 자국을 제압하려 한다는 사실을 알아차린 후에는 더더욱 서방 세계를 경계하기 시작했다. 같은 해에 스탈린은 제18차 공산당 대회에서 '반소련 전선의 구축을 용납하지 않으며, 최대한 신중하게 행동하여 적들의 작전에 말려들지 않겠다.'라는 뜻을 명확히 했다. 그러나 또 한편으로는 서방 국가들에 다가가려는 시도를 멈추지 않았다. 유럽 국가들과의 합동 안보 계획을 실현하려는 새로운 노력도 시작했다. 소련은 또한 독일과의 관계도 개선하려 나섰다. 그럼으로써 잠시라도 소련의 안보를 지켜 낼 수 있을지 모른다는 생각에서였다. 1939년에 들어선 이후 소련은 이렇게 두 가지 노선의 외교 활동을 벌였다.

1939년 5월, 극동 지역에서 일본과 몽골 사이에 발생한 국경 문제에서 시작되어 일본-소련의 싸움으로 번진 '노몬한Nomonhan 사건'이 벌어졌다. 금방이라도 대대적인 전쟁이 일어날 것 같았다. 독일과 일본, 두 파시즘 국가가 협상을 통해 군사 동맹까지 맺은 상태였다. 소련은 이로써 양옆에서 한꺼번에 공격당할 위기에 처했다. 그러자 스탈린은 소련의 안보와 이익을 보호하기 위해 영국, 프랑스와 공동으로 독일을 상대하려던 계획을 포기하고, '위기를 서쪽으로 넘기려는' 전략을 세웠다. 독일과 협상을 맺어 시간을 벌어 보려는 생각이었다. 한편, 동쪽에 있는 소련을 건드렸다가 자칫 유럽의 동·서 양쪽과 동시에 전쟁을 치르는 상황이 올 수도 있다고 생각한 독일의 히틀러도 소련의 제안을 받아들였다.

1939년 8월 23일 정오, 독일 대표단이 모스크바에 도착했다. 스탈린과 몰로토프는 독일의 외상 리벤트로프와 두 차례 회의하고 그날 저녁 '독일-소련 불가침 조약'에 정식으로 서명했다. 파시즘에 대항하기 위한 국제 합동 안보 정책은 완전히 실패로 돌아간 것이다.

뮌헨 회담

소련이 유럽과 국제 합동 안보 정책을 마련하기 위해 고심하고 있을 때였다. 영국, 프랑스 등의 나라들은 '위기를 동쪽으로 넘기려' 유화 정책을 폈다. 독일의 힘을 빌려 소련을 무너뜨릴 수 있을지 모른다는 생각에서였다. 이런 목적의 유화 정책 중에서 가장 유명한 것이 바로 체코슬로바키아를 희생양으로 삼은 '뮌헨 회담'이다.

1938년 3월, 피 한 방울 흘리지 않고 오스트리아를 점령한 나치스 독일은 체코슬로바키아를 다음 목표로 정했다. 체코슬로바키아의 수데텐란트Sudetenland에는 독일계 주민 300만 명이 살았다. 이 지역의 '민족 자치를 허용하고 체코슬로바키아에서 분리할 것'을 요구해 온 히틀러가 군사력으로 체코슬로바키아를 공격할 준비를 하며 국제 사회에 유리한 여론을 조성했다. 그러자 체코슬로바키아도 지지 않고 국경의 방어를 강화하며 응수했다. 두 나라 사이에는 금방이라도 전쟁이 벌어질 것처럼 팽팽한 긴장감이 흘렀다.

1938년 9월 13일 저녁, 히틀러는 영국 총리 체임벌린이 보낸 긴급 전보를 받았다. 히틀러를 만나기를 원하며, 이 문제가 '평화로운 방법으로 해결'되기를 바란다는 내용이었다. 제1차 세계대전이 끝난 후 영국과 프랑스의 보호 아래 주권을 회복한 체코슬로바키아는 이 두 나라와 동맹을 맺고 있었다. 그러므로 독일과 체코슬로바키아 사이에 전쟁이 일어나면 영국과 프랑스가 약속한 대로 전쟁에 참여하게 될 것이고, 그렇게 되면 전쟁의 불똥이 서유럽으로 튈 것이 뻔했다.

다음날, 체임벌린은 히틀러와 협상하여 독일에 수데텐란트를 넘겨주기로 했다. 회담이 끝난 후 런던으로 돌아간 체임벌린은 프랑스와 함께 체코슬로바키아 정부에 수데텐란트를 독일에 넘기라며 압력을 넣기 시작했다. 만약 거절하면 영국과 프랑스는 더 이상 체코슬로바키아를 보호해 줄 수 없다는 뜻도 분명히 했다. 결국 체코슬로바키아 정부는 두 나라와 타협하고 수데텐란트를 넘기기로 한다.

1938년 9월 29일에 히틀러, 무솔리니, 체임벌린, 달라디에가 뮌헨에 모여 독일, 이탈리아, 영국, 프랑스 4개국 정상회담을 열고 수데텐란트를 '넘겨줄' 것을 결정했다. 그러나 정작 당사자인 체코슬로바키아는 회의에 참석할 수 없었다. 뮌헨 회담에서 맺은 이 불평등 협정을 가리켜 '뮌헨 협정München Agreement'이라고 부른다.

Russia

2 모스크바 공방전

1941년 9월 30일부터 시작되어 1942년 1월 7일에 끝난 모스크바 공방전에서 소련군은 독일 나치군의 공격으로부터 모스크바를 지켜 냈다. 이 전쟁은 제2차 세계대전에서 파시즘 세력을 물리친 첫 번째 승리로 기록되었다. 당시 세계를 휩쓸던 나치군의 기세를 꺾어 놓았다는 점에서 중요한 의미가 있는 사건이다.

시기 : 1941~1942년
인물 : 스탈린, 게오르기 주코프Georgii Konstantinovich Zhukov

예상치 못한 공격

1930년대부터 소련은 자본주의 국가들의 따가운 눈초리를 느끼기 시작했다. 자신을 대하는 국제 사회의 분위기가 심상치 않은 가운데 파시즘 동맹까지 구축되자 위기감을 느낀 소련은 유럽 국가들과 국제 합동 안보 정책을 추진하려 했다. 그러나 1930년대 말, '독일–소련 불가침 조약'을 체결하면서 국제 합동 안보 정책은 더 이상 기대할 수 없게 되어 버렸다. '독소 불가침 조약'을 체결한 소련은 이 조약이 그저 약간의 시간을 벌어 줄 뿐이라는 사실을 알고 있었다. 사회주의를 싫어하는 아돌프 히틀러가 언젠가 조

한눈에 보는 세계사

1939년 : 제2차 세계대전 발발
1940년 : 한국광복군 창설
1941년 : 태평양 전쟁 시작

약을 깨뜨릴 것이 뻔했기 때문이다. 그래서 소련은 대량의 물자와 설비들을 후방으로 모으며 나중에 일어날 독일과의 전쟁을 대비하기 시작했다. 그러나 스탈린이 잘못 생각한 부분이 하나 있었다. 바로 독일이 영국부터 먼저 공격한 다음에 소련으로 올 것이라고 예상한 것이었다.

1941년 6월 22일, 아돌프 히틀러는 조약을 깨고 '바르바로사Barbarossa 작전'을 펼쳐 소련에 맹렬한 공격을 퍼부었다. 예상 밖의 공격을 받은 소련과 붉은 군대가 당황하며 우왕좌왕하는 사이에 독일 나치군은 번개처럼 빠른 속도로 소련 영토에 들어왔다. 그리고 독일은 군대를 크게 세 부대로 나누어 북쪽에서 레닌그라드를, 남쪽에서는 우크라이나와 캅카스를, 중앙에서는 모스크바를 향해 달려들었다. 이에 방어선이 힘없이 무너져 내리면서 소련군은 심각한 피해를 입었다.

1930년대 말부터 이미 전쟁을 준비해 온 소련은 즉시 전 국민 비상사태를 선포하고, 신속하게 군대를 재정비했다. 특히 정치, 경제의 중심인 모스크바는 독일군의 주요 공격 목표가 될 것인 만큼 소련군의 모든 방어력이 집중되었다. 1941년 8월에 독일군의 중앙 부대가 스몰렌스크를 공격하기 시작했다. 스몰렌스크는 모스크바로 향하는 중요한 길목에 있는 도시였다. 온 힘을 다해 독일군에 맞섰지만, 스몰렌스크 전투는 결국 소련군의 참패로 끝났다. 그러나 한편으로는 엄청난 속도로 수도를 향해 밀고 들어오던 독일군을 9월까지 스몰렌스크에 붙잡아 두면서 모스크바 전투를 준비할 귀중한 시간을 버는 성과를 거두기도 했다.

모스크바 공방전

스몰렌스크 전투로 바르바로사 작전이 실패로 돌아가자 독일은 전선을 축소하고 모든 힘을 중앙으로 집중해 모스크바 공격을 서둘렀다. 수도를 차지하면 독일–소련 전쟁의 목표가 달성되는 것이기 때문이었다. 1941년 9월

30일, 독일군은 이번에는 '태풍'이라는 작전명으로 모스크바를 향해 대규모 공격을 시작했다. 히틀러는 열흘 안에 소련의 수도 모스크바를 함락하고 붉은 광장을 손에 넣을 수 있다고 자신했다. 그래서 이 공격을 위해 독일군 최정예 부대를 모아서 180만 병력을 모스크바로 보냈다. 소련군도 서둘러 125만 군대를 모스크바 주변에 배치해 적군을 맞을 준비를 했다.

'태풍 작전'에 따라 독일군 장갑차 제2부대가 브랸스크Bryansk를 향해 진격하기 시작했다. 그런데 10월은 모스크바에 가을장마가 시작되는 시기였다. 독일 기계화부대가 장마로 말미암은 진흙탕에서 골치를 앓는 동안 소련군은 전투를 준비했다. 그러나 10월 2일에 독일군은 결국 중앙에서 소련의 방어선을 돌파하고 브랸스크를 점령했다. 그 후 2주 동안 독일 중앙부대는 브랸스크 부근에 두 개, 비야즈마Vyazma 서쪽에 한 개씩 모두 세 개의 포위망을 구축했다. 그리고 이 세 곳에서의 전투로 러시아 인 총 66만 3,000명을 포로로 잡았다. 위급한 상황에 놓인 소련군은 재빨리 모스크바 서쪽으로 80킬로미터 떨어진 곳에 방어선을 구축하고 독일군의 전진을 막았다.

독소 전쟁에서 소련군이 사용했던 신형 T-34 중형 탱크

당시 방어선에는 4개 부대 9만 명가량의 군사가 투입되었다. 그러나 전 지역에 튼튼한 방어벽을 구축하기에는 부족한 숫자였다. 10월 10일, 소련군 지휘 체계에 변화가 필요하다고 생각한 스탈린이 주코프 대장을 참모총장으로 임명했다. 주코프는 각 부대와 방어선을 재정비했고, 10월 중순에 모스크바로 통하는 모든 길목에서 치열한 접전이 펼쳐졌

모스크바 공방전에서 승리한 소련군은 붉은 광장에 모여 대열을 정비했다.

다. 전투의 승리를 장담할 수 없었던 소련은 정부 기관 일부와 외국 대사관을 쿠이비셰프Kuibyshev로 옮기기로 했다. 그러나 스탈린은 끝까지 모스크바에 남아 직접 전투를 지휘하며 수도를 지켰다.

10월 19일, 소련 국방위원회가 모스크바에 계엄령을 선포했다. 그리고 국민 모두에게 목숨을 다해 모스크바를 지켜 낼 것을 호소했다. 그로부터 사흘 후, 모스크바 시에는 25개 노동자 부대와 12만 자원병이 모여들었고, 45만 명이 도시 방어를 위해 나섰다. 그중 4분의 3은 여성이었다. 소련군과 일반인 지원병들은 11월 초까지 격렬한 전투를 치르며 라마Lama 강, 루자Luzha 강, 나라Nara 강 등의 지역에서 독일군을 막아 냈다. 이로써 10월에 모스크바를 손에 넣겠다던 히틀러의 계획은 실패로 돌아갔다.

11월 15일, 독일군은 군대를 재정비한 후 모스크바를 향한 두 번째 공격을 퍼붓기 시작했다. 27일에는 모스크바에서 불과 24킬로미터 떨어진 이스트라Istra를 점령했다. 이제 소련의 수도는 독일군 대포의 사정거리 안에 들어왔다. 적군은 망원경으로 크렘린 궁의 돔 지붕을 볼 수 있을 정도로 바짝 다가왔다. 그야말로 심각한 위기를 맞은 소련의 모든 군대와 시민은 필사적으로 수도를 지키겠다는 각오로 단단히 무장하고 있었다.

소련군의 반격

12월 초, 겨울을 맞은 모스크바에서는 기온이 영하 20도에서 30도까지 떨어졌다. 독일군은 난생처음 겪어 보는 매서운 추위 앞에서 떨어야 했다. 전투기와 탱크의 모터까지 얼어붙자 군대 전체의 사기가 크게 떨어졌다. 반면에 추위에 익숙한 소련군은 부츠를 꺼내 신고 귀마개가 달린 방한용 모자를 썼다. 이때는 모스크바 근처에서 추위에 떠는 독일군을 거꾸로 공격할 좋은 기회였다.

1941년 12월 5일에 스탈린의 명령을 받은 주코프가 소련군을 이끌고 독일군에 반격을 가했다. 독일군의 힘은 이미 눈에 띄게 약해져 있었다. 주코프는 소련의 주력 부대를 모두 중앙으로 집중시켰다. 12월 6일에 독일군이 모스크바를 향해서 전면적인 공세에 나섰다. 하지만 이미 만반의 준비를 마친 소련군은 최정예 부대를 앞세워 순식간에 독일군을 물리쳤다. 소련군이 이에 그치지 않고 거세게 반격해 오자 히틀러는 결국 12월 8일에 모스크바 근처를 포함한 모든 전선에서 공격을 멈추고 방어 태세로 전환하라는 명령을 내렸다. 12월 16일과 이듬해 1월 7일, 소련은 독일군에게 빼앗겼던 남쪽 도시 툴라Tula와 모스크바 북쪽의 칼리닌을 되찾았다. 1월 초에는 소련 서쪽 부대가 반격하여 승리를 거두면서 독일군이 250킬로미터 밖으로 후퇴했고, 모스크바를 공격하던 독일군 역시 물러섰다. 불리한 상황에서도 끝까지 수도를 지키고자 하는 의지를 버리지 않은 소련군의 승리였다.

1941년 겨우내 벌어진 독소 전쟁은 제2차 세계대전에서 가장 격렬한 전투 중 하나로 꼽히며, 양측의 피해를 합쳐 사상자가 100만 명 이상 발생한 참혹한 결과를 낳았다. 모스크바 공방전으로 소련은 독일 나치군의 공격을 막아 내면서 독일에 처음으로 패배를 안겨 주었다. 아울러 나날이 사기가 하늘을 찌르던 파시즘 세력을 한풀 꺾어 놓는 성과를 얻기도 했다.

맥을 잡아 주는 **러시아사 중요 키워드**

영화 〈모스크바 공방전〉

〈모스크바 공방전〉은 20세기 말엽에 소련이 모스크바를 지키기 위해 독일과 치른 실제 전쟁을 소재로 만든 영화이다. 전쟁 장면을 사실적으로 묘사했다는 평가를 받은 이 작품은 상영 시간이 무려 300분이 넘는다. 총 2년여에 걸친 제작 기간에 군인 5,000명, 군중 만 명, 연기자 250여 명과 촬영기사 202명이 동원되었다. 영화는 소련과 독일 양국 정치가들의 계획에서 전쟁터의 병사들 이야기까지 전쟁을 전면적으로 현실감 있게 그려 냈다. 그중 명대사로 손꼽히는 대사가 있다. "러시아는 넓은 땅이지만 우리는 물러설 곳이 없어. 바로 뒤에 모스크바가 있으니 말이다!"

Russia

3 레닌그라드의 영광

상트페테르부르크는 1914년에 페트로그라드로, 그리고 1924년에 사망한 레닌을 기리기 위해 레닌그라드로 개칭되었다. 러시아 10월 혁명의 발원지이며 소련 제2의 도시였던 레닌그라드는 군사, 교통의 중심지이기도 했다. 1941년에 히틀러가 이 도시를 포위하자 소련 사람들은 레닌그라드를 되찾으려 했다. 하지만 독일군의 공세에 막혀 도시를 되찾는 일은 쉽지 않았다. 그러던 1944년, 레닌그라드는 힘겨운 전쟁 끝에 마침내 조국의 품으로 돌아왔다.

시기 : 1940~1944년
인물 : 히틀러, 주코프

공방전의 시작

소련을 정복하고 아시아의 패권을 쥐려는 히틀러의 욕심은 어느 날 갑자기 생긴 것이 아니었다. 그는 프랑스가 항복했을 때부터 이미 소련을 침략할 계획을 세우고 있었다. 1940년 12월 28일, 히틀러는 훈령 21호를 내리고 영국과의 전쟁이 미처 끝나지 않은 상황에서 소련에 기습적으로 '속공'을 퍼붓는 바르바로사 작전을 세웠다.

히틀러는 바르바로사 작전을 위해 군대를 남쪽, 북쪽, 중앙 부대로 나누고, 각각 남쪽의 우크라이나와 캅카스, 북쪽의 '사회주의 요람'인 레닌그라

한눈에 보는 세계사

1939년 : 제2차 세계대전 발발
1940년 : 한국광복군 창설
1941년 : 태평양 전쟁 시작
1945년 : 8·15 광복

드, 그리고 중앙의 모스크바를 공격하도록 했다. 단번에 레닌그라드를 손에 넣기 위해 히틀러는 일찍이 프랑스의 마지노선을 돌파한 적이 있던 육군 원수를 북방 지휘관으로 임명했다. 그리고 70만 대군을 이끌고 레닌그라드로 쳐들어가 1941년 7월 21일까지 도시를 함락하라고 명령했다.

6월 22일 새벽, 레닌그라드에 도착한 70만 독일 대군이 선전포고도 없이 다짜고짜 도시를 공격하기 시작했다. 미처 상황을 파악하지 못한 소련군은 엄청난 공세로 밀고 들어오는 독일군을 가만히 앉아서 맞이해야 했다. 이에 레닌그라드에 있던 소련 서북부 총사령관은 전체 군대와 레닌그라드 시민에게 '내 몸을 던져 적군의 침입을 막는다는 각오로 싸울 것'을 명령했다. 7월과 8월 두 달 동안 매일 같이 수십만 명이 도시 방어에 나섰다. 7월 중순이 되자 레닌그라드 주변에는 여러 겹의 원형 방어 체계가 완성되었다. 각 공장도 무기와 탄약 생산을 늘려갔다.

레닌그라드가 독일의 공세 속에서 오랫동안 버티면서 히틀러의 소련 침공 계획이 전체적으로 틀어지기 시작했다. 1941년 8월 하순이 되자 더 이상 기다릴 수 없던 히틀러는 보병 32개 사단과 탱크와 기계화 각각 4개 사단, 기병 연대를 북쪽으로 집합시켰다. 또 대포 6,000문, 박격포 4,500문과 전투기 1,000대를 레닌그라드에 모아 총공세를 펼쳤다. 9월 1일이면 도시를 점령할 수 있다고 호언장담하는 것도 잊지 않았다.

8월 25일, 독일군은 엄청난 손실을 치르고 마침내 소련군의 방어 전선을 뚫어 류반Lyuban을 손에 넣었다. 이후 무서운 속도로 소련 영토 깊숙이 들어가기 시작하여 8월 30일에 네바 강에 도착했고, 레닌그라드와 주변 지역을 연결하는 철도를 끊어 버렸다. 이로써 레닌그라드는 완전히 고립되어 버렸다.

외부로부터 고립된 상태로 독일군의 맹렬한 공격을 받은 소련군은 레닌그라드를 지키기 위해 온몸을 던졌다. 9월 8일에 라도가Ladoga 호수 남쪽으로 방어 체계를 뚫고 들어온 독일군이 근처의 도시들을 차지하자 레닌그라드는 완전히 포위당했다. 육지로 통하는 모든 길을 빼앗긴 레닌그라드는 삼면이 적군에 둘러싸여서 라도가 호수와 비행기를 통해서만 외부와 통할 수 있게 되었다. 900일 동안의 기나긴 전쟁이 시작된 것이다.

격렬한 전쟁

히틀러는 전쟁을 시작하기에 앞서 모스크바 진격 계획을 꼼꼼히 세워 두었다. 그중에서 레닌그라드는 가장 중요한 부분이었다. 레닌그라드를 손에 넣는다면 독일은 소련의 교통과 군사적 연결을 끊어 놓을 수 있었다. 그러면 모스크바는 물론이고 소련 전체를 움켜쥘 수 있게 되는 것이다. 그러나 레닌그라드는 적군을 맞아 용감히 싸웠다. 독일군은 한 발 한 발 나아갈 때마다 소련의 방어벽에 부딪혀 애를 먹어야 했다. 전쟁에서는 시간이 곧 목숨인 법이다. 독일은 9월 9일에 다시 한 번 레닌그라드를 공격하기 시작했다.

앞으로 진격하고 있는 독일군 탱크

레닌그라드 시민이 모두 나서서 밤낮을 가리지 않고 방어에 매달리자 독일군은 직접적인 공격을 그만두었다. 대신 대포 포격과 공중에서 폭격을 퍼붓는 것으로 작전을 변경했다. 독일군이 도시 근처까지 바짝 다가와 레닌그라드는 그야말로 긴급한 상황이었다. 9월 10일, 별다른 성과를 내지 못한 소비에트 지휘관 보로실로프가 해임되고 주코프 사령관이 새로 배치되어 레닌그라드의 방어를 책임지게 되었다.

주코프가 부임하자마자 내린 첫 번째 결정은 '최후의 1인까지 레닌그라드를 지킨다.'는 것이었다. 주코프는 또한 한층 강화된 레닌그라드 방어 계획을 새로 수립하고 가장 공격받기 쉬운 지역의 방어를 강화했다. 비상시에 투입될 시민 부대를 편성하고 대규모 해군 부대를 육지로 집합시키는 등의 조치를 하며 독일군의 공격에 대비했다. 새로운 배치를 마친 9월 말이 되자 레닌그라드의 서남 전선과 남쪽 전선이 안정을 되찾았다. 이로써 단번에 레닌그라드를 차지하려던 히틀러의 계획은 수포로 돌아갔다. 그리하여 레닌그라드를 빠르게 함락하고 북쪽 부대의 병력을 모스크바가 있는 중앙으로 보내서 수도를 공격하는 데 이용하려던 계획도 틀어졌다.

남쪽에서 레닌그라드를 공격하는 계획이 실패하자 독일은 계획을 변경했다. 10월에 기습하여 레닌그라드가 버틸 수 없을 때까지 핀란드 군대와 함께 포위한다는 것이었다. 11월 8일, 라도가 호수로 통하는 마지막 철도가 끊어져 레닌그라드는 보급로가 완전히 차단되고 말았다. 매서운 러시아의 겨울은 매일같이 레닌그라드 사람들을 괴롭혔다.

이렇듯 긴박한 상황이었지만 레닌그라드 시민은 전혀 굴하지 않았다. 그들은 파시즘 세력을 향해 '항복하느니 차라리 죽음을 택하겠다.'면서 "레닌의 도시는 영원히 우리의 것"이라고 구호를 외쳤다. 북서부 군사령관과 군사위원회도 '파시즘 세력이 우리의 영광스러운 도시, 프롤레타리아 혁명의 요람으로 다가오고 있다. 각자 몸을 던져 적군을 막는 것이야말로 우리의 사명'이라며 300만 레닌그라드 시민에게 긴급 동원령을 내렸다. 적군의 포위를 뚫기 위해 레닌그라드의 군대와 시민들은 얼어붙은 라도가 호수 위로 물자를 실어 나르자는 결정을 내렸다. 상당한 위험이 따르는 시도였다.

11월 20일 새벽, 차가운 북서풍이 불기 시작했다. 살을 에는 듯한 겨울의 추위에 라도가 호수의 수면이 180센티미터 두께로 얼어붙었다. 상황이 워낙 급박했기에 이를 확인한 레닌그라드 군사위원회는 더는 한시도 기다릴 수 없었다. 우선 선발대를 보내 말을 몰아서 썰매를 끄는 방법을 시도해 보기로 했다. 목숨을 건 실험이 시작되었다. 호수 동쪽에 잔뜩 쌓인 식량과 기타 긴급 물자들을 호수 서쪽에 있는 라도가 역으로 빠르게 옮기는 작

맥을 잡아 주는 **러시아사 중요 키워드**

바르바로사 작전

히틀러의 바르바로사 작전은 나치 독일이 전략적으로 이용하던 '바다사자 작전'에서 시작된 것이다. 1930년대부터 독일군의 모든 군사력은 서유럽의 프랑스와 영국 두 나라를 공격하는 데 집중되었다. 그래서 소련은 독일이 당장은 아무런 군사적 도발도 하지 않을 것으로 생각했다. 특히 '독소 불가침 조약'을 맺은 후 소련의 이런 믿음은 더욱 강해졌다. 그러나 히틀러는 바로 이 점을 이용해 역사적인 대 사기극을 벌였다. 1940년에 바르바로사 작전을 계획한 히틀러는 전략적으로 소련을 꼼짝 못하게 만들기 시작했다. 히틀러는 갑자기 태도를 바꿔 소련에 대한 공격을 멈추고 영국으로 향하겠다고 선언했다. 실제로 이후 영국 상륙 작전 연습을 하는 독일군의 모습도 자주 볼 수 있었다. 심지어 대규모의 독일군을 소련 국경 쪽으로 이동시키면서 영국을 공격하기에 앞서 동쪽에서 먼저 휴식을 취하며 대열을 재정비하기 위한 것이라고 둘러댔다. 이런 식으로 '바다사자 작전'을 펼치며 독일군은 일찌감치 소련을 공격할 준비를 하고 국경 부근에 집합하고 있었다.

1941년 6월 22일 새벽, 1,000대가 넘는 전투기가 소련 상공으로 날아들었다. 하나같이 나치군을 상징하는 마크가 선명하게 찍혀 있었다. 곧 소련 한복판에 있는 공항, 군사 지휘부와 교통 중심지 등에는 나치군 전투기가 떨어뜨린 미사일과 탄환이 비처럼 쏟아졌다. 그리고 뒤이어 7,000문 이상의 각종 대포가 저마다 목표물을 설정하고 일제히 발사하기 시작했다. 소련의 서쪽 국경 지대는 순식간에 연기와 불꽃으로 아수라장이 되었다. 히틀러의 바르바로사 작전은 이렇게 시작되었다.

업이었다.

11월 21일, 내 일처럼 도시 방어에 나선 레닌그라드 시민들의 덕택으로 라도가 호수 남쪽에서 12~13킬로미터 떨어진 지역이자 독일군의 사정거리에 있는 곳에서 최초의 빙상 수송이 시도되었다. 첫 시도는 성공적이었다. 소련군은 이튿날 저녁 본격적으로 트럭 60대로 이루어진 수송팀을 꾸렸다. 수송팀은 레닌그라드로 갈 화물을 싣고 라도가 호수의 동쪽에서 서쪽을 향해서 얼음 위 도로를 달렸다.

소련군 제5부대 보병들이 독일군의 탱크에 맞서고 있다.

완벽하게 포위되어 식량조차 조달하지 못하던 레닌그라드 사람들에게 1941년의 겨울은 가장 힘겨운 시기였다. 라도가 호수의 얼어붙은 수면을 달려 물자를 운반하지 못했다면 도시 전체가 굶어 죽었을지도 모를 일이었다. 그래서 레닌그라드 사람들은 당시 외부와 통하는 유일한 방법이었던 라도가 호수의 길을 '생명의 길'이라고 불렀다. 이렇게 극적으로 탄생한 '생명의 길' 덕분에 레닌그라드는 위기를 모면할 수 있었고, 도시 전체를 굶겨 죽이려던 히틀러의 잔인한 계획은 실패로 끝났다.

추운 겨울이 지나고 1942년 1월에 소련군은 대대적인 반격을 계획했다. 그리고 8월에서 10월 사이에 치열한 전투를 벌여 독일군의 병력에 큰 타격을 입혔다. 이때 소련 육군은 레닌그라드 주, 노브고로드 주 등 독일군의 점령 지역을 공격했다. 이로써 소련은 전쟁에서 전체적인 판도를 크게 바꿀 수 있었다. 이듬해인 1943년 1월 12일, 소련군은 공군과 해군, 포병 부대와 발트 함대의 지원을 받아 라도가 호수 남쪽의 한 지점을 집중적으로 공격해서 레닌그라드의 포위망을 뚫으려 했다. 그리고 1월 18일에 두 갈래로 나뉜 소련군이 마침내 독일군의 포위를 뚫는 데 성공했다. 소련군은 라도가 호수와 전선 사이에 8킬로미터에서 11킬로미터 정도 되는 너비의 통로를 확보했다. 그리고 17일 만에 철도와 도로까지 설치했다.

승리를 향하여

1942년에 모스크바에서 소련군이 독일군을 크게 물리치면서 다른 지역들에서 싸우는 소련군의 사기가 크게 올랐다. 레닌그라드가 특히 그러했다. 1943년 가을에 소련군이 레닌그라드를 다시 한 번 포위하려던 독일군을 물리치고 적군이 점령하던 지역까지 되찾으면서 전세는 크게 역전되었다.

1944년 1월 말, 소련군이 독일에 빼앗겼던 도시들을 되찾았다는 소식이 잇따라 들려오자 레닌그라드의 시민들은 기뻐서 어쩔 줄을 몰라 했다. 여러 도시에서의 승리 소식은 레닌그라드에도 새로운 힘을 불어넣고 그들도 이길 수 있다는 희망을 주었다. 레닌그라드의 소련군은 1944년 2월 12일에 루가Luga를 손에 넣고, 2월 15일에는 독일군의 포위망을 완전히 돌파했다. 그 후 잇따라 독일군을 물리치면서 3월 1일에 라트비아 국경까지 세력을 회복할 수 있었다. 레닌그라드 침공을 목표로 삼았던 독일의 북쪽 부대는 큰 손실을 입고 대부분 레닌그라드 주에서 물러났다. 소련군은 에스토니아 국경까지 진입해서 발트 해 연안 지역과 레닌그라드 북쪽에 남아 있는 독일군을 소탕할 준비를 시작했다.

1944년 여름, 레닌그라드의 군대와 붉은 깃발 발트 함대, 라도가 호수 함대와 오네가Onega 호수 함대가 힘을 합쳐 소련의 북부 지방에 들어온 독일군을 몰아냈다. 이로써 카렐리야-핀란드 소비에트 사회주의 공화국도 대부분 독일의 영향권에서 벗어날 수 있었다. 독일군의 전선이 마침내 소련의 국경 북쪽으로 완전히 밀려나면서 오랫동안 이어진 전쟁은 결국 레닌그라드의 승리로 끝났다.

레닌그라드 전투의 의의

1944년 8월 10일, 레닌그라드 전투는 소련군의 완벽한 승리로 막을 내렸다. 이 소식은 곳곳에서 독일군과 싸우던 소련군과 소련 국민뿐만 아니라 파시즘 세력에 맞서던 전 세계 사람들에게 영향을 미쳤다. 장장 900여 일에 걸쳐 치러진 레닌그라드 전투는 독일의 나치에 맞서 싸운 소련인들의 승리에 대한 믿음과 투지를 보여 주었다. 그리고 소련 공격에 나선 독일군은 전력이 가장 강했던 북쪽 부대가 이 레닌그라드를 함락하는 데 모든 힘을 집중하게 되면서 처음의 계획대로 모스크바, 스탈린그라드 등 다른 지역의 독일군에 지원을 보낼 여력이 없었다. 이 또한 이번 전쟁에서 소련군이 독일군을 물리치고 최종적으로 승리를 거두는 데 큰 도움이 되었다.

그 밖에도 소련은 이번 전쟁을 겪으며 전술적으로 한층 성숙해졌다. 최고 사령관 지휘 본부의 명령에 따라 각 부대는 따로, 또 함께 독일군을 상대했다. 각 부대와 함대, 혹은 지역 함대들이 방어와 공격을 위해 협동한 것이다. 그리고 공군, 해군 함대, 육군 등을 더욱 다양하게 활용할 수 있게 되었다. 온갖 역경 속에서 죽기를 각오하고 싸울 수밖에 없었던 레닌그라드 전투는 이후 소련의 군사 관리 및 운용에 매우 귀중한 경험이었다.

Russia

4 스탈린그라드 전투

스탈린그라드 전투는 제2차 세계대전에서뿐만 아니라 인류 역사상 가장 참혹하게 치러진 전쟁 중 하나이다. 1942년 7월 17일에 돈 강에서 시작된 이 전쟁은 소련군이 독일군을 전멸시키면서 200일 만에 끝났다. 소련과 독일 양측 군대의 피해와 민간인 희생자의 규모가 엄청났다는 이유로 유명해졌다.

시기 : 1941~1943년
인물 : 히틀러, 스탈린, 바실리 추이코프Vasily Ivanovich Chuikov

전쟁의 시작

스탈린그라드는 당시 소련의 지도자였던 스탈린의 이름을 딴 도시였다. 볼가 강 하류 서쪽 기슭의 이 도시는 돈 강의 크게 구부러진 부분에서 동쪽으로 60킬로미터 떨어진 곳에 있었다. 스탈린그라드는 소련 및 일부 유럽 지역에서 정치, 경제, 문화의 중심지였다. 또한 육로와 수로가 교차하고 유럽과 아시아 양 대륙의 중간 지점에 자리해 산업은 물론 중요한 군사적 요충지이기도 했다.

1941년 6월 22일 새벽, 독일 나치군이 갑작스럽게 소련의 국경을 넘어 공

한눈에 보는 세계사

1940년 : 한국광복군 창설
1941년 : 태평양 전쟁 시작
1945년 : 8·15 광복

격해 왔다. 독일군의 주요 목표는 레닌그라드와 모스크바, 키예프 모두 세 곳이었다. 그중 남쪽 전선에서 스탈린그라드는 반드시 넘어야 할 도시였다. 1942년 봄, 속공에 성공한 독일군은 어느 정도 전선을 굳히고 안정을 찾았다. 그러나 모스크바 공방전에서 패하면서 큰 피해를 본 독일 지휘관들은 소련이 예상치 못한 방향으로 공격해서 최대한 빨리 승부를 내려고 했다. 진주만 공습을 받은 미국이 일본에 공식적으로 선전 포고를 한 것도 독일에는 부담이었다. 히틀러는 더 이상 시간을 끌어서는 안 된다고 판단하고, 소련군에 연료를 대는 캅카스 유전과 중앙아시아의 볼가 강 및 넓은 농토가 있는 우크라이나, 캅카스 등지를 공격했다. 소련의 경제 및 전쟁 물자를 완전히 끊어 버리려는 생각에서였다. 그리하여 남쪽 전선의 일부 주요 도시가 모두 독일군의 목표물이 되었다. 스탈린그라드도 그중 하나였다.

1941년 봄, 부대를 촘촘하게 배치한 독일은 남쪽 전선에서 빠르게 공격하기 시작했다. 우크라이나를 점령하고 러시아 남부를 넘어 캅카스 유전

스탈린과 당 대표들

전쟁터로 떠나는 아들이 어머니와 작별 인사를 나누고 있다.

을 손에 넣으려는 계획이었다. 히틀러는 독일군을 두 갈래로 나누었다. 한쪽은 만슈타인과 클라이스트가 맡아 남쪽을 향해 진격하고, 다른 쪽 군대는 파울루스가 이끄는 제6부대와 헤르만 호트의 제4장갑차부대와 함께 볼가 강을 넘어 스탈린그라드로 향했다.

1942년 4월 5일, 히틀러의 41호 작전 지시가 내려질 때까지 독일 남쪽 부대의 모든 공격이 중단되었다. 히틀러는 비밀 작전을 하달하며 어떠한 대가를 치러도 좋으니 전쟁의 주도권을 되찾아 오라고 명령했다. 남아 있는 소련군의 힘을 모두 꺾어 놓고 소련에 전쟁 물자를 지원하는 곳들을 최대한 확보할 것도 강조했다.

1942년 6월 28일, '청색 작전'의 서막이 오르자 남쪽 부대가 러시아 남부 지방을 공격하기 시작했다. 독일군의 진격은 처음에는 굉장히 성공적이었다. 소련군은 독일군을 거의 막아내지 못하고 점점 동쪽으로 밀려났다. 독일군은 불과 반달 만에 스탈린그라드 입구까지 올 수 있었다.

한편, 적군의 의도를 알아차린 소련군 지도부는 스탈린그라드를 반드시 지켜야 한다고 생각했다. 이를 위해 소련은 7월에 기존의 남서쪽 군사 조직을 바탕으로 티모셴코 원수가 이끄는 스탈린그라드 방위군을 조직하고 도시 방어 계획을 세웠다. 스탈린그라드 동쪽의 볼가 강에도 부대를 배치하고 추이코프를 지휘관으로 임명했다. 그의 임무는 모든 희생을 감수하고라도 무조건 스탈린그라드를 사수하는 것이었다. 소련과 독일 양측은 이렇게 스탈린그라드를 사이에 두고 모든 준비를 마쳤다. 금방이라도 전쟁이 시작될 것 같았다.

스탈린그라드 전투

1942년 7월 17일에 소련군 제62, 제64부대와 독일 제6부대가 격렬하게 맞붙으면서 스탈린그라드 전투가 본격적으로 시작되었다. 독일 제6부대는 포병과 공군의 지원을 받아 북쪽과 남쪽에 각기 돌격대를 배치해서 돈 강의 구부러진 부분에 주둔하고 있던 소련군의 양 날개를 공격했다. 스탈린그라드를 서쪽에서 공격하려는 것이었다. 독일군이 소련 방어선의 오른쪽 날개를 뚫으려고 공격을 퍼붓자 스탈린은 나이 많은 티모셴코 원수 대신 젊은 지휘관을 투입했다. 그리고 바실렙스키를 최고 사령관에 임명해 자신의 지휘권을 넘겨주었다. 한편, 히틀러가 직접 이끄는 독일군은 서쪽 부대의 지원을 받아 사기가 하늘을 찔렀다. 소련군이 튼튼하게 만들어 놓은 방어망을 하나하나 뚫고 들어온 독일군은 8월 중순에 스탈린그라드 주위를 둘러싸고 있던 방어벽을 거의 돌파했다.

8월 말, 독일군 사령부는 군대를 재배치하고 21만 군사를 집결시켰다. 대포와 박격포가 총 2,700문이었고 탱크 600대와 전투기 1,000여 대가 명령을 기다렸다. 독일은 스탈린그라드 북쪽의 볼가 강 연안을 재빨리 차지

모스크바 크레믈린 옆 무명 용사의 비

하고 강기슭에서 도시를 공격하는 계획을 세웠다. 23일 저녁, 독일군의 전투기 1,000여 대가 한꺼번에 날아올라 스탈린그라드에 일제히 폭탄을 퍼붓기 시작했다. 히틀러가 이렇게 단순한 테러식 공격을 지시한 것은 민간인을 학살하여 소련군을 위해 일할 노동력을 없애고 공포심을 유발해 소련군의 사기를 떨어뜨리려는 목적에서였다. 한밤의 갑작스러운 공습에 스탈린그라드 시민들은 깜짝 놀랐다. 엄마를 잃어버린 아이들이 울어 댔고 아버지들은 아이들에게 어서 도망치라며 소리쳤다. 전투기의 소음과 폭탄이 터지는 소리는 잠시도 멈추지 않고 계속되었다. 스탈린그라드는 1960년대 초반에 볼고그라드Volgograd로 이름을 바꾸었다. 그러나 이날의 끔찍한 기억은 수십 년이 지난 지금까지도 볼고그라드 시민의 머릿속에 생생하게 남아 있다.

독일군의 공습을 받은 소련군은 신속하게 군대를 모아 스탈린그라드 군대와 함께 북쪽에서 적군을 공격하기 시작했다. 8월 말의 며칠 동안 소련은 북쪽과 남쪽 두 방향에서 여러 차례 독일군을 공격하며 스탈린그라드를 보호하려고 애썼다. 스탈린그라드 주변에서 쉼 없이 격렬한 전투를 벌인 소련과 독일은 양측 모두 수많은 사상자를 내며 큰 피해를 입었다. 이어서 9월 12일에 소련군이 모든 병력을 도시 안쪽 방어선으로 후퇴시키면서 도시 외곽의 방어벽이 완전히 무너졌다.

9월 13일 이후 스탈린그라드 전투는 시가전으로 진행되었다. 추이코프의 부하 슈밀로프 소장이 지휘하는 소련군이 스탈린그라드 시내에서 독일군과 전투를 벌였다. 도로와 건물들 사이로 벌이는 싸움이었다. 전쟁으로 이미 곳곳이 파괴된 스탈린그라드는 성한 도로와 건물이 없었다. 독일군은 끊임없는 시가전으로 망가진 도시를 보며 "주방을 차지하고 나니 거실에서 싸우고 있더라."라고 농담하기도 했다.

석 달 동안 피비린내나는 전투를 벌인 끝에 독일군은 결국 11월에 볼가강 기슭까지 올라와 스탈린그라드의 80%를 차지했다. 남아 있는 소련군은 긴 주머니 모양으로 도시 끝 부분에 몰려 있는 꼴이었다. 도시를 거의 빼앗길 위기에 몰린 소련은 마마이 언덕에서 가장 치열한 전투를 벌였다. 양측은 중요한 고지인 이곳을 서로 빼앗고 빼앗기기를 반복했다. 소련군은 한 차례 전투에서 하루 만에 만 명에 달하는 군사를 잃기도 했다. 기차역은 열세 차례나 독일군의 손에 들어갔다가 소련이 다시 빼앗아 왔다. 대형 식량 창고에서는 독일 군사들과 소련군이 서로의 숨소리까지 들을 수 있을 정도로 가까이에서 대치하기도 했다. 도시의 또 다른 곳에서는 파블로프가 지휘하는 분대가 도시 중심의 건물 하나를 차지하고서 독일군에 저항하는 상황도 벌어졌다. 소련군은 건물 주위에 수많은 지뢰를 설치한 다음 창문에 기관총을 걸쳐 놓고서 언제 다가올지 모르는 독일군을 경계했다. 그리고 지하실의 벽을 뚫어 만든 비밀 통로로 본부와 비밀리에 연락했다. 이 전투를 자랑스럽게 여긴 소련인들은 나중에 이 건물을 '파블로프 빌딩'이라고 부르기도 했다.

11월 11일, 독일은 도시를 차지하기 위한 마지막 시도로 '펠릭스 제르진스키 트랙터 공장' 남쪽에서 볼가 강변을 향해 강력한 공격을 퍼부었다. 그러나 끝까지 도시 전체를 손에 넣지는 못했다. 스탈린그라드 근처에서 벌어진 크고 작은 전투들과 격렬했던 시가전으로 큰 피해를 입어 독일군은 더 이상 공격을 지속할 수 없었다.

소련군의 반격

11월의 스탈린그라드는 이미 한겨울로 볼가 강의 수면이 얼기 시작했다. 사람들은 끊임없이 이어지는 독일군의 포탄 세례를 받으면서도 매일같이 무기를 집어 들고 반격에 나섰다. 소련군 최고 사령부도 방어의 일환으로 반격 작전을 짰다. 11월 19일에 소련군은 독일군을 향해서 대포를 쏘아 댔다. 이어서 소련군의 남서쪽 부대와 돈 강 부대가 힘을 합쳐 적군을 공격하면서 본격적인 반격이 시작되었다.

11월 20일, 스탈린그라드 군대는 방어에 집중하던 작전을 바꾸어 독일군이 점령한 땅을 되찾기 위해 반격에 나섰다. 이틀 동안 전투를 치른 소련군은 스탈린그라드 시민과 군인들 덕분에 독일의 방어망을 뚫을 수 있었다. 23일에는 남서쪽 탱크 제4부대와 스탈린그라드 기계화 제4부대가 스탈린그라드 시내로 들어온 독일군을 완전히 포위해 버렸다.

독일군은 자신들이 포위한 도시에서 거꾸로 적군에 포위된 상황이 되었다. 독일 사령관은 소련의 포위망을 뚫기 위해 '돈 강' 부대를 새로 조직했다. 새로운 상황이 닥치자 소련군은 공격에서 방어로 다시 작전을 전환했다. 그리고 서둘러 스탈린그라드 주변에 방어벽을 새로 쌓아 12월 12일에 독일군의 공격을 막아냈다. 며칠 후인 24일에는 또 공격에 나섰다. 한편, 스탈린그라드 시내에서 포위되어 곤란한 상황에 처한 독일군은 오랫동안 지원군을 기다렸다. 그러나 다른 부대의 지원을 받는 것은 거의 불가능한 상황이었다. 이런 와중에 소련군이 갈수록 포위망을 좁혀 오자 그들은 점점 초조했다. 1943년 1월, 소련의 붉은 군대는 '목성 작전'을 시작했다. 그리고 독일군을 돕기 위해 돈 강 유역으로 파견된 이탈리아 지원군의 방어 전선을 뚫어 로스토프Rostov를 차지하려 했다. 만약 성공한다면 남아 있는 독일의 남쪽 부대를 캅카스에 완전히 가둬 버릴 수 있는 기회였다. 비록 처음에 목표한 바와 달리 로스토프에 가까이 가지는 못했지만, 소련군은 독일의 남쪽 부대와 스탈린그라드 시내에 있는 독일군의 사이를 250킬로미터 이상 떨어뜨려 놓았다. 이로써 스탈린그라드의 독일 제6부대는 사실상 다른 부대의 지원을 기대할 수 없게 되었다.

1월 10일, 소련은 스탈린그라드 시내에 있는 독일군을 공격해 둘로 나누었다. 20일간의 전투가 끝난 1월 31일에 독일 남쪽 부대는 전멸했고, 제6부

1942년, 스탈린그라드 전투에 참여한 독일군 병사

대의 사령관 등 남아 있던 독일군은 투항했다. 그리고 2월 2일에 독일군의 북쪽 부대 중 살아남은 병사들까지 투항하면서 스탈린그라드 전쟁은 마침내 끝이 났다. 독소 전쟁을 위해 소련에 투입한 독일군 병력의 4분의 1에 해당하는 약 150만 명이 이 전투에서 소련군에게 목숨을 잃었다. 독일군 및 지원군으로 조직된 최대 규모의 부대도 완전히 궤멸했다. 199일 동안 벌어진 이 전투는 소련의 승리로 일단락 지어졌다.

스탈린그라드에서 승리하기 위해 소련은 엄청난 대가를 치러야 했다. 독일군이 도시에 공습을 시작한 지 불과 일주일 만에 4만 명이 넘는 시민이 희생되었고 199일 동안 발생한 사상자 수는 정확한 통계를 내기도 어려울 지경이었다. 그래서 스탈린그라드 전투는 '제2차 세계대전 중 가장 참혹한 전투'라고 불린다.

비록 양측 모두 큰 피해를 본 전투였지만 소련군이 군사적으로나마 독일에 승리를 거둔 것은 정치적, 군사적으로 중요한 의의가 있다. 이 승리로 독소 전쟁의 주도권이 소련으로 넘어와 전쟁이 끝날 때까지 소련의 강세가 계속되었던 것이다. 또한 전 세계 각국에서 파시즘 세력과 맞서던 사람들에게 힘을 불어넣는 계기가 되기도 했다.

5 쿠르스크 전투

Russia

쿠르스크Kursk 전투는 남쪽 전선에서 치러진 대형 전투이다. 스탈린그라드 전투 이후 또 한 번 전쟁의 승패를 가르는 결정적인 역할을 했다. 스탈린그라드 전투가 독일 나치의 쇠퇴를 예고했다면, 쿠르스크 전투는 나치를 멸망으로 이끌었다고 할 수 있다. 이 전투에서 심각한 타격을 입은 독일군은 전쟁에서 주도권을 잃고 다시는 소련에 위협적인 공격을 할 수 없는 지경에 이르렀다.

시기 : 1943년
인물 : 히틀러, 에리히 폰 만슈타인Erich von Manstein, 주코프

전쟁이 벌어지기 전날 밤

쿠르스크는 러시아 남서부에 있는 도시로 키예프 루시 시대부터 유명한 군사 요충지였다. 20세기에 들어서면서부터 소련의 철도 중심지로 발전한 이 도시는 풍부한 지하자원을 갖추어서 중요한 산업 기지로도 주목받았다.

스탈린그라드 전투 이후 독소 전쟁은 소련군에 유리한 방향으로 흘러갔다. 이에 독일군의 사기가 크게 꺾이자 독일군 최고 사령관은 그동안 확보한 소련 영토를 빼앗기지 않도록 방어에 중점을 둔 작전을 펼쳤다. 그러나 히틀러의 생각은 달랐다. 그는 소련군을 상대할 가장 좋은 방어 수단은 공

한눈에 보는 세계사
1941년 : 태평양 전쟁 시작
1945년 : 8·15 광복

격이라고 생각했다. 그리고 봄이 되어 눈이 녹고 땅이 마르면 유럽으로 향하는 미국, 영국 등의 나라보다 먼저 행동을 개시하자고 말했다. 독일군 지휘관들도 그 생각에 동의했다. 그리하여 독일군 총사령부는 1943년 4월부터 대대적으로 전투를 준비하며 작전명 '성채'를 계획하기 시작했다.

1943년 7월, 독일군은 쿠르스크 지역의 북쪽과 서쪽 양 방향에서 중앙 부대와 남쪽 부대를 중심으로 한 90여만 군사를 집결시켰다. 그리고 강력한 기갑 부대와 함께 양 방향에서 동시에 쿠르스크를 공격하려고 했다.

막강한 독일군을 맞이한 소련 최고사령부는 일시적인 방어 태세로 작전을 변경했다. 그리고 우수한 병력을 모아 독일군의 주력 부대와 맞서려 했다. 쿠르스크는 독일과 소련 양측이 가장 많은 병력을 투입한 전투였다. 전투에 참가한 병사 숫자가 무려 400만 명에 달했고 대포가 6만 9,000대, 탱크와 전투기는 각각 1만 3,000대와 1만 2,000대나 되었다. 수많은 병력을 모은 독일과 소련은 그렇게 엄청난 규모로 치러지게 될 전투를 기다리고 있었다.

탱크 전쟁

1943년 7월 초, 쿠르스크의 독일군과 소련군은 이미 대열을 정비하고 전투를 치를 준비를 마친 상태였다. 팽팽하게 맞선 양측 사이에 전운이 감돌고 있을 때, 소련군은 독일군 포로를 통해 7월 5일 새벽에 공격이 시작될 것이라는 정보를 얻었다. 이에 소련군 최고사령부는 상대가 나서기 전에 한발 앞서 공격하는 것이 좋겠다고 판단했다. 그리하여 1943년 7월 5일 새벽 2시에 대규모 대포 공격으로 전투를 시작했다.

소련군의 갑작스러운 공격을 받은 독일은 계획을 변경하여 전면전을 치를 수밖에 없었다. 탱크 부대가 앞장서고 수많은 보병 부대가 그 뒤를 따랐다. 길목마다 탱크들이 빽빽하게 들어찼고, 1제곱킬로미터에 100대씩 배치

쿠르스크 전투 중 소련 포병들이 37밀리미터 포로 독일군 탱크를 공격하고 있다.

될 정도로 엄청난 숫자였다. 이와 동시에 독일 폭격기 120대가 전투기의 엄호를 받으며 미친 듯이 아래로 폭격을 퍼부었다. 방어 전선을 지키려 안간힘을 쓰던 소련군은 독일군과 뒤엉켜서 정신없는 사투를 벌였다. 탱크와 탱크 공격용 대포가 여기저기서 포를 발사하고 휘발유를 가득 담은 폭발물 등이 이리저리 날아다녔다. 순식간에 전쟁터는 화염에 휩싸여 연기가 하늘을 뒤덮었다. 고막이 찢어질듯한 폭발음과 자동식 무기, 탱크 모터 등의 온갖 소음이 뒤섞였다. 그야말로 아수라장이 따로 없었다.

이틀 동안 치열한 전투를 벌인 양측은 모두 큰 피해를 보았다. 7월 6일 저녁이 되자 독일군이 북쪽과 남쪽 양 방향에서 소련군의 제1 방어선을 돌파했다. 그러나 독일군은 며칠 동안의 전투에서 맹렬한 공격을 퍼부었어도 소련군을 포위한다는 처음의 목표는 달성하지 못했다. 그리고 양측은 잠시 전쟁을 중단했다.

7월 10일에 영국-미국의 연합군이 시칠리아 섬에 상륙하면서 이탈리아의 상황이 악화하자 이는 독일에도 부담으로 작용했다. 그러나 소련에서 한창 전쟁을 벌이느라 이런 소식을 전해 듣지 못한 독일군은 새로운 작전을 짜기 시작했다. 7월 11일에 독일군의 남쪽 전선에 있는 만슈타인 사령관은 독일군의 장갑차부대를 모두 전투태세로 돌려 12일부터 다시 공격을 시작하기로 했다. 쿠르스크 전투는 이제 가장 중요한 2단계로 들어섰다. 이 싸움은 또한 제2차 세계대전에서 가장 규모가 컸던 탱크 전투이기도 하다.

7월 12일, 장갑차부대를 중심으로 한 독일군은 서둘러 인원을 보충한 소련의 제5탱크근위부대 및 제5근위부대와 맞붙었다. 역사상 유례없는 대형 탱크전이었다. 이날 소련은 약 850대, 독일은 약 650대의 탱크를 동원하여 15제곱킬로미터 범위의 땅에서 격렬한 전투를 벌였다. 전투가 시작되자 독일 장갑차들이 1제곱킬로미터당 150대라는 엄청난 숫자로 소련군에게 달려들었다. 그러나 너무 많은 탱크가 한꺼번에 이동하려다 보니 시속이 20킬로미터도 채 되지 않았다. 게다가 독일군의 전선은 좁고 긴 형태여서 탱크 500대에서 700대가 빽빽하게 모여서 전진해야 해 불리한 상황이었다.

소련은 이 기회를 놓치지 않고 속도전으로 승부를 내기로 했다. 소련군 탱크들은 적진을 향해 전속력으로 달려가 독일군의 장갑차부대에 공격을 퍼부었다. 이렇게 대담한 전술을 펼치리라고는 생각지 못한 적군은 삽시간에 균형을 잃고 우왕좌왕하기 시작했다. 질서가 흐트러진 독일군은 큰 타격을 입었고, 탱크 400여 대가 바닥에 나뒹굴었다. 그중 70대에서 100대가량은 전투력이 강한 대형 탱크였다. 이 전투에서 소련이 독일 장갑차부대를 완전히 꺾으면서 쿠르스크 남쪽 전선의 상황에도 큰 변화가 생겼다.

힘겨운 승리

탱크전에서 독일에 큰 피해를 준 소련은 7월 13일에 영국과 미국 연합군이 시칠리아에 상륙했다는 소식을 전해 들었다. 파시즘 동맹국인 이탈리아의 전쟁 상황이 긴박하게 돌아갔다. 그러자 히틀러는 서둘러 만슈타인을 불러들이고 '성채 작전'을 중지했다. 그리고 소련에 있는 독일군 병력 일부를 이탈리아와 발칸 반도로 보내기로 했다. 이 명령에 만슈타인 사령관이 강력하게 반대했지만, 히틀러는 주력 부대인 장갑차부대를 이탈리아로 보내 버렸다.

이탈리아의 상황을 알게 된 소련군은 독일군이 후퇴하리라고 예상했다. 그리고 소련을 떠나 이탈리아로 향하는 독일 남쪽 부대에 대대적인 공격을 가하기 시작했다. 8월 23일에 하리코프를 되찾으면서 쿠르스크 전투는 소련의 승리로 끝났다.

쿠르스크 전투에서 독일은 50만 명에 가까운 병력을 잃었다. 파괴된 탱

맥을 잡아 주는 **러시아사 중요 키워드**

쿠르스크 전투에 대한 또 다른 시각

그동안 사람들은 쿠르스크 전투를 독일 파시즘 세력이 몰락하게 한 이정표와 같은 사건으로 평가해 왔다. 이 전투에서 소련이 결정적인 승리를 거두었다고 생각했기 때문이다. 그러나 최근 들어 일부 역사학자들이 기존의 생각과 전혀 다른 견해를 내놓기 시작했다.

미국 워싱턴의 국가 문서 기관에 보관되는 쿠르스크 전투에 관한 독일군 장갑차부대의 기밀 문서를 살펴보자. 전투가 시작되기 전에 독일 장갑차는 211대만이 완전한 전투력을 갖추고 있었다. 12일에 전투가 시작된 이후 독일은 전투가 치를 수 있는 장갑차를 총 163대 보유했다고 한다. 그러니까 독일이 전투에서 잃은 탱크는 불과 48대이며, 장갑차 제5부대 전체를 잃은 소련과 비교하면 굉장히 적은 손실이다.

1984년에 기록된 소련 장갑차 제5부대 관련 문서에 따르면 12일 전투 이후 대대적인 수리가 필요한 탱크만 400대 규모였다고 한다. 소련이 이 전투에서 상당히 큰 대가를 치렀다는 사실을 보여 주는 숫자다. 소련 시기의 일부 자료 원본에는 심지어 "장갑차 제5부대는 탱크 650대를 잃었으며 공격력 회복이 불가능한 상황"이라는 기록까지 있다.

이러한 자료를 바탕으로 역사학자들은 독일군이 후퇴한 결정적 원인은 전투력 상실이 아니라 히틀러가 소련의 붉은 군대와 더 이상 전쟁을 계속할 용기를 잃어 버렸기 때문이라고 분석했다. 히틀러가 후퇴를 결정한 이후 독일은 전쟁의 주도권을 되찾을 기회를 영원히 잃어버리고 말았다.

크와 전투기, 대포는 각각 1,500대, 3,500대, 3,000대 이상이었다. 소련군 또한 적지 않은 피해를 입었지만 이 전투에서 승리하면서 독소 전쟁의 주도권을 완전히 손에 넣을 수 있었다. 쿠르스크 전투에 대해 스탈린은 "스탈린그라드 전투가 나치 독일의 쇠퇴를 예고했다면 쿠르스크 전투는 나치를 멸망으로 이끌었다."라고 평가했다. 그의 말처럼 소련군은 이 전투를 거치면서 전술적으로 한층 성숙해졌다. 게다가 전쟁의 대세도 완전히 소련 쪽으로 기울었다. 반면에 공격 능력을 완전히 잃은 독일은 모든 전선에서 방어 태세로 전환해야 할 지경이었다. 쿠르스크 전투가 세계사에서 중요한 의미가 있는 이유는 바로 여기에 있다.

6 '소련의 영웅' 주코프

Russia

주코프는 러시아 프룬제 군사 아카데미가 배출해 낸 훌륭한 군사 전문가였다. 러시아 조국 전쟁과 제2차 세계대전의 독소 전쟁에서 탁월한 업적을 세웠다. 제2차 세계대전에서 가장 크게 활약한 장군 중 한 명으로 꼽히는 그는 '소련의 영웅'이라는 칭호를 네 번이나 얻었다. 소련 역사상 영웅의 호칭을 네 번에 걸쳐 받은 사람은 단 두 명뿐이다.

시기 : 1896~1974년
인물 : 주코프, 스탈린, 알렉산드르 바실렙스키Aleksandr Vasilevsky

가난한 어린 시절

게오르기 주코프는 1896년 12월 2일에 러시아 모스크바 주에 사는 어느 가난한 농민의 집에서 태어났다. 그의 아버지는 신발 수리공이었고 어머니는 농장에서 허드렛일을 하며 돈을 벌었다. 매일같이 힘든 노동을 하던 부모와 가난한 집안 형편은 어린 주코프에게 잊을 수 없는 기억이었다. 다섯 살이 되던 해에 초등학교에 입학한 주코프는 우수한 성적으로 늘 상을 받

한눈에 보는 세계사

1896년 : 제1회 근대 올림픽 개최
1910년 : 대한 제국, 국권 피탈
1914년 : 제1차 세계대전 발발
1929년 : 세계 대공황
1939년 : 제2차 세계대전 발발
1945년 : 8·15 광복
1949년 : 중화인민공화국 성립
1964년 : 베트남전 발발
1969년 : 미국, 유인 우주선 달 착륙
1970년 : 제1차 석유 파동

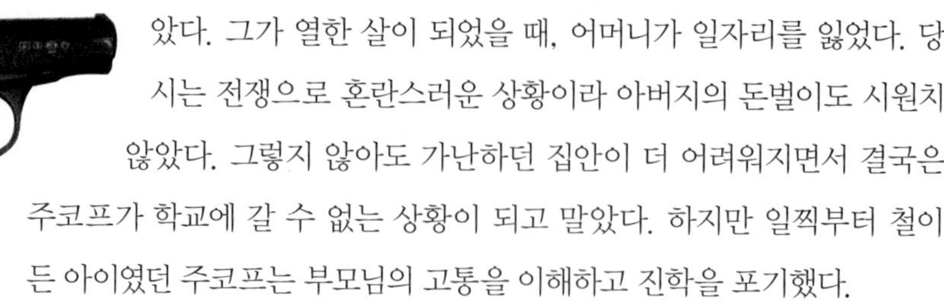

주코프가 사용했던 마카로프(Makarov) 권총

았다. 그가 열한 살이 되었을 때, 어머니가 일자리를 잃었다. 당시는 전쟁으로 혼란스러운 상황이라 아버지의 돈벌이도 시원치 않았다. 그렇지 않아도 가난하던 집안이 더 어려워지면서 결국은 주코프가 학교에 갈 수 없는 상황이 되고 말았다. 하지만 일찍부터 철이 든 아이였던 주코프는 부모님의 고통을 이해하고 진학을 포기했다.

공부를 좋아하는 주코프를 학교에 보낼 수 없는 현실에 그의 어머니는 가슴이 아팠다. 하지만 당장 먹을 것도 없는 형편이었으므로 마냥 아들의 심정을 헤아려 줄 수만은 없었다. 어머니는 어린 주코프를 모스크바에서 가죽 제품을 만들던 외삼촌에게 보내 가죽 가공 기술을 배우게 했다. 주코프는 그곳에서 5년 동안 힘들게 조수 노릇을 하면서도 끝까지 공부를 포기하지 않았다. 그리하여 마침내 독학으로 시립 중학교 입학시험을 통과했다.

당시 심하게 부패한 차르 전제 정권은 동유럽 대평원에 짙은 그림자를 드리우고 있었다. 사람들은 열심히 땀 흘려 농사를 지어도 배부르게 먹을 수조차 없는 형편이었고 이런 사정은 주코프의 집도 별반 다르지 않았다. 힘들게 일하고 시간을 쪼개 공부하면서도 주코프의 머릿속에는 어떻게든 빨리 돈을 벌어서 부모님을 부양해야 한다는 생각뿐이었다. 단 한 번도 군인이 되겠다는 생각은 해 본 적이 없었다. 이러한 어린 시절의 힘든 경험이 훗날 자신을 강인한 의지가 있는 장군이 되게 할 줄은 꿈에도 몰랐다.

그러던 1914년에 제1차 세계대전이 발발했다. 나날이 몰락해 가는 오스트리아-헝가리 제국 및 영국, 프랑스 등 선진국이 유럽에서 싸움을 벌였다. 이런 상황에서 세계적인 군사 대국이던 러시아는 눈앞에 놓인 고깃덩이를 보고 군침을 흘릴 수밖에 없었다. 주코프는 바로 이 시기에 러시아 제국 기병대에 입대했다. '소련의 영웅'의 삶도 여기에서부터 시작되었다.

1945년 5월 9일, 주코프(오른쪽)와 몽고메리가 소련, 영국을 대표하여 독일 패전항복문서에 서명했다.

자랑스러운 군인

기병대에 입대한 후 용감하고 지혜로운 주코프는 부대에서 유명해지기 시작했다. 두 달 동안 전투에 참여하여 두 차례나 훈장을 받아 기병대의 체면을 한껏 드높였다. 그러던 중 1917년에 러시아에 10월 혁명이 일어났다. 이에 소비에트는 정권을 잡자마자 가장 먼저 제1차 세계대전에 참전하고 있던 러시아의 군대를 불러들였다. 주코프도 소속된 부대와 함께 본국으로 돌아오게 되었다. 11월 30일에 모스크바로 돌아간 주코프는 볼셰비키당에 가입했다.

1918년, 소련에는 내전이 발생하여 자유주의자 정권과 프롤레타리아 세력이 팽팽히 맞서고 있었다. 노동자와 농민 연맹을 중심으로 한 소비에트가 소련 각지에 붉은 군대 적위대를 조직했지만, 주코프는 마침 병이 나서 그의 바람대로 적위대에 참여할 수 없었다. 이후 8월에 그는 모스크바 제1사단 제4군단에 배치되었다. 1919년 9월, 주코프는 붉은 군대와 백군의 치열한 전투에서 왼쪽 다리와 옆구리에 수류탄을 맞는 부상을 당했다. 그는 이 상처가 낫자마자 정식으로 군관에 임명되어 모스크바로 돌아가 훈련받기 시작했다.

내전이 끝난 후, 주코프는 기병 연대장, 여단장, 사단장 등을 거쳐 부사령관의 지위에 올랐다. 보로실로프, 프룬제 등 육군 원수들은 주코프의 용감함과 뛰어난 지휘 능력을 높이 평가하고 국경 지대로 보내서 일본군을 상대하게 했다. 소련군은 주코프의 지휘 아래 수많은 탱크를 앞세워서 빠르게 공격하는 입체적인 작전으로 일본군 포위에 성공했다. 주코프는 이 전투를 승리로 이끌어 '소련의 영웅'이라는 칭호를 얻었다.

주코프가 뛰어난 장군으로서 본격적으로 이름을 날린 것은 제2차 세계

2001년 5월 8일 열린 퇴역 군인들의 기념집회 장면. 뒤로 말을 탄 주코프의 동상이 보인다.

대전 이후부터였다. 당시 주코프는 앞뒤로 적의 공격을 받을 수 있던 위기에서 소련군을 구해 냈다. 그뿐만 아니라 제2차 세계대전에서 절묘한 작전들을 생각해 내기도 했다. 또 레닌그라드 방어에 성공하면서 군인으로서 뛰어난 업적을 남겼다.

1940년대, 긴 세월 전쟁터를 누비며 많은 경험을 쌓은 주코프는 독소 전쟁이 일어나기 전부터 이미 독일의 심상치 않은 속셈을 눈치 채고 있었다. 1941년 5월에 소련군 총참모장이었던 주코프가 독일에 선제공격해야 한다고 주장했으나 스탈린은 고개를 저었다. 얼마 후 1941년 6월 22일 새벽, 과연 주코프의 말대로 독일군이 갑작스러운 공격을 시작해 소련은 삽시간에 아수라장이 되었다. 마른하늘에 날벼락 같은 공격을 받은 소련이 허둥지둥하고 있을 때 독일군은 기세 좋게 소련 영토로 밀고 들어와 키예프를 집중적으로 공격했다. 이때 주코프는 소련이 독일군에 포위당해 더 큰 피해를 보기 전에 키예프를 버리고 군대를 철수해야 한다고 주장했다. 냉정한 판단력과 직설적인 성격의 주코프는 이 문제를 놓고 스탈린과 충돌했다. 그리고 이 일이 밖으로 알려지면서 '절대 지지 않는 장군'이라는 별명을 얻었다.

예비군 사령관에 임명된 후 그는 반격전을 성공적으로 이끌어 독일 선봉대를 크게 물리치고 전선을 안정시켰다. 9월에 레닌그라드의 긴박한 소식을 들은 주코프는 그쪽으로 달려가 사령관직을 맡았다. 그는 레닌그라드에 도착하자마자 후퇴를 논의하던 회의를 즉시 중단시키고, 두 부대의 사령관을 자리에서 물러나게 한 다음 후퇴를 주장한 군관들을 엄하게 처벌했다. 그리고 보유한 병력으로 전술적으로 중요한 곳부터 우선 방어하도록 지시해 '사회주의 혁명의 요람' 레닌그라드를 차지하려던 히틀러의 계획을 무산시켰다.

10월이 되었다. 이번에는 수도 모스크바가 위기에 처했다는 소식이 들려왔다. 주코프는 다시 모스크바로 불려가 도시 방어의 책임자로서 모든 군사 활동을 지휘했다. 그는 모스크바 서쪽에 탄탄한 방어 전선을 구축하고, 독일군 제4부대를 정면으로 공격하여 적의 주력군을 꺾어 놓았다. 소련군은 추운 겨울이 다가오자 지칠 대로 지친 독일군을 상대로 대대적인 반격에 나서서 모스크바 공방전에서 승리를 거두었다. 이에 속전속결로 전쟁을 마무리 지으려던 독일은 원래의 계획을 포기할 수밖에 없었다. 전쟁은 장기전이 되었다.

1942년 여름, 스탈린그라드의 상황이 위급해지자 스탈린은 주코프를 최고사령관에 임명하고 서둘러 도시를 방어하게 했다. 주코프는 스탈린그라드에 도착하자마자 독일 주력군을 스탈린그라드 밖에 꽁꽁 묶어 둘 계획을 세웠다. 이때 그가 지휘한 스탈린그라드 전투는 독일군에 25만 명이라는 엄청난 손실을 입혀 독소 전쟁의 새로운 전환점이 되었다.

1945년에 주코프는 벨라루스 제1군사령관으로서 베를린 공격을 지휘했다. 그리고 5월 8일 밤에 나치 독일의 무조건 항복 선언을 주관하고 소련의 대표로 문서에 서명했다. 제2차 세계대전이 끝을 알리는 순간이었다. 한편, 전쟁에서 큰 공을 세워 많은 인기를 얻은 주코프를 경계하여 스탈린은 결국 그를 낮은 직위로 좌천시켜 버렸다. 1950년대에 주코프는 원래의 직위보다 한참 낮은 우랄 지역의 사령관직으로 쫓겨났다. 1953년에 스탈린이 세상을 떠난 후 주코프는 모스크바로 돌아와서 소련 국방 제1부부장이 된다.

1957년에 국방부장으로 일하던 주코프는 당시 흐루쇼프, 불가닌, 몰로토프 등의 권력 다툼에 휘말려 면직되는 상황에 처했다. 이에 결국 부장직에서 물러난 그는 자택에 머무르며 《기억과 생각》, 《수도 방어 전투 중에서》, 《쿠르스크》, 《베를린으로 향하는 길》 등의 저서를 집필했다. 그는 이 저서들을 통해 제2차 세계대전 중 독소 전쟁에서 겪은 여러 전투에 대해 기록을 남기고 개인적인 군사 철학도 담아냈다. 그 후 주코프는 1974년에 세상을 떠나 크렘린 궁 근처에 안장되었다.

빛나는 업적

주코프는 훌륭한 군사 전략가였다. 전쟁에서 탁월한 공을 세워 레닌 훈장 6개, 10월 혁명 훈장 1개, 붉은 깃발 훈장 3개, 1급 수보로프 훈장 2개, '승리' 최고훈장 2개 및 각종 상장뿐만 아니라 외국에서 받은 훈장도 다수인 데다 네 번에 걸쳐 '소련의 영웅'이라는 칭호를 들었다. 제2차 세계대전에서는 독일의 전략을 성공적으로 차단했고, 붉은 군대를 이끌고 베를린으로 진격하기도 했다. 주코프는 조국 전쟁과 세계 반파시즘 전쟁에서 특출한 공을 세워 러시아의 민족 영웅으로 이름을 남겼다.

주코프는 또한 풍부한 실전 경험을 바탕으로 군사 훈련, 군대 조직 및 지휘에 뛰어난 재능을 갖추었다. 그가 보여준 군사 철학은 오늘날까지 러시아 군대의 귀중한 가르침으로 존경받고 있다.

맥을 잡아 주는 **러시아사 중요 키워드**

'절대 지지 않는 장군'의 유래

1941년 7월 29일, 독일군의 거침없는 공격 앞에서 주코프는 스탈린에게 키예프를 포기하고 병력을 모아 모스크바를 지켜야 한다고 건의한다. 스탈린은 이 말을 듣고 크게 화를 내며 흥분해서 이렇게 말했다고 한다.

"키예프를 적군에게 넘겨주자니, 정신이 나가지 않고서야!"

그러자 주코프도 참지 못하고 대꾸했다.

"총참모장이 정신 나간 소리를 하고 있으니 무슨 지휘를 맡기겠습니까? 총참모장 자리를 내놓겠습니다. 저를 최전방으로 파견해 주십시오."

몇 시간 후, 주코프는 정말로 총참모장에서 물러나 군사령관으로 직위가 강등되었다. 그러나 나중에 키예프를 포기해야 한다는 주코프의 판단이 옳았다는 사실이 증명되었다. 그리하여 당시 최고 권력자였던 스탈린에게 겁 없이 대들었던 주코프는 '절대 지지 않는 장군'이라는 별명을 얻었다.

Russia

7 바실렙스키

바실렙스키는 제2차 세계대전에서 두각을 나타내며 활약한 소련 장군으로 주코프와 함께 스탈린의 양팔로 불렸다. 전쟁에서 뛰어난 능력을 보이며 나치 독일과 일본 관동군의 간담을 서늘하게 한 바실렙스키는 소련은 물론 파시즘에 맞섰던 전 세계 많은 사람의 기억에 남아 있다.

시기 : 1895~1977년
인물 : 바실렙스키

꿈이 바뀌다

1895년 9월 30일, 러시아 볼가 강 유역의 중부 평원에 있는 한 성직자의 집에서 아이가 태어났다. 이 아이가 훗날 전쟁터에서 이름을 날린 바실렙스키 장군이다. 당시 바실렙스키의 아버지는 성당 성가대의 지휘자로, 나중에 러시아정교회 신부로 임명되었다. 하지만 워낙 수입이 적은 데다 자녀를 많이 두어서 기본적인 생활조차 유지하기 어려운 형편이었다. 그래서

한눈에 보는 세계사

1896년 : 제1회 근대 올림픽 개최
1910년 : 대한 제국, 국권 피탈
1914년 : 제1차 세계대전 발발
1929년 : 세계 대공황
1939년 : 제2차 세계대전 발발
1945년 : 8·15 광복
1949년 : 중화인민공화국 성립
1964년 : 베트남전 발발
1969년 : 미국, 유인 우주선 달 착륙
1970년 : 제1차 석유 파동

바실렙스키는 어려서부터 형제들과 농장에서 일해야 했다.

신부였던 아버지의 영향으로 바실렙스키는 아주 어렸을 때부터 집 근처에 있는 성당에서 운영하는 학교에 다녔다. 어린 나이였지만 그는 자신이 자라면 아버지처럼 농민들과 함께 일할 것이라는 사실을 알고 있었다. 1909년 여름, 신학교를 졸업한 바실렙스키는 아버지의 말씀에 따라 또 다른 신학교에 입학했다. 이 시기에 그는 선진 민주주의 사상을 접하고 관련 학생 운동과 자본가의 착취에 반대하는 파업 시위 같은 각종 활동에 참가했다. 많은 것을 지켜보고 경험하면서 바실렙스키의 생각에는 큰 변화가 생기기 시작했다.

1914년 8월, 제1차 세계대전이 유럽을 휩쓸 때 바실렙스키는 여름방학을 맞아서 고향에 와 있었다. 그는 신학교를 졸업하면 농업학교에 진학해서 농학자가 될 생각이었다. 그러나 전쟁이 터지자 젊은 청년의 뜨거운 피가 끓어 올랐다. 그는 함께 조국을 지키자는 사람들의 외침에 고개를 끄덕

1941년, 독일군이 모스크바로 진격했다. 11월 중순에 독일은 80개가 넘는 탱크사단과 보병사단을 동원하여 남, 북, 서쪽의 세 방향에서 모스크바를 포위했다.

1945년 8월, 일본 관동군과 소련 붉은 군대, 극동군 총사령관 바실렙스키(가운데)와 극동군 사령관 메레츠코프(왼쪽)가 일본군의 항복 관련 회담을 하고 있다.

였다. 함께 공부하던 친구 몇 명과 함께 학교를 조기 졸업한 바실렙스키는 1915년 2월에 모스크바로 가서 훗날 프룬제 군사 아카데미로 이름을 바꾼 알렉세예비치 군사 학교에 들어갔다.

바실렙스키는 알렉세예비치 군사 학교에서 4개월 동안 속성 훈련을 받았다. 러시아 차르의 군대가 전쟁에서 연거푸 패하면서 군관 부족에 시달리던 시기였다. 그는 졸업 후 곧바로 예비군에 배치되어 준위 계급장을 달았다. 농학자를 꿈꾸던 청년의 삶은 이때부터 나라를 지키는 군인으로 바뀌었다.

전쟁의 불길이 타오르다

1916년, 뜨거운 가슴으로 입대한 바실렙스키는 군사학교 졸업 후 곧장 남서쪽 부대의 제9부대 제103사단으로 파견되어 오스트리아-헝가리 군대와의 전쟁에 참가했다. 이곳에서 그는 처음으로 전쟁을 겪으며 군인으로서의 삶을 체험했다. 그의 생각과 달리 전쟁은 끝이 날 기미를 보이지 않았고, 러시아 제국 군대는 연이어 패하며 점점 북쪽으로 밀려났다. 1917년 11월, 10월 혁명과 부대 내 볼셰비키 세력의 영향을 받은 바실렙스키는 자신이 몸담은 구식 군대의 현실을 깨달았다. 그 후 군인 계급을 내놓고 고향으로 돌아와 버렸다.

고향에 온 바실렙스키는 10월 혁명이 시작되어 군대 내부의 상황이 혼란스러워지는 것을 보고 군인의 길을 포기하고 다시 농학자가 될 공부를 해야겠다고 다짐했다. 그의 나이 스물두 살이었다. 그러나 당시의 불안정한 사회 분위기에서 농학 공부를 지속하기란 불가능했다. 그는 먼저 마을 소비에트 군대의 요청을 받아들여 훈련소 교관으로 일하다가 다시 초등학교 교사로 발령되었다. 1919년 4월, 러시아의 국내 사정이 날로 위태로워지자 바실렙스키는 노동자 농민 붉은 군대에 징집되어 군관에 임명되었다. 소련 붉은 군대와 그의 인연은 이렇게 시작되었다.

붉은 군대에 입대한 후, 바실렙스키는 곧바로 백군 및 내전에 개입한 폴란드군을 상대로 벌어진 전쟁에 참여했다. 그리고 얼마 후, 부대 내에서 눈에 띄게 활약하던 그는 군단장, 참모 등을 거쳐 소장이 되었다. 1939년에 나치 독일이 본격적으로 외국 침략에 나서자 바실렙스키는 총참모부의 작전부 부부장 신분으로 핀란드 전쟁 작전 계획을 세웠다. 이에 따른 소련-핀란드 전쟁이 끝난 후, 그는 공격과 후퇴 두 상황을 모두 염두에 둔 침략 계획을 짜는 데 온 힘을 쏟기 시작했다. 작전 계획을 세우던 바실렙스키와 동료들은 히틀러와 독일이 가장 위험한 적이 될 가능성이 크다는 결론을 내린다. 이후 그들의 예상은 정확히 맞아떨어졌다.

1941년 6월 22일 새벽, 독일이 갑작스럽게 소련을 공격해 오자 바실렙스키는 작전부장과 참모부총장에 임명된다. 8월과 9월에 소련의 상황이 계속해서 악화하자 본부 대표였던 그는 10월 초에 국방위원회와 함께 모스코프스키Moskovsky 지역으로 향했다. 그리고 서쪽에서 후퇴해 온 부대를 모스코프스키 전선에 배치하고 방어 전선을 구축하는 임무를 맡았다. 그렇게 모스코프스키의 상황을 마무리 짓고 다시 모스크바로 돌아와 동료들과 함께 밤낮없이 일에 매달리다 보니 어느새 10월 말이 되었다. 독일이 계속해서 모스크바를 침략하면서 모스크바 근처의 주요 지점들에서 매일같이 격렬한 싸움이 벌어졌다. 모스크바 작전 참모팀의 책임자였던 바실렙스키는 전방의 상황을 꼼꼼하고 정확하게 계산하여 본부에 정확한 정보를 전달했다. 그리고 본부가 내린 작전 지시에 따라 세부적인 훈령을 만들고, 모든 작업이 명령대로 실행되고 있는지 엄격히 감독했다. 그렇게 그는 모스크바 공방전에서 뛰어난 성과를 올려 중장으로 승진했다.

모스크바 공략에 실패한 독일이 이번에는 남쪽 전선의 중공업 기지인 스탈린그라드를 공격하기 시작했다. 1942년 5월에 소련 참모총장이 된 바실렙스키는 사령부의 뜻대로 일련의 중요 작전 계획을 주도하면서 전쟁 중에 나타난 여러 가지 문제를 구체적으로 해결하는 데 힘썼다.

7월 23일, 바실렙스키는 본부를 대표하여 훗날 독소 전쟁 전체에서 굉장히 중요한 역할을 하게 되는 스탈린그라드로 갔다. 독일군의 포위를 뚫을 방법으로 그는 탱크를 이용한 돌격전이라는 아이디어를 내놓았다. 역시 그의 생각대로 탱크 공격은 적군의 포위를 깨뜨렸을 뿐만 아니라 스탈린그라드를 차지하려는 독일의 공격까지 실패로 돌아가게 했다.

1942년 11월 19일 새벽, 스탈린그라드에는 짙은 안개가 끼어 있었다. 갑자기 포성이 울리더니 북쪽과 남쪽 양 방향에서 나타난 소련군이 갑작스럽게 공격을 개시하며 순식간에 독일군 33만 명을 포위했다. 그리고 1943년 2월 2일에 독일군 33만 명이 전멸했다. 스탈린그라드 전투는 제2차 세계대전의 전환점으로 평가되고 있다. 이 전투의 작전이 성공할 수 있었던 것은 소련군 참모총장이었던 바실렙스키가 큰 노력을 기울인 덕택이었다. 그는 다른 전장과 협동하여 어려운 문제들을 해결해 나가고 스탈린그라드 전투를 승리로 이끌었다. 남다른 지휘 능력이 빛을 발한 순간이다.

스탈린그라드 전투가 끝난 후, 바실렙스키는 각 부대의 지휘관들과 함께 돈바스Donbass 전투, 쿠르스크 전투, 크림 전투와 벨라루스 전투 등을 이끌었다. 그중 벨라루스 전투는 소련이 겪은 전투 가운데 가장 규모가 큰 전투로 손꼽힌다. 바실렙스키는 전투 준비 과정에서 '바그라티온Bagration'으로 불리는 대규모 돌파 작전을 세웠다. 이 작전을 통해 군사 본부가 더욱 효과적으로 각 부대를 제어할 수 있게 하고, 새로 편성된 부대의 사령관을 맡을 인재도 추천했다. 준비 작업을 마친 다음에는 각 부대의 전투 준비 상황을 점검하고 직접 지휘에 나섰다. 이 전투로 소련은 독일 중앙 부대를 크게 물리치고 벨라루스 전체를 독일의 영향권에서 벗어나게 하며 이후의 전쟁에 유리한 여건을 마련했다.

1945년 4월, 바실렙스키는 참모부의 부하들과 함께 극동 작전 계획을 세우기 시작했다. 1945년 7월에 그는 극동 소련군 총사령관에 임명되어 일본 관동군과의 전투를 지휘했다. 8월 8일에 소련 정부가 일본에 본격적으

1941년, 나치 독일의 탱크 부대

로 선전 포고를 하면서 바실렙스키는 150만 명 이상의 소련군을 이끌고 중국 동북 지방으로 향했다. 그리고 불과 열흘 만에 200km에서 최대 800km까지 세 방향에서 한꺼번에 일본군을 에워싸 완전히 고립시켰다. 8월 15일에 일본이 무조건 항복을 선언하자 관동군도 8월 말에 무기를 버리고 무장 해제했다.

전쟁 후, 바실렙스키는 참모총장, 국방부 제1부부장, 국방부 총감 등의 직위를 거치며 소련의 군사력을 강화하는 데 크게 공헌했다. 이렇듯 뛰어난 군사 전문가였던 그는 많은 활약을 한 후 1977년에 세상을 떠났다.

바실렙스키는 제2차 세계대전에서 주코프 원수와 함께 여러 차례 대형 전투를 지휘했다. 신중하고 생각이 깊었던 그는 부하들의 의견에 귀 기울일 줄 알았다. 또 전투에 임할 때에는 누구보다도 예리하게 촉각을 곤두세웠다. 바실렙스키의 이런 성품은 전쟁에서 매우 중요하게 작용했다. 모스크바 공방전, 스탈린그라드 전투, 레닌그라드 전투 등 각 대형 전투에서 참모로 활약한 그가 있었기에 소련은 제2차 세계대전에서 승리를 거둘 수 있었다.

맥을 잡아 주는 **러시아사 중요 키워드**

극동 전투와 바실렙스키에 대한 두 가지 시선

바실렙스키는 1945년 8월 9일부터 9월 2일까지 24일에 걸쳐 극동 소련군 158만여 명을 이끌었다. 그 결과 일본군의 31개 사단, 13개 여단의 약 68만 명이 회복 불가능할 정도로 참패를 당했다. 그중 22개 사단과 12개 여단은 싸우기도 전에 항복했다. 극동 전투에서 승리를 거둔 바실렙스키는 이후 일본에서 일본군을 죽음으로 몰아넣은 적장으로 역사책에 실렸으며, 소련에서는 빛나는 업적을 남긴 군사령관으로 기록되었다.

8 추이코프의 빛나는 인생

Russia

추이코프는 소련의 군사 원수로 열일곱 차례나 소련 최고사령관 표창을 받고 두 번에 걸쳐 '소련의 영웅' 칭호를 얻은 장군으로 유명하다. 추이코프는 열아홉 살 때부터 군대 단장을 맡았고 평생 군인으로 살며 수많은 업적을 남겼다. 또 전쟁의 포화 속에서 인생의 의미를 찾기도 했다.

시기 : 1900~1982년
인물 : 추이코프, 니키타 흐루쇼프Nikita Sergeevich Khrushchyov

소년의 고난

1900년 2월에 태어난 추이코프는 차르 러시아 시기 툴라 지방의 작은 오두막집에서 살았다. 그의 아버지는 동네에서 천하장사로 불릴 정도로 건장했지만 추이코프는 작고 마른 체구로 태어났다. 당시만 해도 이 볼품없는 아기가 훗날 두 번이나 '소련의 영웅'이라고 불린 위인으로 자라 동독의 운명까지 좌우하게 될 줄은 아무도 예상치 못했다.

한눈에 보는 세계사

1910년 : 대한 제국, 국권 피탈
1914년 : 제1차 세계대전 발발
1929년 : 세계 대공황
1939년 : 제2차 세계대전 발발
1945년 : 8·15 광복
1949년 : 중화인민공화국 성립
1964년 : 베트남전 발발
1969년 : 미국, 유인 우주선 달 착륙
1970년 : 제1차 석유 파동
1975년 : 제2차 석유 파동

추이코프는 형제가 많은 집에서 태어났다. 그의 부모는 열심히 일하며 한 푼도 허투루 쓰지 않았지만, 식구 수가 워낙 많다 보니 온 식구가 최대한 아끼며 살아도 겨우 입에 풀칠할 정도였다. 1912년, 차르 봉건 통치하에 러시아는 갈수록 생산력이 떨어지고 사람들의 생활이 힘들어졌다. 추이코프의 집도 예외일 수 없었다. 더 어려워진 집안 형편 때문에 그는 다니던 학교를 그만두고 일자리를 찾아 낯선 도시인 상트페테르부르크로 갔다.

그의 고향과 비교하면 상트페테르부르크는 완전히 다른 세계였다. 열두 살의 추이코프는 겨우 카잔Kazan 시 거리에 있는 한 공장에 일자리를 구해서 황실 군관들이 사용하는 배지를 만드는 일을 시작했다. 당시 계층 간의 갈등이 갈수록 심해지던 러시아는 사회주의 혁명이라는 역사적인 전환점을 눈앞에 두고 있었다. 노동자들 사이에서 진보적인 프롤레타리아 혁명 사상을 접한 추이코프는 특히 발트 함대의 해군으로 있던 두 형의 영향을 많이 받았다. 그는 공산당 선언, 볼셰비키의 신문과 전단지 등을 읽으면서 점점 혁명에 눈을 뜨기 시작했다.

1917년에 러시아 2월 혁명이 터지고 로마노프 왕조가 몰락하자 배지 공장이 문을 닫으면서 추이코프도 일자리를 잃었다. 혁명의 중심지인 페트로그라드에서는 빠르게 번지는 혁명의 움직임을 피부로 느낄 수 있었다. 각종 전단과 금서禁書, 소책자 등이 공장에서 남몰래 전해졌다. 이때 추이코프는 친구 이반 지민의 영향으로 뜨겁게 타오르는 혁명의 불길에 휩쓸려 각종 혁명 전단, 금서, 소책자 등을 닥치는 대로 구해 읽었다. 그리고 공장주의 착취에서 벗어나 행복하게 사는 장밋빛 미래를 꿈꾸기 시작했다.

그러나 오래지 않아 불행이 닥쳤다. 1917년 7월 4일, 자유주의자 임시 정부에 반대하는 가두시위에 참여했던 친구 이반이 살해된 것이었다. 이 사건은 나중에 '7월 유혈 사태'로 불렸다. 눈앞에서 친구의 죽음을 지켜본 추이코프는 큰 충격을 받았고, 이 일을 계기로 혁명에 대해 굳은 결심을 하게 되었다.

혁명에 참여하다

이반의 죽음은 추이코프에게 커다란 사건이었다. 1917년에 10월 혁명까지 겪으면서 그는 더욱 단단히 마음을 먹었다. 1918년 봄, 추이코프는 붉은 군대 모스크바 군사 교관 훈련소에 들어가 제1기 학생이 되었다. 훈련소에서 엄격한 군사 훈련을 받으며 군인이 될 준비를 한 추이코프는 갓 탄생한 혁명 정권을 지키기 위한 싸움에 참여하기도 했다. 모스크바 '좌파' 사회주의자-혁명가당의 반혁명 움직임을 제압한 것이다.

그가 군사 훈련소에서 공부하고 있을 때 소련에는 내전이 한창이었다. 추이코프는 졸업과 동시에 내전에 투입되어 남쪽 부대의 부연대장이 되었다. 그리고 이후 1918년 11월과 1919년 5월에 각각 동쪽 부대와 서쪽 부대 제2군 제28사단 제40군단에서 부단장과 단장을 맡았다. 1919년 봄, 추이코프는 콜차크 제독이 이끄는 반란군과의 전투에 참가해 5월 초에 그를 격퇴했다. 그리고 5월 4일, 뛰어난 전투 능력을 인정받아 볼셰비키에 입당했다. 콜차크를 물리친 후 추이코프는 서쪽 부대의 단장으로 임명되어 폴란

볼가 강변의 추이코프(왼쪽). 소련의 원수이자 군사 전문가이다.

드 백군와의 전투에 투입되었다.

1920년대는 소련 사회에 크고 작은 일이 끊이지 않고 여기저기서 전투가 잇따르던 시기였다. 뛰어난 군사 지휘관이었던 추이코프는 각지에서 벌어진 다양한 전투에서 작전 지휘를 총괄했다. 이 과정에서 풍부한 실전 경험을 쌓은 그는 이론 공부를 하는 것도 잊지 않았다. 내란이 어느 정도 진정되고 제국주의 군대의 간섭을 물리친 1925년, 군사 지휘관으로서 한층 더 발전하고 싶었던 추이코프는 프룬제 군사 아카데미에 입학했다.

학업을 마친 그는 1927년과 1940년에 두 차례에 걸쳐 중국을 방문하고 군사 고문 자격으로 그곳에 머물렀다. 1940년 12월이 되자 극동 지역의 상황이 긴박하게 돌아갔다. 당시 중국을 침략해 대부분 영토를 차지한 일본은 그대로 북쪽으로 계속 올라가 소련과 맞붙을지, 아니면 남쪽으로 내려가 영국, 미국 연합군과 전쟁을 치를지 고민하고 있었다. 이런 상황에서 추이코프는 다시 중국으로 파견되어 1942년에 독소 전쟁이 일어날 때까지 군

맥을 잡아 주는 러시아사 중요 키워드

이반 지민

추이코프의 절친한 친구였던 이반 지민은 직선적이고 쾌활하며 항상 활력이 넘치는 사람으로 정치적으로 예리한 감각이 있었다. 추이코프를 혁명의 삶으로 끌어들인 장본인인 그는 복잡하게 뒤엉킨 당시의 정치적 현실에서도 옳고 그름을 똑바로 알고 있었다. 이반은 추이코프와 함께 일하고 생활하면서 형제처럼 그를 아꼈다. 그리고 삶의 올바른 방향과 혁명의 원칙 등을 자주 이야기해 주었다. 추이코프의 인생에서 그는 친형이나 아버지보다 가까운 사람이었다.

1917년 7월 4일, 추이코프는 이반과 가두시위에 참여했다. 태양이 뜨겁게 내리쬐던 정오, 두 사람은 여러 노동자와 함께 카잔 대학 근처에서 열린 집회에 참석하고 있었다. 그때였다. 갑자기 총성이 들리더니 이반이 힘없이 머리를 떨어뜨렸다. 열일곱 살의 꽃다운 청년은 그렇게 두 주먹을 꼭 쥔 채로 세상을 떠났다. 이 사건은 이후 추이코프의 일생에 커다란 영향을 끼쳤다.

사 총고문으로서 중국에 머물렀다. 이후 독소 전쟁이 시작되어 레닌그라드, 스탈린그라드 등 주요 도시들이 잇따라 위급해지자 소련은 우수한 지휘관을 최대한 확보해야 했다. 그래서 그해 3월에 중국에 있던 추이코프도 본국의 소환 명령을 받아 소련으로 돌아갔다. 군인으로서 오랫동안 여러 가지 경험을 한 그는 당시 이미 뛰어난 붉은 군대 지휘관이 되어 있었다.

1942년 5월, 스탈린그라드가 위태로워지자 추이코프는 귀국과 동시에 스탈린그라드 전투의 지휘관으로 투입되었다. 제64군을 이끌고 돈 강 지역에 주둔한 그는 스탈린그라드를 방어하는 중요한 임무를 맡고 있었다. 1942년 7월 17일에 전투가 시작되었다. 당시 추이코프는 제64부대와 함께 돈 강의 크게 구부러진 지점에 머무르고 있었다. 7월 25일에 소련과 독일이 스탈린그라드 부근에서 처음으로 맞붙었다. 독일이 상대적으로 유리한 입장이었다. 소련 제64군은 후방의 지원군이 제때 도착하지 못하는 바람에 적군에 밀려 돈 강으로 후퇴해야 했다. 8월 초, 추이코프의 제64군은 남동쪽 부대에 편입되어 스탈린그라드로 접근하려는 독일군을 차단하는 임무를 맡았다. 이곳에서 그는 적군의 주력 부대에 끊임없이 강력한 반격을 퍼부었다. 그렇게 독일군의 힘을 소모시키면서 스탈린그라드 전투 최후의 반격을 위한 준비를 했다.

1942년, 독일군의 돌격대가 북동쪽과 남서쪽 두 방향에서 동시에 스탈린그라드를 공격했다. 전투가 최고조에 치달았을 때였다. 군사위원회가 추이코프를 불렀다. 9월 12일, 당시 군사령관이었던 예료멘코와 군사위원 흐루쇼프는 도시를 제대로 지켜내지 못한 로파틴 중장을 해임하고 추이코프를 제62군 사령관에 임명했다.

명령을 받은 추이코프는 즉시 제62군 사령관으로 부임하여 군열을 정비했다. 그리고 부대의 군사위원회 회의를 열어 스탈린그라드를 무조건 지켜내야 한다고 힘주어 말했다. 또 어떤 상황에서도 강 건너편이나 섬으로 물러나서는 안 된다는 점을 분명히 했다. 한편, 이 시기에 독일군은 종일 쉬지 않고 공격을 퍼부어 댔다. 스탈린그라드 시내에서 벌어진 전투로 도시의 거리와 광장은 하나같이 치열한 전쟁터로 변해 있었다. 추이코프의 부대는 용감하게 독일군을 막아 냈다. 11월 11일, 독일군의 마지막 맹공에 소련의 제62군은 셋으로 나뉘었으나 추이코프는 군사들에게 끝까지 진영을 떠나지 말 것을 명령했다. 이에 따라 추이코프가 이끄는 제62군은 끝까지 스탈린그라드를 떠나지 않고 있었다. 이때 소련 최고사령부는 스탈린그라드에 들어온 적군을 포위하라는 작전을 내렸다. 추이코프와 소련군이 용감하게 싸운 덕분에 1943년 2월 2일에 독일군이 모든 저항을 멈추었다. 제6군 사령관까지 소련군에 포로로 붙잡혔다. 이렇게 스탈린그라드 전투는 소련군의 승리로 끝이 났다.

스탈린그라드 전투에서 승리한 후 소련 최고사령부는 추이코프의 제62군를 제8근위군에 편입시키고 남서쪽 부대에 포함시켰다. 1943년 여름, 히틀러가 쿠르스크 전선에서 작전을 개시하자 추이코프는 제8근위군과 함께 독일군의 중앙 부대에 반격하여 또다시 승리를 거두었다.

추이코프의 지휘 아래 제8근위군은 독일군의 손에 넘어간 소련 본토를 되찾기 위해 수없이 전투를 치렀다. 그 과정에서 그들은 뛰어난 전투 능력을 갖춘 부대로 성장했다. 1945년 4월, 추이코프는 부대를 이끌고 독일 베를린으로 갔다. 그리고 4월 30일에 히틀러가 스스로 목숨을 끊고, 독일이 5월 2일에 항복 문서에 서명했다. 1945년 5월 9일에 독일군 최고사령부 대표 빌헬름 카이텔 총사령관 등이 무조건 항복한다는 내용의 문서에 서명했고 추이코프는 증인 자격으로 그 자리에 참석했다.

추이코프와 그 휘하의 부대는 스탈린그라드에서 베를린까지 험난한 전쟁을 거치며 드디어 진정한 승리를 거두었다. 추이코프는 뛰어난 지휘 능력으로 전쟁을 승리로 이끄는 데 크나큰 공헌을 했다. 이에 대해 소련 최고 소비에트 위원회는 그에게 '소련의 영웅'이라는 칭호를 내리고 '금성 훈장'을 수여했으며 이번 전쟁에서 활약한 98명의 명단에 그를 포함했다. 이때 233명이 '소련의 영웅' 칭호를 얻고, 10만여 명이 각종 훈장과 상장을 받았으며, 부대별로 상을 받은 사람도 145명이나 되었다.

1982년 3월 18일, 불꽃같은 삶을 살았던 추이코프는 향년 82세의 나이로 세상을 떠났다. 그는 이제 세상에 없지만, 그의 빛나는 영광은 소련 군사 역사에 길이 남아 있을 것이다.

1943년, 스탈린그라드 전투에서 소련 병사가 폐허가 된 '붉은 10월' 조선소를 방어하고 있다.

빛나는 인생

스탈린그라드 전투를 치른 기간은 추이코프의 순탄치 않은 인생 중에서도 가장 힘든 시기였고 또한 가장 중요한 시기이기도 했다. 그는 제62군을 이끌고 무려 두 달이 넘는 시간 동안 독일군의 강력한 공격을 여러 차례 받아 내며 스탈린그라드를 지켜 냈다. 그럼으로써 이 도시의 운명뿐만 아니라 소련이 독소 전쟁에서 승리하는 데 많은 공을 세웠다. 스탈린그라드 전투에서 그는 진영을 끝까지 지켰다. 그리고 절대로 후퇴하지 않았으며 시가전의 각종 방법을 더욱 다양하고 창의적으로 활용했다. 언제나 두려움 없이 전투에 임하는 군인으로서의 재능이 드러나는 대목이다.

추이코프는 50년 넘도록 전쟁터에 몸담으면서 특유의 지혜로 소련 최고 지휘관의 대열에 이름을 올렸다. 또 군사 이론 분야에서도 못지않은 공로를 세웠다. 그는 평생에 걸쳐 《단체 영웅 의식을 가진 군대》, 《전투 중의 180일》, 《전례 없는 공로》, 《우크라이나에서의 전투》, 《스탈린그라드 근위부대의 진격》, 《포화 속에서 청춘을 불태우다》, 《제3제국의 마지막》, 《20세기 전쟁》, 《중국에서의 사명》, 《스탈린그라드–경험과 교훈》, 《스탈린그라드에서 베를린까지》 등 다양한 저서를 남겼다. 그의 저서들을 통해 소련 군사 이론은 더욱 다양한 각도로 발전할 수 있었다.

소련과 제2차 세계대전 이후의 새로운 세계 경제 질서

1945년, 6년 동안 이어진 제2차 세계대전은 파시즘 세력의 패배로 끝났다. 이후 새로운 세계 경제 질서를 세우는 것이 전승국들의 중요한 목표가 되었다. 20세기 초강대국이었던 소련은 전쟁 이후 세계 경제의 질서를 다시 정하는 데 큰 역할을 했다.

테헤란 회의

1917년 러시아 10월 혁명 이후, 소련은 내전과 제2차 세계대전 등을 겪으며 국내의 경제 체계를 세워 나갔다. 1920년대에 이르러 "한 나라의 힘만으로도 사회주의를 건설할 수 있다."라는 이론이 자리를 잡았다. 이로써 자국의 정치적 이익을 지키는 것이 소련의 외교 활동에서 더욱 중요해지기 시작했다. 1930년대 말에는 스탈린이 강국 건설 정책을 펼쳤다. 그 결과, 소련의 산업 생산이 독일을 넘어서서 유럽 1위로 올라서면서 세계 주요 공업 강국의 대열에 끼기도 했다. 1940년대에는 전쟁의 압박으로 소련의 산업이 전쟁을 위한 시스템으로 빠르게 변해 제2차 세계대전을 치르는 데 큰 역할을 했다.

1943년에 모스크바 공방전, 스탈린그라드 전투, 쿠르스크 전투 등에서 승리를 거두면서 소련은 반파시즘 세력의 리더로 떠올랐다. 이 시기에 세계 곳곳에서 진행 중이던 전쟁의 흐름이 전체적으로 반파시즘 쪽으로 기울기 시작했다. 나치 독일과 일본 등 파시즘 국가들의 패배가 확실해졌다. 이런 상황에서 전쟁을 서둘러 매듭짓고 전후 세계의 안보 문제를 해결하기 위해 미국, 영국, 소련 3개국의 지도자인 루스벨트, 처칠, 스탈린이 1943년 11월 말 이란의 수도 테헤란에서 유명한 '테헤란 회의'를 열었다.

1943년 11월 29일, 테헤란 회의에 참석한 스탈린(왼쪽), 루스벨트(가운데)와 윈스턴 처칠(오른쪽)이 테헤란에 있는 러시아 대사관 앞에 모였다.

회의에서 세 나라는 유럽에서의 2차 전투, 전쟁 이후 독일 처리 문제 및 세계 평화와 안보 유지 방안 등을 놓고 토론을 벌였다. 그리고 1944년 5월에 프랑스 남부에서 2차 전쟁을 치른 후 소련이 일본과의 전쟁에 참가하기로 했다. 테헤란 회의에서 가장 중요하게 다뤄진 의제는 폴란드 관련 문제였다. 이를 놓고 미국, 영국, 소련 3국은 폴란드를 독립시켜 폴란드가 서쪽의 독일 영토 일부를 차지하도록 하는 데 동의했다. 반파시즘 연맹에는 좋은 소식이 아닐 수 없었다.

이란의 수도 테헤란

그 밖에도 3개국은 테헤란 회의 후 테헤란 선언문과 테헤란 협정에 서명했다. 크고 작은 나라들이 모두 힘을 합쳐서 폭력과 억압을 물리치는 데 최선을 다하자는 내용이었다.

테헤란 회의는 반파시즘 동맹의 대표 세 나라가 제2차 세계대전 이후 처음으로 만나 군사 행동을 조율한 자리였다. 이 회의는 국제 사회의 단결과 협력을 유지, 강화하고 반파시즘 전쟁을 승리로 마무리 짓는 데 큰 역할을 했다. 1945년 8월, 소련이 일본에 전쟁을 선포하면서 파시즘 세력도 그 힘을 다했다. 결국 9월 2일에 일본이 무조건 항복 문서에 서명했다. 제2차 세계대전의 끝을 알리는 사건이었다. 이렇게 소련은 제2차 세계대전을 치르며 정치, 군사적으로 세계 주요 강국의 지위를 확보했다.

얄타 회담에 모인 세 정상. 왼쪽부터 영국의 처칠, 미국의 루즈벨트, 소련의 스탈린

얄타 회담

제2차 세계대전에서 파시즘 세력에 맞서 승리를 거둔 국가들은 잠시 진공 상태가 되었다. 전략적 목표를 달성했으니, 바꿔 말하면 더 이상 추구할 목표가 없어진 셈이 되어 버렸기 때문이다. 그러자 미국, 영국, 소련 사이의 갈등이 점차 고개를 들기 시작했다. 서로에 대한 신뢰를 쌓고 전후 국제 사무를 의논하기 위해서, 또 새로운 국제 경제 질서와 평화를 만들어가는 것을 목표로 세 나라의 지도자인 루스벨트와 처칠, 그리고 스탈린이 1945년 2월 4일 얄타에 모였다.

얄타 회담은 미국, 영국, 소련 3개국이 1945년 2월 4일부터 11일까지 흑해 북부 크림 반도에 있는 얄타 궁전에서 연 회의로, 전쟁 이후 세계의 질서와 열강들의 이익 분배 문제를 놓고 토론을 벌인 중요한 정상회담이다. 이 회의는 제2차 세계대전 이후의 역사에 매우 큰 영향을 끼친 것은 물론 오늘날까지도 많은 국가의 운명과 발전 방향을 뒤바꿔 놓았다.

이 회담에서 3개국은 '얄타 협정'에 서명하고 해방 유럽 선언, 크림 선언 등의 문건을 작성했다. 아울러 전쟁 이후 독일의 처리 문제와 폴란드의 국경 문제, 국제연합 창설과 그리스, 유고슬라비아, 이탈리아 등 유럽 국가에 관련된 문제 등을 놓고 깊이 있는 대화를 나누었다. 그리고 미국, 영국, 프랑스, 소련 4개국이 독일을 나누어 점령하고 독일에서 전쟁에 대한 보상을 얻어내며 독일 군국주의와 나치즘을 철저히 없애버린다는 원칙을 세웠다.

얄타 회담은 1943년에 열린 테헤란 회의 이후 두 번째로 열린 동맹국 정상 회담이다. 이 회의는 3개국의 동맹을 강화하고 독일과 일본에 대한 공동 작전을 조율하여 반파시즘 전쟁을 서둘러 마무리 짓고 세계가 안정을 되찾도록 하는 데 중요한 역할을 했다. 그러나 중국 등 일부 국가들의 권익을 침해하는 결정을 하면서도 정작 당사국들에는 알리지 않았기 때문에 '얄타 밀약'이라고 부르기도 한다.

Russia

맥을 잡아주는 세계사

The flow of The World History

제 6 장 | 동·서 냉전과 소련의 해체

1. 바르샤바 조약 기구
2. 1958년부터 1961년까지의 베를린 위기
3. 쿠바 미사일 위기
4. 인류 최초의 우주비행사, 유리 가가린
5. 흐루쇼프의 개혁
6. 소련의 해체
〈테마로 읽는 러시아사〉 러시아의 올림픽 영웅들

Russia

1 바르샤바 조약 기구

제2차 세계대전이 끝난 후, 서유럽 국가들은 새로운 국제 질서를 확립해 각국의 평화와 안보를 유지하고 경제 발전을 촉진하고자 했다. 한편, 전쟁을 거치며 강대해진 소련은 서유럽과 북미의 국가들에 위협적인 존재였다. 그래서 제2차 세계대전 이후 영국, 프랑스, 이탈리아를 중심으로 한 서유럽 국가들과 북미 국가들이 북대서양 조약 기구인 나토NATO를 창설했다. 그러자 소련도 자국의 이익을 보호하기 위해 나토에 대항할 만한 기구가 필요했다. 이에 소련, 체코슬로바키아, 불가리아, 헝가리, 동독, 폴란드, 루마니아, 알바니아 등 동구권 국가들은 '우호, 협력, 상호 원조 조약(Treaty of Friendship, Cooperation and Mutual Assistance)'을 맺었다. 그리고 그해 6월에 이 조약이 발효되면서 군사적 동맹인 바르샤바 조약 기구가 공식적으로 창설되었다.

시기 : 1958~1991년
인물 : 어니스트 베빈Ernest Bevin

나토의 출현

바르샤바 조약 기구를 이해하려면 우선 나토부터 알아야 한다. 이 두 기구는 마치 시소의 양쪽과 같아서 어느 한 쪽이라도 균형을 잃으면 곧 세계 전체의 구도가 흐트러지고 말기 때문이다. 1945년 8월, 중국에서 일본이 정식으로 항복 문서에 서명하면서 6년 전에 세 파시즘 국가, 즉 독일, 이탈리아, 일본이 일으킨 세계대전이 드디어 끝났다. 이 전쟁 이후 세계는 미국, 영국, 프랑스를 중심으로 한 자본주의 진영과 소련을 중심으로 한 사회주

한눈에 보는 세계사

1964년 : 베트남전 발발
1969년 : 미국, 유인 우주선 달 착륙
1970년 : 제1차 석유 파동
1975년 : 제2차 석유 파동
1987년 : 한국, 6월 민주 항쟁
1988년 : 서울 올림픽 개최
1993년 : 유럽 연합 출범

의 진영으로 나뉘었다.

사회주의 국가들이 내세우는 '붉은' 혁명의 불길이 세계 여기저기에서 거세게 타올랐다. 이에 혹시나 자국에 그 불똥이 튈까 봐 걱정한 자본주의 국가들은 소련의 발전을 견제하기로 했다. 1949년 4월 4일에 유럽의 영국, 프랑스, 벨기에, 네덜란드, 룩셈부르크, 덴마크, 노르웨이, 아이슬란드, 포르투갈, 이탈리아와 북미의 미국, 캐나다 등 모두 12개 국가가 미국 워싱턴에 모여서 북대서양 조약에 서명했다. 이로써 북대서양 조약 기구, 즉 나토가 창설되었다.

영국 의회 연설에서 북대서양 조약 기구의 창설 계획을 언급한 어니스트 베빈

사실 미국과 영국은 예전부터 북대서양 지역에서 자국의 세력을 확장하고 싶어 했다. 그래서 이 두 나라는 북대서양 지역을 안보 연맹의 범위에 포함하려고 계획해 왔다. 1948년 2월, 영국 의회에서 영국 외무장관을 지낸 어니스트 베빈이 '영국 외교 정책의 최우선 목표'라는 제목으로 연설하면서 향후 서방 국가 연맹을 조직할 것이라는 계획을 분명히 언급한 적이 있었다.

"…… 우리는 미국 등의 나라가 지지하는 서방 민주 체제를 조직해야 하며, 여기에는 스칸디나비아 반도 국가, 저지대 국가, 프랑스, 이탈리아, 그리스, 포르투갈 등이 포함될 것이다. 가능하다면 스페인과 독일이 참여하길 바란다. 이 국가들이 제외된 서방 체계는 불완전한 체계가 될 것이기 때문이다."

이 말 안에는 나토를 조직한 진짜 목적이 담겨 있다. 제2차 세계대전을 거치며 발전한 미국은 전쟁 이후 경제적, 정치적으로 강대국이라고 할 수준에 올라 있었다. 그 위치를 유지하려면 만일에 일어날 수 있는 세계대전에 대비해야 했고, 이런 생각은 다른 나라들도 마찬가지였다.

그래서 나토는 이탈리아, 독일 및 포르투갈을 회원국으로 끌어들이려고 했다. 우선 이탈리아와 독일이 가입해야 서방 방어 체계가 비로소 완전할 수 있기 때문이었다. 포르투갈은 미국 등 다른 동맹국들이 유럽 대륙으로 진입하는 중요한 길목에 위치해 있었고, 미국이 남아메리카, 아프리카 서부와 남부, 페르시아 만 및 인접한 유라시아 지역을 방어하는 데 지리적으로 굉장히 중요한 곳이었다.

설립 초기에 나토는 국제 군사 동맹으로서 소련 등 동유럽 사회주의 국가들을 견제하는 것이 주요 목표였다. 그래서 12개 회원국이 조약에 가입한 이후 미국과 영국은 여러 가지 방법으로 다른 유럽 국가들에 나토에 가입할 것을 권유하기 시작했다. 1950년에 한국 전쟁이 발발했을 때에도 나토가 회원국을 더 많이 확보하려는 움직임을 보이면서 유럽의 냉전 상황을 크게 자극하기도 했다. 서방 진영이 냉전을 위한 도구로 나토를 이용하려는 의도가 갈수록 노골적으로 드러났다. 이윽고 유럽 지역의 안보를 유지하고 동서양의 '새로운 전략적 균형'을 유지한다는 이유로 그리스와 튀르크도 나토에 가입했다. 이 국가들은 이탈리아와 함께 나토의 지중해 전선을 담당했다.

1950년대에 들어 나토는 지속적으로 확대되었고, 이번에는 서독이 나토의 새로운 목표가 되었다. 당시에 나토는 소련 등보다 재래식 군사력 측면에서 뒤처져 있었다. 재래식 군사력이란 칼, 총, 대포 따위와 같이 예전부터 사용하던 무기를 갖춘 군사력을 말한다. 군사 분야에서는 핵무기, 생화학적 무기, 탄도 미사일 따위를 제외한 나머지 무기를 재래식 무기라고 한다. 게다가 유럽 대륙의 중앙에 자리한 독일을 끌어들이지 못하면 나토는 적에게 대문을 활짝 열어 주는 꼴이었다. 만약 서독을 끌어들인다면 나토는 소련, 동유럽 그룹과의 재래식 군사력 차이를 극복하고 유럽 대륙 중앙의 공백까지 해결하면서 한층 강력한 방어 시스템을 구축할 수 있었다. 그리하여 1955년 5월 서독이 한 주권 국가로서 나토에 가입했다. 이렇게 해서 완성된 서방 세계의 안보 시스템은 소련 및 한창 발전해 나가는 사회주의 국가들에 큰 위협이었다. 서독이 정식으로 나토에 가입하자 냉전의 한 축인 동구권에서도 소련이 앞장서서 바르샤바 조약 기구를 조직하기 시작했다.

바르샤바의 대항

제2차 세계대전을 치르면서 미국과 영국을 중심으로 한 자본주의 국가와 소련을 중심으로 한 사회주의 정권은 서로 다른 사회 제도가 또 한 번 전쟁을 일으킬 것이라고 예감했다. 그러나 이 전쟁은 일어나지 않았다. 양측이 모두 핵무기를 대량 보유하고 있다는 것이 가장 큰 이유였다. 이 상황에서 직접적으로 충돌하면 전 인류의 멸망을 불러올 수도 있었다. 이 사실을 잘 아는 양측은 직접적인 전쟁을 피하는 대신 경제, 사상, 문화, 사회, 정치적으로 심각하게 대립했다.

1955년, 냉전이 한층 확대되고 독일이 나토에 가입했다. 그러자 그해 5월 14일에 소련, 알바니아, 불가리아, 동독, 폴란드, 루마니아, 체코슬로바키아, 헝가리 등 8개국이 바르샤바에서 '우호, 협력, 상호 원조 조약'에 서명하고 국제 평화와 안보에 힘쓰며 평화적인 방법으로 국제 분쟁을 해결할 것을 약속했다. 이렇게 나토에 대응하는 '우호, 협력, 상호 원조 조약' 가입국들을 가리켜 '바르샤바 조약 기구'라고 부르기 시작했다.

바르샤바 조약 기구는 유럽에서 회원국이 다른 국가나 집단으로부터 공격을 받는다면 다른 회원국들이 협력하여 군사력 등 그들에게 필요한 방법으로 도움을 주도록 했다. 또 조약은 20년 동안 유효하고, 조약 기간이 끝나기 1년 전에 무효 선언을 하지 않으면 자동으로 10년씩 연장되며, 유럽 국가 전체의 통일된 안보 조약이 발효되는 날 소멸하는 것으로 정해졌다.

바르샤바 조약 기구가 창설된 이후 각 회원국은 공동으로 움직였다. 중대한 국제 문제에 대해 함께 의논하고, 특히 군사 방면에서 통일된 전략 방침과 행동 계획을 검토하며 각종 군사 훈련을 합동으로 진행하기 시작했다. 그중 소련은 일부 회원국에 수십만 병력을 파견하여 주둔시켰다. 이 조직은 1991년에 소련이 해체될 때까지 지속되었다. 그해 7월 1일, 체코 프라하에서 바르샤바 조약 기구 정치협상위원회가 의정서에 마지막으로 서명하고 조약의 유효 기간이 끝났음을 선포했다. 거의 40년 동안 지속된 군사 동맹은 각국 사이의 이해관계에 의해 해체되었다.

맥을 잡아 주는 **러시아사 중요 키워드**

바르샤바 조약 기구의 해체

1955년 5월, 소련 및 동유럽 8개국이 바르샤바 조약 기구를 창설했다. 냉전의 산물이라고 할 수 있는 이 기구는 소련의 주도 아래 나토의 군사적 행동을 저지하는 것을 주요 목표로 삼았다. 1989년부터 동유럽 지역의 상황이 급변하면서 각국에 새로 들어선 정부들이 국가 군사 전략을 대폭 수정했다. 이로 말미암아 바르샤바 조약 기구의 기초가 흔들리기 시작했고, 회원국들 사이에서는 기구를 해체하자는 의견이 지배적이었다.

1991년 2월 25일, 부다페스트에서 바르샤바 정치협상위원회가 특별 회의를 열었다. 불가리아, 폴란드, 체코슬로바키아, 루마니아, 헝가리, 소련의 외무장관과 국방장관 및 바르샤바 연합군 책임자 등이 모여서 의정서에 서명하고 1991년 3월 31일부터 바르샤바의 모든 군사 조직과 기구가 해체되고 모든 군사 활동이 정지된다고 공식적으로 선포했다. 그리고 4월 1일에 바르샤바 조약 기구는 결국 해체되고 말았다. 이 기구가 해체되면서 제2차 세계대전 이후 줄곧 팽팽하게 균형을 유지하던 냉전의 양 끝 중 한 쪽이 무너져 버리고 세계 질서와 구도에도 중요한 변화가 생겼다.

세계적인 영향

바르샤바 조약 기구는 20세기 전 세계적인 양대 군사 동맹 가운데 하나로서 유럽의 안보와 세계 구도에 큰 영향을 끼쳤다. 바르샤바 조약의 체결로 사회주의 국가들이 정치, 경제 및 군사적으로 완전히 결합하면서 오랫동안 꿈꾸던 사회주의 진영이 현실화된 것이다. 더불어 바르샤바 조약 기구는 나토를 통해 나날이 확대되어 가던 미국의 세력을 견제하고, 자본주의가 동유럽 국가들에 확산하는 것을 막았다. 오랜 혁명과 투쟁으로 일구어낸 사회주의를 지켜내기 위해서였다. 한편, 나토와 바르샤바 조약 기구의 잇따른 설립은 세계 냉전의 시작을 알리는 신호탄이 되었다.

Russia

2 1958년부터 1961년까지의 베를린 위기

'제2차 베를린 위기'라고도 하는 베를린 위기는 베를린의 지위 문제를 놓고 소련과 미국 사이에 벌어진 충돌 사건이다. 1950년대부터 미국과 소련은 서베를린 문제로 자주 부딪혔다. 심지어는 핵무기 사용을 고려할 정도로 심각한 상황까지 이르기도 했다. 1958년부터 1961년까지 이어진 베를린 위기는 1960년대에 미국-소련 냉전이 최고조에 달했다는 것을 보여 준다. 이 사건은 동서양의 관계 및 나토와 바르샤바 조약 기구라는 양대 진영의 변화에 큰 영향을 주었다.

시기 : 1958~1961년
인물 : 콘라트 아데나워Konrad Adenauer, 흐루쇼프, 존 케네디John F. Kennedy

독일에 대한 정책의 변화

제2차 세계대전 직후 소련은 쇠퇴해 가는 독일을 그대로 내버려 두는 정책을 취했다. 독일이 동독과 서독으로 나뉘든 통일되든 개의치 않는다는 입장이었다. 1949년 10월, 제1차 베를린 위기를 겪은 독일은 동독과 서독으로 나뉘었다. 당시에 영국과 프랑스 군대가 서베를린에 주둔하고 있었고, 정치·경제적으로 독일과 밀접한 관계를 맺고 있던 서방 국가들은 서베를린의 특수한 지리적 위치를 이용하기 위해 서독과 동유럽 국가들에 끊임없이 간섭했다. 이러한 이유로 서베를린은 동서 냉전의 중심지가 되었다.

한눈에 보는 세계사

1960년 : 4·19 혁명
1961년 : 5·16 군사 정변 / 베를린 장벽 건설
1964년 : 베트남전 발발

1954년 들어 베를린에 대한 서방 국가들의 간섭이 점점 노골적으로 변해 갔다. 이에 1955년에 서독이 연방 독일의 신분으로 나토에 가입하여 군사력을 확보하자 소련은 독일에 대한 정책을 수정할 수밖에 없었다. 그래서 1955년부터 소련은 '두 개의 독일' 정책을 펴기 시작했다. 이 정책의 주된 목적은 전쟁 이후 둘로 분단된 독일이 다시 통일되지 않게 하는 것이었다.

1955년부터 소련과 미국의 사이가 조금 부드러워지자 서방 강대국들은 군비와 유럽 안보 체계에 대해 소련과 협상하는 데 열중했다. 그러나 서독 총리였던 아데나워의 생각은 달랐다. 그는 독일이 통일되면 유럽의 안보 체계에도 도움이 될 것이라는 점을 강조하며 서방 국가들을 설득하려고

1948년에 제1차 베를린 위기가 발생했을 때, 서베를린에는 3분마다 원조 물자를 나르는 미군 비행기가 드나들었다.

했다. 미국-소련 관계가 냉랭했던 1940년대와 50년대에 미국은 동독의 합법적인 지위를 인정하지 않고 어떠한 외교적 접촉도 하지 않았다. 더욱이 독일을 통일시키는 문제를 시급한 과제로 생각해 자유 투표로 독일의 통일 문제를 해결하자는 서독 아데나워 정부를 지지했다.

흐루쇼프의 '자유 도시'

독일이 나토에 가입해 군사력을 다시 확보하자 소련은 자국의 이익을 지키기 위해 대책을 마련해야 했다. 이때 소련에서는 새 지도자 흐루쇼프가 오랫동안 소련을 이끌어 온 스탈린의 자리를 대신했다. 흐루쇼프는 취임하자마자 스탈린과 다른 자신만의 방식을 반영한 외교 정책을 내놓았다. 미국과 소련 양대 진영의 분열과 대립이 지속되며 이미 사실로 굳어진 상황에서 스탈린의 뒤를 이은 흐루쇼프는 독일이 통일되지 못하게 해야만 했다. 그것만이 독일의 재기를 막고 소련을 위협하는 요소들을 없애는 유일한 방법이었기 때문이다.

1958년 11월 10일, 당시 소련 공산당 중앙 총서기 겸 부장회의 주석이었던 흐루쇼프는 모스크바의 레닌체육관에서 세계가 주목한 연설을 했다. 그는 연설에서 서베를린은 어떠한 군사적 계산도 끼어들어서는 안 될 자유 도시이며, 소련은 서독과 베를린 사이의 교통에 대한 권한을 동독에 넘기겠다고 선언했다. 그러면서 미국, 영국, 프랑스에 6개월 안에 동독 정부와 협상하라고 요구했다. 만약 서방 국가들이 서베를린으로 통하는 길을 계속 유지하고 싶다면 동독과 직접 협상하라는 것이었다. 만일 영국과 미국이 이 요구를 받아들인다면 그것은 영국, 미국, 프랑스 세 나라를 중심으로 하는 서방 국가들이 동독 정권을 독립된 정부로 인정하는 셈이 되었다.

그러나 당시 미국의 아이젠하워 대통령은 흐루쇼프의 '자유 도시' 정책을 전혀 받아들이지 않았다. 이에 양측이 결국 핵무기 카드를 꺼내 들면서 베를린의 상황은 다시 한 번 악화됐다. 1959년 3월, 흐루쇼프가 미국에 6개월 안에 서베를린의 문제를 해결하라는 요구를 취소하면서 사태는 조금 진정되었다. 그러나 자신들에게 서베를린에 대한 권리가 있다고 생각한 서방 국가들은 흐루쇼프의 요구를 단칼에 거절해 버렸다. 이로써 베를린 문제를 둘러싼 동서방의 갈등이 또 한 차례 심각해졌다.

1961년 8월, 동독과 서독은 베를린 장벽을 세웠다. 베를린 위기가 극단으로 치달으면서 미국과 소련의 관계도 악화됐다. 사람들은 곧 미국과 소련 사이에 한차례 전쟁이 벌어질 거라 여겼다. 이 정도로 상황이 변한 만큼 미국도 전략을 바꾸어야 했다.

모스크바에 있는 흐루쇼프 묘

1961년에 미국 대통령이 된 케네디는 취임하자마자 금방이라도 대규모 핵전쟁이 터질 것 같은 복잡한 상황과 마주해야 했다. 핵전쟁과 작전에 대한 다양한 선택안이 필요하다고 생각한 그는 기존의 '대규모 보복 전략'에서 '유연한 전략'으로 외교 방향을 수정했다. 케네디 대통령의 이러한 결정 덕분에 미국과 소련의 관계는 다시 원만한 방향으로 흘러갔다.

1961년 6월 3일, 미소 양국의 지도자가 빈에서 만나 회담했다. 이 자리에서 흐루쇼프는 1958년에 소련이 내놓았던 건의를 다시 꺼내며 "올해 안에 유럽 문제를 평화로운 방향으로 해결해야 한다."라고 말했다. 그러자 케네디도 소련의 이 같은 강경한 태도에 "무력으로 베를린을 지키겠다."라며 맞받아쳤다. 회담은 결국 아무런 성과 없이 끝이 났다.

빈 회담이 결렬된 상황에서 소련은 그해 8월에 바르샤바 조약 기구를 통해 만약 서방 국가들이 독일에 대한 평화 협정에 동의하지 않는다면 바르샤바 회원국끼리만 동독과 협정을 맺겠다고 선언했다. 이에 미국은 8월 18일에 동독 검문소에 미국군 1,500명을 파견하는 방식으로 반대의 뜻을 분명하게 밝혔다. 그리고 양측은 다시 핵무기 카드를 꺼내 들고 서로 위협하기 시작했다. 이와 함께 베를린 위기가 다시 고조되어 갔다.

10월 28일에 흐루쇼프는 만약 서방 국가들이 독일 문제를 해결할 준비가 되어 있지 않다면 소련이 12월 31일까지 조약 체결을 연기하겠다고 발표했다. 6개월의 기한을 준 것이었다. 3년이 넘도록 계속된 베를린 위기는 이렇게 마무리되었다.

3 쿠바 미사일 위기

Russia

미국과 소련의 냉전이 또 한 차례 얼어붙으면서 쿠바 위기가 발생했다. 이데올로기와 군사적으로 대립하던 최강국 두 나라는 1962년에 쿠바에서 세계를 깜짝 놀라게 한 사건을 일으켰다.

시기 : 1962년
인물 : 피델 카스트로Fidel Castro, 케네디, 흐루쇼프

1960년대의 쿠바

서인도 제도에 살던 어느 원주민의 이름에서 유래한 쿠바는 카리브 해 서북부에 자리한 나라로 크고 작은 섬 1,600개로 이루어져 있다. 북쪽으로 플로리다 해협을 사이에 두고 미국과 마주하고, 남쪽으로는 유카탄Yucatán 해협을 두고 멕시코와 인접해 지리적으로 굉장히 중요한 곳이다. 16세기에 콜럼버스가 신대륙을 발견했을 때 스페인의 영토였던 쿠바는 19세기 말까지 미국의 지배를 받았다. 1902년에 미국의 도움으로 쿠바 공화국을 세웠고, 이때부터 미국의 영향권 아래에 놓였다. 1950년대에 들어 소련 정권의

한눈에 보는 세계사
1960년 : 4·19 혁명　　1961년 : 5·16 군사 정변 / 베를린 장벽 건설

영향으로 쿠바에 민족 해방 운동이 일기 시작했다. 1953년 7월 26일, 피델 카스트로가 젊은이들을 이끌고 산티아고Santiago에 있는 몬카다Moncada 병영을 공격하면서 쿠바의 역사는 새로운 장을 맞이했다.

1959년 1월에 카스트로가 이끄는 혁명단이 친미파인 바티스타의 독재 정권을 무너뜨리고 새로운 정부를 세워 여러 가지 정책을 시행하기 시작했다. 이를테면 사유 재산을 국유화하는 등의 사회주의 정책이었다. 그런데 이 정책들 때문에 쿠바에서 활동하던 미국 대기업들이 손해를 보면서 양국 정부 간에 마찰이 생기고 분위기가 점점 심각해지기 시작했다. 미국은 새로 들어선 쿠바 공화국 정부의 정책에 신속하게 대응했다. 우선 의약품과 식량을 제외한 모든 물품의 거래를 엄격하게 금지하고, 쿠바로 향하는 모든 화물 운송을 중단했다. 이미 구매 계약이 되어 있던 쿠바산産 설탕의 수입도 전면 중단되었다.

설탕 생산을 주로 하는 단일품목 경제 시스템의 쿠바는 '세계의 설탕 창고'로 불릴 정도로 설탕 수출에 많은 부분을 의존했다. 그러므로 미국이 쿠바산 설탕의 수입을 중단한 조치는 사실상 경제적으로 쿠바의 손발을 꽁꽁 묶어 버리려는 의도였다. 그러자 쿠바 정부는 사회주의 국가 진영의

자동차들로 번잡한 쿠바의 거리

1952년, 미국 외교 정책을 풍자한 소련의 만화. 그림 속 미국인은 앞에서는 '평화, 방어, 군비 축소'를 외치지만 뒤로는 전쟁을 준비하고 있다. 당시 그리스 내전에서 공산주의 진영이 패배하자 그림 속의 미국 장교는 지도에 있는 그리스에 새 기지를 세울 계획을 짜고 있다.

리더인 소련에 도움을 요청했다. 한창 미국과 냉전 중이던 소련은 사회주의 국가를 하나라도 더 확보해야 하는 상황이었다. 그런데 쿠바가 먼저 손을 내밀어 왔으니 거절할 이유가 없었다. 소련은 쿠바와 외교 관계를 맺고 설탕을 사들였을 뿐만 아니라 1억 달러의 차관까지 제공했다. 이 상황을 지켜본 미국은 당연히 화가 날 수밖에 없었고, 결국 1961년 1월에 미국과 쿠바의 외교 관계는 완전히 단절되었다.

소련, 미사일을 꺼내다

쿠바 혁명이 시작된 후, 남아메리카 지역 전체에 붉은색의 사회주의 바람이 불기 시작했다. 이에 미국은 쿠바 혁명의 영향이 남아메리카의 다른 국가들로 확산하는 것을 막기 위해 1961년 4월 17일에 쿠바 망명자 1,000여

명으로 조직된 군대를 쿠바 남부의 피그스 만으로 파견했다. 쿠바 정부를 무너뜨리려는 계획이었다. 그러나 상륙한 쿠바 망명자들은 72시간 만에 완전히 제압당했다. 이후에도 미국은 계속해서 쿠바에 군사적 위협을 가했다. 바로 코앞에 있는 남아메리카 지역에 들어선 공산주의 정부를 없애 버려야 했기 때문이다.

한편, 소련은 쿠바에 관련된 문제를 어떻게 처리해야 할지 고심하기 시작했다. 미국은 카스트로 정권을 절대 용납하지 않을 것이 분명했다. 이러한 때에 소련이 어떤 강력한 행동을 취해서 쿠바를 보호하지 않는다면, 다른 남아메리카 국가들도 더는 소련을 믿으려고 하지 않을 것이고, 소련의 국제적 지위도 크게 손상될 수 있었다. 여기까지 생각한 흐루쇼프는 미국 바로 옆에 기지를 세워서 싸움을 벌이는 것이 좋겠다고 판단했다. 쿠바는 이 작전을 펼치기에 가장 적절한 장소였다.

1962년 7월 3일과 8일, 흐루쇼프는 라울 카스트로와 회담하고 비밀리에 협의를 진행했다. 이 협의에서 소련은 쿠바의 수도에 중거리 미사일을 설치하고 폭격기 28대를 제공하기로 했다. 또 군사 기술 인력 3,500명을 배에 태워 쿠바로 보내 주겠다고 약속했다. 소련의 의도는 뻔했다. 핵탄두 미사일을 쿠바로 운반해서 미국의 눈을 피해 재빨리 설치하려는 것이었다. 그렇게 되면 미국은 턱 밑에 핵무기를 둔 상황이 될 테니 소련과의 힘겨루기에서 예전처럼 함부로 행동하지 못할 것이었다. 더 나아가 독일과 베를린 문제에서도 미국의 양보를 얻어 낼 수 있을 것이라는 계산도 깔려 있었다.

소련의 이러한 작전은 은밀하게 진행되었지만 결국 미국에 발각되고 말았다. 미국과 쿠바의 관계가 악화되고 소련이 쿠바의 경제와 정치에 간섭하기 시작하면서 미국은 쿠바의 정세에 대해 단 하루도 경계를 늦추지 않고 있었기 때문이다. 소련이 쿠바에 핵미사일을 운반하기 시작했을 때 미국 정찰기가 쿠바의 상공을 돌아다니고 있었다. 그러다 소련이 쿠바에 기지를 건설하는 장면을 포착한 미국군은 탄두의 개수와 종류까지 자세히 기록해서 곧장 상부에 보고했다. 이 소식을 들은 미국 정부는 펄쩍 뛰며 즉시 소련의 행동에 대비할 계획을 세웠다.

1962년 10월 22일 저녁, 미국 케네디 대통령은 텔레비전 연설을 했다. 이 연설에서 그는 소련이 현재 미국을 노린 미사일 시스템을 건설 중이며, 이 시스템은 방어용이 아닌 공격용이라는 사실을 발표했다. 미국은 이 상황에 대응하기 위해 쿠바를 군사적으로 완전히 고립시키는 정책을 취하고, 국내 보안 검색을 더욱 철저히 하는 동시에 유엔의 협조를 얻어서 쿠바를 무장 해제시키려 했다. 긴박하게 돌아가는 상황에서 케네디는 또한 세계 각지에 주둔한 미군이 최고 경계 태세를 취하도록 명령하기도 했다. 미국이 보유한 폭격기 중 절반이 핵무기를 가득 싣고 상공을 맴돌았고, 잠수정도 전투 태세에 들어갔다. 미국의 강력한 해군과 공군이 시시각각 카리브해 주변으로 모여들면서 미국과 소련 사이에는 금방이라도 전쟁을 벌일 것

맥을 잡아 주는 러시아사 중요 키워드

1959년의 쿠바 혁명

1959년 1월 1일, 피델 카스트로가 이끄는 혁명군이 바티스타 독재 정권을 물리치고 쿠바 제2의 도시인 산티아고에 입성했다. 이어서 혁명군은 3일에 수도 아바나를 점령하고 임시 정부를 세웠다. 마누엘 우루티아 레오가 임시 대통령이 되고, 피델 카스트로는 총사령관 자리에 앉았다가 2월 6일에 총리가 되었다. 그 후 카스트로의 공격을 받은 임시 대통령이 미국으로 도망가고 7월 17일에 도르티코스 토라도가 대통령 자리를 이어받았다. 혁명에 성공한 후 쿠바 인들은 외국의 간섭과 침략에 거세게 저항하며 독립의 길을 걸었다. 공산당이 정권을 잡으면서 쿠바는 서반구에 세워진 최초의 사회주의 국가가 되었다. 미국과 지리적으로 매우 가까운 곳에 있는 데다 미국에 의해 오랫동안 정치적, 경제적으로 고립되어 있던 쿠바에서 혁명이 일어났다는 것은 20세기 역사에서 남다른 의미가 있다. 오늘날 쿠바 인들은 여전히 국제적으로 고립되어 있지만 온갖 어려움 속에서도 나라의 독립과 주권을 지키고자 애쓰고 있다.

같은 팽팽한 긴장감이 흘렀다.

위급한 상황을 맞아 미국과의 군사력 차이를 꼼꼼히 분석해 본 소련 정부는 지금은 전쟁을 일으킬 적절한 타이밍이 아니라는 결론을 내렸다. 10월 26일, 소련은 미국이 쿠바 영토에 침입하지 않는 것을 조건으로 핵무기를 회수하는 데 동의했다. 이것으로 쿠바 위기는 일단락되었다.

쿠바 위기를 겪은 후, 소련은 군사력을 더욱 강화해야겠다는 결의를 다졌고 흐루쇼프는 이번 일의 책임을 지고 자리에서 물러나게 되었다. 그리고 이 사건 이후로 미국은 본격적으로 군사력을 앞세워 여러 국제 상황에 관여했고, 세계의 양극을 이룬 미국과 소련의 관계는 한층 더 날카롭게 대립했다.

4 인류 최초의 우주비행사, 유리 가가린

Russia

유리 알렉세예비치 가가린은 인류 최초로 우주 비행에 성공한 인물로, 소련 붉은군대 공군 출신이다. 우주 비행이라는 특별한 삶을 살았던 그는 우주에서 지구를 바라본 최초의 인간이었으며, 푸른색 행성에 사는 인류가 우주 시대를 여는 데 크게 이바지했다.

시기 : 1934~1961년
인물 : 세르게이 코롤료프Sergei Pavlovich Korolev, 유리 가가린Yurii Alekseevich Gagarin
미하일 티혼라보프Mikhail Tikhonravov

운명의 선택

우주를 알고자 하는 열망은 인류의 오랜 꿈이었다. 1903년에 라이트 형제가 비행기를 발명한 후 하늘을 날고 싶은 사람들의 염원은 현실에 한걸음 다가섰다. 1930년대에 신경제 정책이 펼쳐지면서 소련은 하루가 다르게 발전해 갔다. 군사, 문화, 과학 및 사람들의 생활수준 등 모든 분야가 크게 발전하면서 소련 과학자들은 본격적으로 우주 연구를 시작했다.

1934년 3월 9일, 소련의 미사일 기술자 코롤료프는 소련 최초의 위성 설

한눈에 보는 세계사

1934년 : 중국, 공산당 대장정
1939년 : 제2차 세계대전 발발
1945년 : 8·15 광복
1948년 : 베를린 봉쇄
1950년 : 6·25 전쟁 발발
1957년 : 소련, 인공위성 발사
1960년 : 4·19 혁명
1961년 : 5·16 군사 정변 / 베를린 장벽 건설

계자인 티혼라보프와 함께 처음으로 사람을 태우는 유인 우주선에 대해 의견을 나누었다. 그리고 인류 최초로 우주에 가게 될 사람을 어떻게 정할지에 관한 이야기까지 하기에 이르렀다. 바로 그 시각, 소련의 스몰렌스크주에 있는 한 작은 집단 농장에서는 갓 태어난 아기를 위한 축하 파티가 열리고 있었다. 농장주의 아들 가가린의 탄생을 축하하는 파티였다. 이 아기가 훗날 인류의 우주 항공 역사에 쾌거를 이룬 최초의 우주비행사가 되리라고는 아무도 생각하지 못했다.

타고난 운명이었는지 아니면 그가 태어난 날에 있었던 두 과학자의 대화가 운명처럼 작용한 것인지, 가가린은 어렸을 때부터 비행기를 좋아했다. 열여섯 살 때에는 사라토프Saratov의 항공클럽에 가입해 비행 기술을 배우기도 했다. 1955년에 대학에 진학할 나이가 된 그는 사라토프 공업학교를 선택했다. 졸업 후 자신이 좋아하는 비행기에 관한 일을 하는 것으로 진로를 정한 가가린은 오렌부르크Orenburg의 공군사관학교에 입학했다. 그리고 1957년에 학교를 졸업하자마자 비행기 조종사로 뽑혀 소련 북방 함대 공군으로 복무를 시작했다.

운명적인 이끌림

1960년, 공군으로서 출중한 성과를 보인 가가린은 애국심이 남다른 데다 비행에 대한 강한 신념이 있었다. 또 조종사로서 적합한 신체 능력과 순발력을 갖추었고, 근면하고 성실하며, 호기심이 강하고, 때에 따라서는 과감한 결단력도 보였다. 마침내 소련 우주항공부는 그를 보스토크 1호에 탑승할 우주비행사 후보로 선발했다.

당시 소련의 유인 우주선 연구는 중요한 시기를 맞이했다. 가가린과 다른 다섯 명의 예비 우주비행사는 진공실, 무중력실 등에서 각종 훈련을 받았다. 그러던 어느 날, 예비 우주비행사들은 모형이 아닌 실제 보스토크호에서 훈련하라는 지시를 받았다. 우주비행선을 실물로 볼 수 있다는 사실에 흥분한 여섯 명은 곧바로 보스토크호를 향해 달려갔다. 우주비행선 안으로 들어가기 직전, 신발을 조심스럽게 벗어 두는 가가린이 당시 소련의 우주 항공 프로젝트를 맡고 있던 총책임자 코롤료프의 눈에 띄었다. 코롤료프는 별것 아닌 행동이지만 안으로 들어가기 전에 신발을 벗는 행동에서 그가 우주비행선을 특별히 여기는 마음가짐이 엿보인다고 생각했다. 이렇게 해서 가가린은 우수한 후보 여섯 명 중에서 1961년 4월에 우주로 가게 될 우주비행사로 최종 선발되었다.

푸른 하늘을 날다

1961년 4월 12일, 발사대에 선 코롤료프가 가가린에게 말했다.

"자네는 운이 좋아. 우주에서 지구를 볼 수 있을 테니 말일세. 틀림없이 아름다울 테지."

1962년에 발행된 유리 가가린 기념우표

프로젝트는 일사천리로 진행되었다. 보스토크 1호 위성은 마침내 발사되어 우주를 향해 날아갔다. 훗날 가가린은 이때를 회상하며 "위성이 발사되어 떠오르는 순간 대륙과 섬, 강, 저수지와 땅의 굴곡 등이 또렷하게 보였다. 지구의 표면이 어떻게 생겼는지 내 눈으로 직접 본 것은 처음이었다. 지평선은 비현실적으로 아름다웠고, 옅은 파란색의 햇무리가 칠흑 같은 우주와 맞닿아 있었다. 우주에는 수많은 별이 선명하게 반짝였다. 그러나 지구의 어두운 부분을 벗어나자 지평선이 선명한 주황색의 좁고 긴 띠 모양으로 변했다. 이 띠가 푸른색으로 변하는가 싶더니 다시 짙은 검은색이 되었다."라고 당시 상황을 묘사했다. 햇무리는 햇빛이 대기 속의 수증기에 비쳐 해의 둘레에 둥글게 나타나는 빛깔이 있는 테두리를 말한다.

가가린의 획기적인 우주 비행은 현지 시각 9시 7분에 시작되어 지구 주위를 따라 한 바퀴 돌고 나서 정확히 108분 후 소련으로 돌아왔다. 예정된 착륙 지점을 약간 벗어난 귀환이었다. 흰색 헬멧을 쓰고 무거운 우주복 차림을 한 가가린을 보고 그 마을의 주민들은 깜짝 놀랐다. 그가 도시로 돌아오자 수만 명의 군중이 몰려들어 환호했고, 수도 모스크바에서는 전용기와 경호기 일곱 대가 준비되었다. 게다가 전용기 앞에서부터 임시로 마련된 단상까지 레드 카펫이 깔려 있고 단상 위에는 정부 고위 관리들이 모두 모여서 역사적인 순간을 기다리고 있었다. 우주선을 설계한 코롤료프는 밀려드는 감격을 이기지 못하고 가가린을 덥석 안았다. 두 눈에는 눈물이 그렁그렁했다. 누구보다 많은 땀과 노력을 프로젝트에 쏟아부은 두 사람은 그렇게 오랫동안 서로 끌어안은 채 성공의 기쁨을 나누었다. 비행이 마무리된 후, 가가린은 그의 인생에서 가장 큰 영광과 '소련의 영웅' 칭호까지 얻었다. 최초의 우주 비행 이후에도 가가린은 우주비행사로서 다른 업무와 연구 활동에 매달렸다. 1968년 2월에 학교를 졸업한 그는 우주인 훈련 업무를 맡았다.

1968년 3월 27일에 가가린은 비행 훈련 조교와 함께 시험 비행을 하고 있었다. 그러던 중 예상치 못한 기상 악화와 같은 지역을 비행하던 다른 항공기로 인해 사고가 나는 바람에 짧은 삶을 끝으로 세상을 떠났다. 그의 유해는 크렘린 궁 벽묘지에 안장되었다. 유리 가가린을 기리기 위해 그의 고향이었던 도시 그자츠크는 '가가린'이라는 이름으로 불리게 되었다. 또한 그가 일했던 우주인 훈련 센터도 가가린 센터로 이름을 바꾸었으며 국제항공연합은 가가린 훈장을 만들었다. 심지어 달의 뒷면에 있는 둥근 모양의 산 명칭까지 그의 이름을 따서 지었다.

소련의 보스토크 1호는 인류 최초로 지구의 주위를 비행하는 유인 우주선 궤도 비행에 성공했다. 그리고 이렇게 특수한 비행을 성공시킨 가가린은 항공우주 역사에 중요한 획을 그었다. 그가 남긴 저서로는 《우주로 향하는 길》, 《소련 우주인 노트》, 《뜨겁게 타오르는 마음》 등이 있다.

보스토크 1호

러시아 어로 '동방'이라는 뜻인 보스토크 1호는 무게가 4.73톤이며, 둥근 구 모양의 밀폐된 선창과 팽이 모양의 후반부로 구성되었다. 우주선이 우주에서 돌아와 대기층에 진입하면 마지막 로켓이 분리되어 나간다. 그리고 우주선이 지상에서 7km 거리에 도달했을 때 우주인은 우주선 밖으로 튕겨 나와 낙하산을 타고 착륙하게 된다. 보스토크 1호는 자동 제어와 수동 제어가 모두 가능했고 운행 궤도는 지상에서 가깝게는 180km, 멀게는 222km에서 327km까지 떨어져 있었다. 운행 주기는 총 108분이었다.

Russia

5 흐루쇼프의 개혁

니키타 세르게예비치 흐루쇼프는 소련 공산당 제20차 당 대회에서 비밀 투표 방식으로 총리에 선출되었다. 그는 소련 공산당에 반대한다는 이유로 백만 명이 넘는 사람을 사형시킨 '대숙청' 당시 스탈린이 저지른 온갖 범죄 행위를 고발하고 반反스탈린 운동을 이끌었다. 총리직에 있는 동안 농업보다 공업에 무게를 두었던 스탈린의 경제 발전관 및 잔인한 스탈린식 정책을 바꾸는 데 많은 노력을 기울였다. 또 소련의 농업과 공업에 여러 가지로 개혁을 시도하면서 소련 경제가 균형 잡힌 발전을 이루는 데 어느 정도 공헌했다는 평가를 받고 있다.

시기 : 1953~1971년
인물 : 흐루쇼프

흐루쇼프의 시대가 열리다

1953년에 스탈린이 죽은 후 흐루쇼프는 소련 공산당과 정부의 주도권을 장악했다. 이제 스탈린의 시대는 끝이 나고 흐루쇼프의 새 시대가 열렸다. 1956년 2월에 열린 소련 공산당 제20차 당 대회에서 흐루쇼프는 스탈린의 정책과 그에 대한 개인 숭배를 비판하는 내용의 비밀 연설을 발표했다. 이를 계기로 소련의 모든 정책에는 중대한 변화가 일어났다.

오랫동안 공업을 육성하는 데 집중한 소련은 상대적으로 농업을 소홀히

한눈에 보는 세계사

1960년 : 4·19 혁명
1961년 : 5·16 군사 정변 / 베를린 장벽 건설
1964년 : 베트남전 발발
1966년 : 중국, 문화대혁명
1967년 : 중동 전쟁 시작
1969년 : 미국, 유인 우주선 달 착륙
1970년 : 제1차 석유 파동 / 한국, 유신헌법 확정

했다. 낙후된 농업은 사람들의 생활에 영향을 미칠 뿐 아니라 국민 경제 전반의 발전을 가로막았다. 농업 문제는 흐루쇼프에게 취임 후 가장 먼저 해결해야 할 과제였다. 그는 오랜 시간 전쟁을 치른 농민들의 생활을 관찰한 후 농민의 부담을 덜어 주는 것에서부터 개혁을 시작해 나가기로 했다. 1940년대부터 소련은 생산품을 의무적으로 납부하게 하던 제도를 폐지했다. 그리고 국가가 농민들의 농산품을 사들이는 제도를 시행하여 농민들이 더욱 적극적으로 일할 수 있게 했다.

공업 방면에서도 개혁이 진행되었다. 1957년 2월에 열린 공산당 회의에서 흐루쇼프는 공업과 건축업에 대한 정부 활동을 중앙 정부에서 지방 정부로 넘긴 다음 우주항공, 조선, 화학, 중형 기계 등 몇 개 부문만 중앙에 남기자고 건의했다. 그러나 소련 상공업계는 그의 주장이 레닌과 스탈린이 추진하던 공산주의 경제 체제와 엇갈린다며 불만을 표시했다. 이후 1957년에 흐루쇼프의 공업 개혁으로 경제에 대한 중앙 정부의 관리 권한이 점점 약화되면서 소련 경제의 근본인 공산주의 체제가 통째로 흔들리게 되었다. 그러면서 소련만의 특화된 대기업의 상황이 어려워졌다. 흐루쇼프는 또 한편으로 1957년에 시행된 공업 구조조정 정책으로 혼란을 겪은 국민 경제를 안정시키려 노력을 기울였다. 1960년에 여러 가지 구제 정책을 시행했지만, 실질적으로 큰 도움이 되지는 않았다.

1955년, 유고슬라비아의 수도 베오그라드를 방문한 흐루쇼프

대외 정책에서도 서방과의 화해와

공존을 추진하던 흐루쇼프는 집권 기간에 유동적이고 탄력적인 정책을 취했다. 1960년부터 그는 '미국과 소련이 힘을 합쳐 세계를 이끌자.'는 것을 전략적 목표로 삼고 미국과 서방 국가들을 여러 차례 방문했다. 그러나 그 결과는 씁쓸했다. 미국과 소련이 서로 핵무기를 겨누는 상황이 벌어졌는가 하면, 베를린 위기와 쿠바 위기 등 냉전이 극단으로 치닫는 역효과를 거두었기 때문이다.

흐루쇼프식 개혁의 영향

흐루쇼프는 개혁 과정에서 스탈린을 강력하게 비판하며 스탈린에 대한 사람들의 미신 같은 숭배를 어느 정도 깨뜨렸다. 또 과거에 잘못 내려진 판결로 억울하게 감옥에 간 사람들의 명예를 회복시켜 소련과 동유럽 사회주의 국가들의 개혁을 바람직한 방향으로 이끌기도 했다.

흐루쇼프는 농업과 공업 부문을 개혁하면서 당시 소련의 상황에 맞춰 국내 식량 문제를 해결하는 등 국민 생활에 현실적인 보탬을 주었다. 또한 공업 개혁에서 그가 취했던 방법들, 이를테면 국가 권력의 간섭을 줄이고

맥을 잡아 주는 러시아사 중요 키워드

흐루쇼프가 소련 최고 지도자가 되기까지

흐루쇼프는 1894년에 우크라이나에서 광부의 아들로 태어났다. 목동, 기술공 등의 일에 종사하던 그는 1918년에 볼셰비키당에 들어갔다. 이후 1929년에 모스크바 공업 아카데미에 입학했고, 1934년에 소련 공산당 중앙위원에 당선되었다. 1935년부터 모스크바 위원회 제1서기 겸 시 위원회 제1서기를 맡았으며 1939년에 소련 중앙정치국 위원이 되었다. 독소 전쟁에 중장 계급으로 참전했고, 전쟁이 끝나고 나서 우크라이나에서 가장 높은 직위인 당 중앙시회 제1서기가 되었다. 1949년 12월에는 소련 중앙 서기와 모스크바 위원회 제1서기를 맡았다. 1952년 10월에 소련공산당 중앙 서기가 되었다가 마침내 제1서기, 부장회의 주석직을 맡았다.

복잡한 조직을 간소하게 바꾸는 등의 조치들은 사회주의 국가의 개혁에 귀중한 교훈이었다. 전체적으로 흐루쇼프의 개혁은 소련 경제가 균형 있게 발전하는 데 어느 정도 공헌했다. 그는 농업과 공업에 대한 개혁을 통해 다른 사회주의 국가들의 개혁을 이끌었다. 이 나라들이 더욱 현실적으로 세계를 바라보게 한 동시에 다양한 사회주의 스타일의 가능성을 열어 준 것이다.

1955년 6월 2일, 흐루쇼프와 그로미코(뒤쪽에서 오른손을 옷 안에 넣고 있는 사람)가 '베오그라드 선언'의 낭독을 듣고 있다. 유고슬라비아와 맺은 이 협정은 서로의 주권과 독립 및 영토, 평화 공존, 상호 불간섭 등의 원칙을 강조했다.

그러나 흐루쇼프의 개혁에는 문제점도 적지 않았다. 스탈린 방식의 장점과 단점을 이성적으로 분석하지 않고 지나치게 감정적으로 대응하며 현실 상황에 대해 객관적인 판단을 내리지 못한 것이 가장 큰 오류였다. 문제가 있는 부위만 따로따로 도려내는 그의 개혁도 근본적인 해결책이 될 수 없었다. 그래서 여기저기에 메스를 대고도 소련의 낡은 체제는 바뀌지 않아 또 다른 문제점들을 낳았다.

흐루쇼프는 스탈린 시대를 거치며 정규 교육을 받지 못해 중앙 집권 체제와 국제 정세에 대한 통찰력이 부족했다. 냉전 상황에 스탈린을 지나치게 부정한 그의 태도는 오히려 서방 국가들의 반공 심리를 자극하는 역효과를 낳기도 했다.

개혁 때문에 물러나야 했던 흐루쇼프

흐루쇼프의 정책들에 불만을 품고 있던 소련 공산당과 정부는 1964년 10월 11일, 대표 회의를 열고 흐루쇼프를 해임하는 방안에 대해 이야기를 나누었다. 당시 국가 안보위원회의 특별 보호를 받고 있던 흐루쇼프는 평소 친분이 두터웠던 아나스타시 미코얀과 함께 남쪽 흑해 근처의 별장에서 휴가를 보내고 있었다. 10월 11일 오전, 당 서기장이었던 브레즈네프가 모스크바에서 흐루쇼프가 있는 별장으로 전화를 걸어 간부 회의가 열리고 있다는 사실을 알려 주었다. 당장 모스크바로 돌아오지 않으면 그가 자리를

러시아 모스크바의 노보데비치 공동묘지에 안장된 흐루쇼프의 묘

비운 상태에서 회의가 진행될 것이라는 말에 흐루쇼프는 황급히 모스크바로 향했다.

이 회의에서 간부들은 흐루쇼프의 개혁에 문제가 많다며 그를 비판하기 시작했다. 그러자 흐루쇼프는 거친 행동과 폭언으로 맞대응했다. 소련 공산당 간부들에 대한 분노의 표시였다. 흐루쇼프의 해임을 잠시 보류하려고 했던 위원회는 그 모습을 보고 그의 총리직을 바로 박탈하기로 마음을 바꿨다. 소련 공산당 간부 회의는 10월 13일 밤에도 계속되었다. 야간 회의 중간의 휴식 시간에 미코얀이 흐루쇼프에게 은퇴 성명을 발표하는 것이 어떻겠냐고 설득했다. 〈프라우다〉 신문에 나이와 건강 등의 사유로 더 이상 공직에 있기 어렵겠다는 내용의 퇴직 신청서를 공개적으로 올리라는 것이었다.

10월 14일 오후에 다시 간부 회의가 열렸다. 브레즈네프가 회의의 시작을 선언하고, 미코얀이 회의를 진행했다. 그리고 수스로프가 흐루쇼프를 해임해야 하는 이유에 대한 보고서를 읽었다. 이것으로 한때 소련을 이끌던 지도자 흐루쇼프는 총리직에서 물러났다. 해임된 후 흐루쇼프는 외딴 시골에서 조용히 지내다가 1971년 9월 11일에 갑작스럽게 심장 발작을 일으켜 세상을 떠났다. 그가 죽었을 때조차 러시아 언론은 특별 보도를 하지 않았다.

Russia

6 소련의 해체

고르바초프의 개혁을 거쳐 소련은 정치, 경제, 민족 등 여러 분야에서 잇따라 위기를 맞이했다. 개혁의 목소리가 쉼 없이 터져 나오는 가운데 사회, 정치, 경제는 하나같이 어려운 상황에 부닥쳤다. 그러던 중 1991년 8월 19일부터 21일까지 소련 공산당의 보수파로 이루어진 국가비상사태위원회가 쿠데타를 일으켰다. 비록 쿠데타 자체는 실패했지만, 소련의 붕괴라는 결과를 낳았다. 이를 계기로 70여 년 동안 세계 강대국의 지위를 지켜 온 소련은 해체되었다.

시기 : 1922~1999년
인물 : 레닌, 미하일 고르바초프Mikhail Sergeyevich Gorbachyev
보리스 옐친Boris Nikolaevich Yeltsin

국제 정치 무대에서 물러나다

1991년은 여러모로 특별한 해였다. 소련이 마지막을 맞았고, 독립국가 연합CIS이 결성되었기 때문이다. 12월 8일에 소련 멤버인 러시아, 우크라이나, 벨라루스의 지도자인 옐친 대통령, 크라우추크 대통령, 그리고 슈스케비치 최고 회의 의장이 벨라루스에 모여서 독립국가 연합 협의서에 서명하고, 소련은 더 이상 성립하지 않는다고 선언했다. 그리고 12월 21일에는 소

한눈에 보는 세계사

1922년 : 이탈리아, 무솔리니 집권
1929년 : 세계 대공황
1939년 : 제2차 세계대전 발발
1945년 : 8·15 광복
1949년 : 중화인민공화국 성립
1964년 : 베트남전 발발
1970년 : 제1차 석유 파동
1975년 : 제2차 석유 파동
1990년 : 독일 통일
1993년 : 유럽 연합 출범

비에트 연방국이었던 러시아, 우크라이나, 벨라루스, 아제르바이잔, 몰도바, 아르메니아, 카자흐스탄, 우즈베키스탄, 키르기스스탄, 타지키스탄, 투르크메니스탄의 대표들이 카자흐스탄의 수도인 아스타나에 모여서 '독립국가연합의 건립에 대한 협의와 의정서'에 서명하고 독립국가 연합을 창설한다고 공식적으로 선포했다. 그루지야는 나중에 독립국가 연합에 가입했다가 2008년에 탈퇴했다. 그리고 1991년 12월 25일에 고르바초프가 소련 대통령직에서 물러나고 크렘린 궁에 내걸렸던 소련 깃발도 내려졌다. 이로써 70년 동안 유지된 소련은 국제 무대에서 완전히 퇴장했다.

이쯤에서 다시 1922년 12월 30일로 돌아가 보자. 당시 모스크바에서는 레닌의 제안으로 러시아 각 민족 국가와 러시아 연방 대표가 모여서 소비에트 대표 대회를 열었다. 이 회의에서는 소비에트 사회주의 연방, 즉 소련의 성립을 선언하고 구체적인 조약들을 마련했다. 10월 혁명이 일어난 후 러시아와 세계 역사는 커다란 사건을 겪었다. 스탈린이 이끈 산업화 운동, 흐루쇼프의 개혁, 브레즈네프 시대의 '진일보한 사회주의 사회' 정책 등 50년여의 노력을 통해 1970년대까지 소련은 미국과 어깨를 나란히 하는 세계 제2의 강대국으로 성장했다. 그러나 오랫동안 쌓여 온 제도적인 문제점들이 하나씩 드러나면서 경제와 사회의 건강한 발전을 가로막기 시작했다.

경제 부문의 가장 큰 문제점은 소련이 채택한 계획 경제 시스템이었다. 사람들이 열심히 일할 필요성을 느끼지 못해 경제 발전이 둔화할 수밖에 없었던 것이다. 정치적으로는 모든 권력이 지나치게 중앙으로 집중

러시아의 보리스 옐친 대통령

러시아 상트페테르부르크의
네바 강 음악 분수

된 상황이 문제였다. 기존의 지도자들이 나이 들어 체력이 약해진 데다 집권 기구가 부패하면서 사회 전체에 어두운 그림자가 드리워졌다. 1982년에 브레즈네프가 세상을 뜨자 소련의 정치 체계는 어떻게 손을 써 볼 수조차 없을 정도로 심각한 상태가 되고 말았다. 유리 안드로포프가 개혁을 시도하기도 했으나 뜻대로 되지 않았다. 그러다 1985년 3월에 고르바초프가 당서기장으로 당선되면서 소련 사회에는 개혁에 대한 희망이 다시 싹트기 시작했다.

소련 국민과 사회 전체가 개혁을 부르짖는 상황에서 최고 지도자인 대통령으로 취임한 고르바초프는 산더미같이 쌓인 업무와 마주해야 했다. 하나부터 열까지 고쳐야 할 문제점이 한둘이 아니었다. 오늘날 많은 사람은 고르바초프가 경제 개혁부터 시작하지 않았다고 생각하지만, 사실 소련 개혁의 첫걸음은 경제였다. 경제 문제를 해결하면 정치 개혁도 자연스럽게 추진되었고, 그렇게 중반으로 접어들면 정치 개혁이 어느 정도 힘을 얻으면서 사회의 변화를 이끌었다. 그러나 1990년 1월부터 그해 말까지 개혁에 대한 생각들은 뚜렷한 중심을 잡지 못하고 이리저리 휘둘렸다. 사회, 정치, 경제의 위기가 갈수록 심해지면서 소비에트 연방 내부에서 해체의 목소리까지 나오기 시작했다. 그러다 '소비에트 8월 쿠데타'가 터지면서 소련은 해체되었다.

옐친의 시대

소련 해체 15주년을 맞아, 우크라이나의 초대 대통령 레오니드 크라프추크Leonid Kravchuk는 "옐친과 슈스케비치를 만난 날, 소련이 과연 해체될 것인가에 대한 이야기는 언급조차 되지 않았다. 해체 과정에서 어떻게 하면 희생을 최소화할 수 있을까 하는 것이 그날의 주제였다."라고 15년 전의 만남을 묘사했다. 러시아 초대 대통령인 옐친 역시 "10년 동안 발전을 멈추었

1985년 당 서기장으로 당선된 고르바초프가 미국 대통령 레이건과 나란히 서 있다.

던 소련 사람들은 변화를 바랐다. 러시아 인은 자신들이 바로 러시아의 주인이라는 사실을 알고 있었고, 정치에 대한 열정이 그 어느 때보다 강하게 타올랐다. 관건은 우리 정치인들이 어떻게 행동하느냐에 달려 있었고, 우리는 그저 순리에 따랐을 뿐이다."라고 당시를 회상했다.

1991년 6월, 옐친은 국민 투표로 러시아 연방의 초대 대통령으로 당선되었고 1996년에 재임에 성공했다. 옐친의 집권 기간에 격변의 시기를 겪은 러시아는 한편으로 다시 국제 사회의 일원으로 나아가는 계기를 맞기도 했다. 옐친은 1999년 12월에 대통령직에서 물러났다.

크렘린 궁에서 가장 높은 이반 대제 종탑

러시아의 올림픽 영웅들

고대 그리스에서 시작된 올림픽 게임은 올림픽 정신을 바탕으로 4년에 한 차례씩 열리는 국제 스포츠 대회이다. 1952년 7월 19일부터 8월 3일까지 핀란드 헬싱키에서 개최된 제15회 올림픽에는 69개국의 선수 4,955명이 17개 종목 149개 경기에 참가했다. 헬싱키 올림픽에서 근대 5종이 새로 추가되었고, 40년 동안 올림픽 종목이었던 예술 대회는 폐지되었다. 소련, 이스라엘, 중국이 처음으로 올림픽에 참가하기도 했다.

No. 1 수용소에서 살아남은 금메달리스트

제15회 올림픽은 1952년 7월 19일부터 8월 3일까지 핀란드 헬싱키에서 개최되었다. 최고령인 31세로 이번 올림픽에 참가한 소련 체조 선수 빅토르 추카린Viktor Ivanovich Chukarin은 금메달 4개와 은메달 2개로 총 6개의 메달을 땄다. 우크라이나 출신으로 제2차 세계대전에 참전했던 그는 전쟁 도중에 독일군에 포로로 잡혀 4년간 수용소 생활을 했다. 그러다 천만다행으로 소련군의 도움을 받아 수용소에서 빠져나올 수 있었다. 추카린은 제 2차 세계대전이 끝난 후 체조 훈련을 받았고, 나이가 가장 많은 선수로 올림픽에 참여하여 누구보다도 눈부신 활약상을 보여 주었다.

No. 2 생쥐와 고양이

1956년 11월 22일부터 12월 8일까지 오스트레일리아 멜버른에서 제16회 올림픽 대회가 열렸다. 국제 무대에서 좋은 성적을 거두었던 소련의 장거리 달리기 선수 블라디미르 쿠츠Vladimir Kuts와 영국의 유명한 육상 선수 고든 피리가 올림픽에서 만났다. 과거 여러 시합에서 우승을 주고받으며 라이벌 구도를 이룬 두 사람이 '외나무다리'에서 만난 것이다. 시합 전날, 쿠츠의 코치가 달리기 속도를 바꾸는 작전을 세웠다. 상대의 뒤로 바짝 따라붙어서 달리는 피리를 이기기 위한 특별한 작전이었다. 코치의 예상은 적중했다. 쿠츠가 피리를 1분 이상 앞질러 결승점에 도착하면서 소련 선수 최초로 올림픽 장거리 달리기 금메달을 거머쥐었다. 그는 이튿날 열린 5,000m 달리기에서도 두 번째 금메달을 따냈고 피리는 은메달에 그쳤다. 경기 후에 한 신문에 이런 보도가 나갔다. "쿠츠가 고양이라면 피리는 생쥐다. 생쥐가 고양이를 이길 리 없다."

소련의 육상 선수 쿠츠
(사진 왼쪽)

No. 3 다시 일어선 챔피언

제18회 도쿄 올림픽 높이뛰기 금메달리스트인 발레리 브루멜Vallery Brumel은 이듬해에 교통사고를 당했다. 선수로서의 생명이 끝날 위기에 처한 그가 절망에 빠져 있을 때 미국에서 전보 한 통이 도착했다. "운명은 늘 사람의 의지를 시험합니다. 다시 경기장으로 돌아와 시합할 수 있게 되기를 진심으로 바랍니다."라는 내용이었다. 전보를 보낸 사람은 도쿄 올림픽에서 은메달을 딴 미국의 토마스였다. 동료이자 라이벌이었던 그의 격려로 브루멜은 다시 경기에 출전할 수 있었다.

브루멜과 미국 선수 토마스는 나란히 2m 18cm에 성공했지만 시도 횟수가 더 적었던 브루멜이 금메달을 목에 걸었다.

No. 4 바실리 미하일로비치 알렉세예프

제20회 뮌헨 올림픽에 처음 등장한 소련의 헤라클레스 바실리 알렉세예프Vasiliy Ivanovich Alekseyev는 2위보다 무려 30kg을 더 들어올리며 110kg 이상급에서 금메달을 차지했다. 벌목 기술자 집안에서 자란 그는 건축 기술자로서도 유명세를 떨쳐 '건축사 역도 선수'로 불리기도 했다.

소련 역도 선수 바실리 알렉세예프가 인상 경기를 펼치는 모습

No. 5 체조계의 요정, 외교계의 스타

소련의 여자 체조 선수 코르부트는 뮌헨 올림픽에서 평행봉, 마루 운동, 단체전에서 금메달을 따며 3관왕에 올랐다.

제20회 뮌헨 올림픽에서 가장 사랑받은 선수라면 '뮌헨의 요정'이라는 별명을 얻은 체조 선수 올가 코르부트Olga Korbut를 빼놓을 수 없다. 당시 17세였던 그녀는 평행봉, 마루 운동, 단체전에서 모두 금메달을 땄다. 그녀가 등장할 때마다 경기장은 뜨거운 박수갈채로 가득 찼다. 올림픽 이후 코르부트는 영국, 미국, 이란 등의 나라에 초청받아 방문하기도 했다. 사람들은 그녀가 소련 외교관 10명 정도의 역할을 거뜬히 해냈다고 이야기한다.

No. 6 장신의 센터 세묘노바

여자 농구는 제21회 몬트리올 올림픽에서 처음으로 정식 종목으로 채택되었다. 소련 대표팀의 센터 울리아나 세묘노바Ulyana Semyonova는 팀을 승리로 이끄는 데 큰 역할을 했다. 키가 2m 10cm에 달한 세묘노바는 소련 라트비아 출신으로, 열여섯 살에 정식으로 소련 국가대표가 되었다. 몬트리올 올림픽에서는 다른 선수들과 호흡을 맞춰 강호 미국을 꺾고 처음으로 우승을 거뒀다.

미국과 소련의 여자농구 결승전

No. 7 무적의 검사

크로보프스코프Viktor Alekseyevich Krovopuskov가 펜싱을 시작하게 된 것은 운명이었다. 열여섯 살에 모스크바 청소년 체육학교 교사의 손에 이끌려서 처음 펜싱을 시작했고, 어려운 가정 형편으로 훈련과 학업을 병행하면서도 시간을 쪼개 신문 배달을 하며 돈을 벌어야 했다. 혹독한 훈련으로 빠르게 성장한 크로보프스코프는 스무 살이 되던 해에 세계 펜싱 선수권 대회에서 우승을 차지했다. 제21회 몬트리올 올림픽에서도 뛰어난 실력으로 경쟁자들을 물리치고 개인전과 단체전에서 모두 금메달을 따내며 '무적의 검사'로 불렸다.

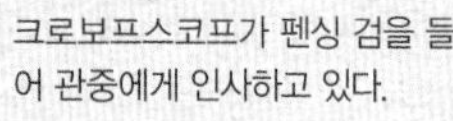

크로보프스코프가 펜싱 검을 들어 관중에게 인사하고 있다.

두 팔을 들고 환호하는 살니코프

No. 8 러시아의 '인간 물고기'

자타가 공인하는 장거리 자유형의 황제 살니코프Vladimir Valeryevich Salnikov는 선장인 아버지에게서 재능을 물려받았다고 말한다. 여섯 살 때부터 수영을 시작한 그는 열네 살에 국가대표로 선발되었고 스무 살에는 제22회 모스크바 올림픽에서 400m 자유형, 1,500m 자유형과 800m 자유형에서 잇따라 금메달을 따 냈다. 특히 1,500m 자유형에서는 세계 기록을 14분 58초 27로 단축하면서 최초로 15분대를 돌파했다.

No. 9 체조 천재

링 연기를 펼치는 네모프

알렉세이 네모프Alexey Nemov는 체조에 천재적인 재능을 타고났다. 다섯 살 때부터 체조를 시작한 그는 열네 살에 국가대표 청소년팀에 들어갔고 제27회 시드니 올림픽에서는 마루 운동부터 철봉, 평행봉, 안마, 링, 도마까지 메달을 따 내 가장 많은 메달을 딴 선수 중 하나가 되었다. 시드니 원형 체조 경기장에서 완벽한 연기와 착지를 선보여 남자 기계 체조 경기를 자신의 독무대로 만들었다.

불꽃같은 러시아와 러시아 인들에 관한 방대한 기록

러시아는 사실 우리에게 그다지 친숙하지 않은 이름이다. 세계에서 가장 넓은 나라, 매서운 칼바람이 부는 시베리아, 아시아 땅에 사는 금발의 유럽계 사람들, 구소련으로 대표되는 공산주의의 상징. 지금껏 우리의 머릿속에 자리 잡은 러시아의 이미지는 대부분 그런 것들이다. 20세기 말까지 시행된 반공 교육을 받고 자란 세대로서 러시아에 대해 개인적으로 아는 것도 별로 없었거니와 더 솔직히 말하면 관심조차 없었다.

그런데 알고 보니 러시아는 우리와 굉장히 가까운 이웃나라였다. 우리의 북녘 땅과 국경을 마주하고 있어 블라디보스토크 같은 동부 지역은 인천에서 항공기로 불과 두 시간이면 도착할 수 있는 거리에 있다. 역사적으로도 직간접적으로 서로 영향을 주고받아 왔다. 러시아와 조선은 1884년에 이미 정식으로 수교를 맺었다. 명성황후 시해 직후에 신변의 위협을 느낀 고종 황제가 러시아 공사관으로 피신한 아관파천俄館播遷도 유명하다. 러시아는 또한 안중근 의사 등 독립운동가들의 활동 무대가 되기도 했다. 우리 민족을 둘로 나눈 한국전쟁에서도 소련의 영향을 빼놓을 수 없다.

이 책은 고대 러시아의 기원부터 오늘날의 발전상까지 거대한 제국의 역사를 알기 쉽게 간추려 놓았다. 이반 뇌제, 표트르 대제, 여제 예카테리나 등 한 번쯤은 들어보았을 법한 이름들과 함께 제국을 다스린 황제들의 흥미진진한 이야기가 펼쳐진다. 또 푸시킨, 톨스토이, 차이콥스키와 같은 유명한 예술가들의 남다른 삶도 가까이에서 들여다볼 수 있다. 멘델레예프, 파블로프, 인류 최초의 우주인 유리 가가린 등 우리에게도 잘 알려진 러시아 출신 과학자들의 집념과 노력도 빼놓지 않고 담았다. 방대한 자료를 수집하고 애써 연구한 흔적을 이 책 곳곳에서 느낄 수 있다.

유럽과 아시아 대륙에 걸쳐 있는 광활한 러시아는 국토 대부분이 살인적인 추위를 견뎌야 하는 기후 지역이다. 이렇듯 척박한 땅에 터전을 잡고 문명을 일구어 낸 러시아 인들은 환경에 지지 않는 강인한 생명력을 지니고 있고 뜨거운 열정으로 가득하다. 도전과 변화를 두려워하지 않고 혁명을 사랑한 그들의 독특한 민족성이 바로 러시아만의 역사와 예술을 빚어냈을 것이다. 번역하는 동안 나도 함께 그들의 투쟁에 주먹을 불끈 쥐었고 그들의 좌절에 탄식했으며 그들의 승리에 환호했다. 도전과 실패를 거듭하면서도 쓰러지지 않고 끝까지 일어서는 러시아 인들의 정신에서 많은 것을 느끼고 배우기도 했다.

인류 역사는 이미 새로운 시대로 들어섰다. 이데올로기로 그어 놓았던 선도 갈수록 희미해지고 있다. 편 가르기에 정신없던 과거에서 벗어나 다양한 사상과 배경을 알아야 역사에 대한 올바른 판단력을 키울 수 있다. 한국인인 내가 중국인이 쓴 러시아 역사책을 미국에서 번역했다는 재미난 사실도 어쩌면 필연이 아니었을까.

서울과 광저우, 뉴욕을 오가며 작업하는 동안 많은 일이 있었다. 큰 가르침과 격려를 아끼지 않으신 이화여자대학교 통번역대학원 김혜림 교수님과 동기 및 선후배님들께 감사드린다. 부족한 원고를 정성껏 다듬어 주신 엔터스코리아의 고우리 씨와 최진희 씨께도 감사의 인사를 잊어서는 안 될 것 같다. 끝으로 멀리 떨어져 있지만 늘 가장 큰 힘이 되어 주는 가족들에게 감사와 사랑을 전한다.

찾아보기

찾아보기

[ㄱ]
가가린, 유리 • 335~339
게르첸 • 150, 157
고두노프, 보리스 • 58, 59, 133
고르바초프, 미하일 • 346, 347, 349
고리키, 막심 • 238, 247~251
고트 족 • 18
곤차로바, 나탈리야 • 130, 133
골로빈, 표도르 알렉세예비치 • 68
글린스카야, 옐레나 • 51
글린스키 • 52

[ㄴ]
나로드니키 운동 • 150, 151, 185, 186
나리슈킨가(나리슈킨 가문) • 67, 68
나리시키나, 나탈리야 키릴로브나 • 66
나토(북대서양 조약 기구) • 318~326
나폴레옹 • 102, 103, 106, 108~114, 116~118, 125
나히모프, 파벨 • 135, 137, 140
남슬라브 족 • 19
네르친스크 조약 • 68
네모프, 알렉세이 • 357
노몬한 사건 • 258
노브고로드 • 19~21, 34, 35, 50102, 271,
농노제 • 60, 62, 63, 75, 86, 88~90, 94, 95, 108, 122, 123, 141~145, 147, 148, 150, 156, 251
니콘 • 62, 65
니콜라이 1세 • 119~122, 124~127, 133, 135, 136, 140, 146, 147, 149
니콜라이 2세 • 189, 198~201, 204, 208
니키타 • 61

[ㄷ]
데르자빈, 가브릴라 • 131
데카브리스트 • 119, 121~123, 131, 132
데카브리스트의 난 119, 123, 126, 133
돈스코이, 드미트리 이바노비치 • 45, 47
돌턴, 존 • 177
동슬라브 인 • 20, 22, 27, 94
동슬라브 족 • 19, 20
두마 • 49, 52, 68, 126, 201, 202
드레블랴네 인 • 26
드미트리(이반 4세의 아들) • 59
드미트리(키예프의 장군) • 41

[ㄹ]
라디셰프 • 141, 143~145
라브로프 • 150, 152
라스푸틴, 그레고리 • 204, 206
라진, 스테판 • 62~64
람스도르프 • 125
러시아-튀르크 전쟁 • 101, 102, 104
러일 전쟁 • 189, 192, 194, 198, 200
레닌, 블라디미르 • 79, 119, 188, 201, 203, 207, 210~21, 218, 220, 223, 225, 227~229, 231, 234~242, 251, 266, 295, 341, 346, 347
레닌그라드 • 261, 266~273, 275, 293, 307
레닌그라드 전투 • 273, 302
레닌주의 • 240, 242
레오폴도브나, 안나 • 82
레이건 • 350
레핀, 일리야 • 166
로디오노브나, 아리나 • 130
로마노브나, 아나스타샤 • 61
로마노프, 미하일 • 58, 60, 61
로마노프 왕조 • 18, 58, 60~62, 66, 89, 108, 204, 206, 208, 304
루빈시테인, 니콜라이 • 169
루빈시테인, 안톤 • 169
루스카야 프라브다 • 37, 38, 48
루시 • 20, 24, 27, 32, 34, 36, 37, 39~48
루시 공국 • 21, 24, 26~30, 32, 33, 35~40, 43, 46
루시의 세례 • 29, 31
류리크 • 18~21, 24, 25, 74, 99
류리크 왕조 • 18, 20~22, 24, 25, 28, 58
뤼순 항 전쟁 • 191
리보니아 전쟁 • 54

[ㅁ]
마르크스 • 79, 185, 186, 188
마르크스-레닌주의 • 237
마르크스주의 • 184~188, 210, 215, 233, 235~237, 239, 240, 254

마르토프 • 236
마마이 칸 • 43, 47
마자르 족 • 19
만슈타인, 에리히 폰 • 276, 283, 286, 287
메크, 나데즈다 폰 • 168, 170, 172
멘델레예프, 드미트리 이바노비치 • 174~178
멘셰비키 • 202, 207, 208, 236,
모로조바 • 167
모스크바 • 43~48, 51, 52, 59, 60, 65~67, 69, 72, 73, 76, 77, 99, 111, 115~117, 130, 132, 133, 134, 141~144, 146, 156, 169, 176, 180, 201, 213, 214, 220, 223, 224, 229, 232, 238, 239, 250, 255, 258, 261~265, 267~269, 272, 273, 275, 278, 289~ 295, 297~300, 305, 326, 327, 338, 342, 344, 345, 347, 356
모스크바 공국 • 45~48, 58, 141, 142
모스크바 공방전 • 260, 261, 265, 312,
몽골 타타르 • 39, 47, 48, 55
무라비요프, 니키타 미하일로비치 • 120, 122, 123,
무함마드(호라즘의 술탄) • 40
뮌헨 회담 • 259
미하일로비치, 알렉세이 • 62~67, 85
밀로슬랍스키가(밀로슬랍스키 가문) • 67, 68
밀류코프, 파벨 • 210, 212,

[ㅂ]
바다사자 작전 • 270
바랴크 인 • 20, 21, 23
바르바로사 작전 • 261, 266, 270
바르샤바 조약 기구 • 318~323
바르투, 장 • 254, 257
바스네초프, 빅토르 • 164
바실렙스키, 알렉산드르 • 277, 289, 296~302
바실리 3세 • 49, 50, 51
바실리우스 2세 • 31
바쿠닌 • 150, 152, 185
바투 • 39, 41~43
반파시즘 • 257, 295, 312, 313, 315
베르케 칸 • 43
베를린 위기 • 324, 325, 327, 328, 342
벨스키파 • 52
보론초프 백작 • 132
보스토크 1호 • 336, 337, 339
보야르 • 21, 52, 58, 84, 95, 141, 142
볼셰비키 • 207, 208, 210~214, 217, 218, 220, 223, 224, 236, 238, 241, 242, 291, 298, 304, 305, 342
부하린, 니콜라이 • 241, 242
브나로드 운동 • 152, 153, 161
브란겔, 표트르 • 220
브루멜, 발레리 • 354
브와보드랑 • 178
블라디미르 1세 • 22, 29~36
블라디미르 공국 • 41
블라디미르 대공 • 46
블라디미르 수즈달 공국 • 45
비잔티움(비잔티움 제국) • 20~23, 27, 28, 30~32, 35, 36, 37, 48, 136

[ㅅ]
사르마트 족 • 18
사브라소프, 알렉세이 • 164
살니코프 • 356
상트페테르부르크 • 73, 76, 77, 80, 83, 103, 107, 111, 119~123, 126, 131, 134, 144, 168, 169, 176, 177, 199~203, 211, 222, 223, 235, 249, 266, 304, 348
서슬라브 족 • 19
세묘노바, 울리아나 • 355
소비에트 • 201~203, 208, 210~221, 223~228, 236, 238, 245, 269, 291, 292, 299, 309
소비에트 사회주의 공화국 연방(소비에트 연방) • 55, 94, 98, 228~230, 232, 347, 349
소피야, 알렉세예브나 • 68
쇼비니즘 • 228
수데브니크 • 48
수리코프 • 167
수보로프, 알렉산드르 바실리예비치 • 99~105, 115, 295
슈스케비치 • 349
슈이스키 • 52
슈이스키파 • 51
스뱌토슬라프 • 25~29
스뱌토폴크 • 34, 35
스탈린, 이오시프 • 55, 79, 226, 228, 231, 237, 241~246, 251, 254, 255, 257, 258, 260, 261, 263, 264, 274, 288, 289, 293~296, 311, 312, 314, 326, 340~343, 347
스탈린그라드 • 273, 275~281, 294, 300, 307~309, 310
스탈린그라드 전투 • 274, 276, 277, 279, 282, 283, 288, 294, 300, 302, 307~309, 312
스톨리핀, 표트르 • 189, 202, 203
스페란스키, 미하일 미하일로비치 • 119
슬라브 • 18
슬라브 인 • 18~20, 22, 38

시모노세키 조약 • 190
시시킨, 이반 • 165
신경제 정책 • 221, 227, 229~233, 238, 241, 242, 335
신성 동맹 • 111, 112, 118, 127

[ㅇ]

아데나워, 콘라트 • 324~326
아우스터리츠 전투 • 112,
아이바좁스키, 이반 • 161
안나 카레니나 • 159
안드레이 • 51
안드로포프, 유리 • 349
알렉산드르 1세 • 106~114, 117, 119, 120, 124, 125, 126, 145, 147
알렉산드르 2세 • 146~149, 171, 189
알렉산드르 3세 • 189
알렉세예프, 바실리 • 354
알렉세이(표트르 1세의 아들) • 74
야로슬라프(야로슬라프 1세) • 33~38
야로폴크 1세 • 29
얄타 회담 • 314~315
언드라시이 • 58
예카테리나 1세 • 80, 134
예카테리나 2세 • 80~89, 91~93, 102, 104, 106~108, 112, 124
옐리자베타 • 82, 83, 99
옐친, 보리스 • 346, 347, 349, 350
오르다 • 43
오프리치니나 • 54
올가 • 24~26
올레크 • 18, 21~24, 28, 35
우바로프, 세르게이 • 127
우즈베크 칸 • 43
유리예프, 로마노프 • 61
이고리 • 18, 21, 24, 25
이바노브나, 안나 • 82
이반(알렉세이 로마노프의 아들) • 66, 68~70,
이반 3세 • 44, 48~50
이반 4세(이반 뇌제) • 50~55, 58~61
이반 6세 • 82
이슬람교 • 32, 43

[ㅈ]

자니베크 칸 • 43
전시공산주의 • 216, 219~221, 227, 229, 230
정교회 • 31, 32, 65, 74, 77, 120, 136~138, 158, 180, 199
젬스키 소보르 • 60
주기율표 • 177
주코프, 게오르기 • 226, 260, 262, 264, 266, 269, 283, 289~296, 302
주콥스키 • 131, 146
지민, 이반 • 304, 306

[ㅊ]

차이콥스키(표트르 일리치 차이콥스키) • 168~173
청색 작전 • 276
체르니솁스키 • 150
체임벌린 • 259
추이코프, 바실리 • 226, 274, 277, 279, 303~310
추카린, 빅토르 • 352
칭기즈 칸 • 39~42

[ㅋ]

카자크 • 60, 63, 64, 89, 91, 92, 157, 166, 201
칸니차로 • 177
칼리타, 이반 • 45, 46
케네디, 존 • 324
코롤료프, 세르게이 • 335, 337, 338
코르닐로프, 라브르 • 210, 213
코르부트, 올가 • 355
콘스탄티노플 • 20, 23, 137
콘스탄틴 • 120~122, 125, 126
콜차크, 알렉산드르 • 217, 224, 305
크라프추크, 레오니드 • 349
쿠르스크 전투 • 283~288, 300, 312
쿠바 미사일 위기 • 329
쿠바 혁명 • 331, 333
쿠츠, 블라디미르 • 353
쿠투조프, 미하일 • 111, 113~116, 118
쿨리코보 전투 • 47
퀴축 카이나르자 조약 • 136
크람스코이, 이반 • 163
크로보프스코프 • 356
크로포트킨 • 150, 152
크림 전쟁 • 102, 135, 138~140, 143, 147, 157
키예프 • 18, 19, 21, 22, 24
키예프 루시 (공국) • 18, 21, 22, 24, 26~28, 31~35, 37~42, 94, 141, 283

[ㅌ]

탈레랑 • 117
테헤란 회의 • 311~313, 315
토크타미시 • 43
톨스토이, 레프 니콜라예비치 • 154~160
트로츠키, 레온 • 241, 242
트로츠키, 레프 • 198, 202
트루베츠코이 • 122

[ㅍ]
파벨 1세 • 55, 103, 106~109, 124, 125
파블로프, 이반 • 180~183
파블로프의 개 • 180
페도토프, 파벨 • 162
페레드비즈니키(이동파) • 161
페스텔, 파벨 이바노비치 • 120
페트로그라드 • 206, 207, 213, 214, 223, 224, 238, 266
포메스티예 제도 • 49
포자르스키 • 59
포츠머스 조약 • 194, 195
포툠킨호 • 200, 201
표도르(알렉세이 로마노프의 아들) • 67
표도르(이반 4세의 아들) • 58
표트르 1세(표트르 미하일로프) • 55, 66~79, 83
표트르 2세 • 80
표트르 3세 • 80, 83, 84, 92
푸가초프, 예멜리안 이바노비치 • 89~93, 144
푸가초프의 반란 • 93
푸시킨, 알렉산드르 세르게예비치 • 130~134
프롤레타리아 • 185, 186, 208, 211, 215, 223, 234~238, 241, 248, 269, 291, 304
프룬제, 미하일 • 222~226, 292
프룬제 군사 아카데미 • 225, 226, 289, 298, 306
프리드리히 2세 • 83
프리드리히 빌헬름 3세 • 109
플레하노프 • 186, 187
피의 일요일 사건 • 198, 199

[ㅎ]
호라즘 • 40
회의 법전 • 63, 64
흐루쇼프, 니키타 • 294, 303, 324, 326~329, 332, 34, 340~345, 347
히틀러, 아돌프 • 254~256, 258~264, 266~271, 274~278, 283, 286, 289, 293, 299, 308

[기타]
10월 선언 • 201, 202
10월 혁명 • 104, 183, 203, 210~212, 214~216, 220, 237, 238, 240, 241, 251, 254, 266, 291, 295, 298, 299, 305, 311, 347
2월 혁명 • 204~210, 214, 236, 304
4월 테제 • 211, 212, 236

맥을 잡아주는 세계사 10

러시아사

초판 1쇄 인쇄일 | 2015년 8월 12일 **초판 1쇄 발행일** | 2015년 8월 17일

지은이 | 맥세계사편찬위원회
펴낸이 | 강창용
펴낸곳 | 느낌이있는책

주소 | 고양시 일산동구 중앙로 1275번길 38-10 706호
전화 | (代)031-932-7474 **팩스** | 031-932-5962
홈페이지 | http://www.feelbooks.co.kr
이메일 | mail@feelbooks.co.kr
등록번호 | 제10-1588 **등록년월일** | 1998. 5. 16
책임편집 | 신선숙 **디자인** | *design* **Bbook**
책임영업 | 최강규 **책임관리** | 김나원

ISBN | 978-89-97336-99-9 03920
값 17,800원

· 잘못된 책은 구입처에서 교환해드립니다.

이 도서의 국립중앙도서관 출판시도서목록(CIP)은 서지정보유통지원시스템 홈페이지(http://seoji.nl.go.kr)와 국가자료공동목록시스템(http://www.nl.go.kr/kolisnet)에서 이용하실 수 있습니다.(CIP제어번호: CIP2015021000)